EHS란 Environment, health and safety로 환경보건안전 직무입니다.

로고의 그림은 출판업을 의미함과 동시에 책을 통해 저자의 획기적인 공부법을 구매자와

공유하고자 하는 의미입니다.

CONTENTS

목차

INFORMATION

정보

(필독!) 작가 자기소개 및 8일 공부법 및
이 책의 특징 및 건설안전기사 기본정보

잠깐! 더 효율적인 공부를 위한 링크들을 적극 이용하세요~!

직8딴 홈페이지

- 출시한 책 확인 및 구매

직8딴 카카오오픈톡방

- 실시간 저자의 질문 답변
(주7일 아침 11시~새벽 2시까지, 전화로도 함)
- 직8딴 구매자전용 복지와 혜택 획득
(최소 달에 40만원씩 기프티콘 지급)
- 구매자들과의 소통 및 EHS 관련 정보 습득

직8딴 네이버카페

- 실시간으로 최신화되는 정오표 확인
(정오표: 책 출시 이후 발견된 오타/오류를 모아놓은 표, 매우 중요)
- 공부에 도움되는 컬러버전 그림 및 사진 습득
- 직8딴 구매자전용 복지와 혜택 획득

직8딴 유튜브

- 저자 직접 강의 시청 가능
- 공부 팁 및 암기법 획득
- 국가기술자격증 관련 정보 획득

1 작가 자기소개

대기업에서 EHS(Environment, health and safety, 환경보건안전)관리를 해 오신 아버지 밑에 자라 자연스레 EHS에 대해 관심을 가지게 되었습니다.

그로 인해 수도권 4년제 환경에너지공학과를 나왔고, 최근 대기업에서 EHS관리를 직무로 근무했습니다.

저에겐 버킷리스트가 있습니다.

바로 EHS 관련 자격증을 전부 취득하는 것입니다.

2025년 1월 기준 29살에 12개의 EHS 자격증이 있으며 앞으로도 계속 취득할 것입니다.

여담으로 군대에서 기사 4개를 획득해 신문에도 나왔습니다.

기사 공부를 하다 문득 이런 생각이 들었습니다.

'내가 자격증을 적은 공부 시간으로 획득하는데 미래 EHS 관리인들에게 도움을 주는 방법이 있을까?'라는 생각이죠.

그로 인해 이렇게 저의 공부법과 요약법이 담긴 책을 만들기로 하였습니다.

보통 기사 하나를 취득하기 위해선 1~3달 걸린다고 하지만, 저는 필기 7일/실기 8일이면 충분합니다.

허나, 사람들에게 기사 공부하는데 8일 정도밖에 안 걸린다하니 아무도 믿지를 않습니다.

미래 EHS 관리인분들이 제 책으로 8일 만에 취득할 수 있다는 것을 보여주세요.

작가 SPEC

수도권 4년제 환경에너지공학과 졸업 (2014-2020)
군 복무 (2016~2018)
수질환경기사 취득 (2017.08)
산업안전기사 취득 (2017.11)
대기환경기사 취득 (2018.05)
신재생에너지발전설비기사(태양광) 취득 (2018.08)
소방설비기사(기계분야) 취득 (2021.08)
산업위생관리기사 취득 (2021.11)
폐기물처리기사 취득 (2021.12)
위험물산업기사 취득 (2021.12)
건설안전기사 취득 (2022.06)
대기업 근무(EHS 직무) (2021-2022)
환경보건안전 자격증 서적 전문 출판사(EHS MASTER) 창립 (2022.09)
환경기능사 취득 (2022.09)
소방안전관리사 1급 취득 (2023.03)
인간공학기사 취득 (2023.06)
토양환경기사 취득 (2023.09)
기사 취득 현재 진행 중 (2023.09~)

2 8일(실공부 60시간) 공부법

실기

1. 직8딴 실기 책을 산다.
2. 2024 실기 기출문제를 풀어본다.(단, 2024년 3회차는 풀지 않는다.) **(약 2시간)**
3. 자신의 밑바닥 점수를 알았으니 기출 중복문제 소거 정리 파트를 2회 푼다.
   오픈 카카오톡을 적극 활용하여 저자에게 질문을 많이 한다. 저자를 괴롭히자!
   모든 문제와 계산공식은 암기한다. **(약 57시간)**
4. 시험 당일 일찍 기상하여 예상점수 파악 목적으로 2024년 3회차를 풀어본다.
   불합격 점수가 나와도 좌절하지 않는다. **(약 0.5시간)**
5. 자신감 상승 목적으로 가장 점수가 잘 나온 회차를 푼다.
   시험은 **자신감**이 중요하다. **(약 0.5시간)**
6. 시험 현장에서는 자신이 따로 적은 취약한 문제나 계산공식을 훑어본다.

※ 시험장 관련 팁!

1. 09시 입실이라면 20분 정도 신원확인 및 주의사항 전파를 한다.
   즉, 진짜 시험 시작시간은 09시 20분이다. 그 사이 화장실 다녀오라고 한다.
2. 차를 타고 오는 응시자라면 최소 70분 일찍 도착한다.
   응시 경험상 60분 전부터 차들이 우루루 오거나 꽉 찬다.
3. 시험장 건물 오픈은 보통 1시간 전부터이며 PBT 경우는 바로 시험교실로 간다.
   CBT 경우는 대기실로 안내를 하고, 추후 시험교실로 안내를 한다.

※ 시험 응시 때 관련 팁!

0. 신분증/샤프/지우개/검은 펜/수험표(들고가는게 편함)를 준비하고 시험장으로 간다.
1. 일단 암기한 것들이 사라지면 안되니까 샤프로 휘갈기며 최대한 빨리 푼다.
2. 답을 못 적는 문제는 넘어간다.
3. 시험 문제를 다 풀었으면 다시 처음부터 재검토해본다. 계산이 맞는지, 답이 맞는지…
4. 이때 다 풀었다는 안도감에 못 적은 답들이 생각이 날 것이다.
5. 편안한 마음으로 샤프 자국을 매우 깨끗이 지우고 그 위에 검은 펜을 이용하여 정답을 작성한다.
6. 지워지는 펜, 기화펜 절대 금지하며 오타작성시 단순하게 두 줄 그으면 된다.

3 이 책의 특징

1. 기출문제 중복문제 소거

기출문제는 이미 다른 자격증 책에서도 볼 수 있습니다. 하지만 기출 중복문제를 소거해 요약한 책은 정말 없습니다. 국가기술자격증은 문제은행 방식이라 80%가 이미 나왔던 문제로 구성되어 있습니다.
건설안전기사 실기 경우 필답형은 약 600문제를 250문제로, 작업형은 약 970문제를 220문제로 정리했습니다.
제 책은 그런 기출문제들을 요약하여 괜한 시간 낭비를 하지 않게 만들었습니다.

2. 답안 글자 수 최소화

아마 많은 이들이 법령 토씨 하나 틀리지 않고 적어야 정답처리 된다고 합니다. 그런 분들 볼 때마다 참으로 안타깝습니다... 그건 자격증을 잘 모르는 사람들이죠… 만약 문제가 '진돌이는 오늘 저녁 식사로 소고기 5인분을 진순이네 집에서 구워먹었다. 오늘 진돌이는 무엇을 했는지 쓰시오'라는 문제라면 '진돌이는 오늘 저녁 식사로 소고기 5인분을 진순이네 집에서 구워먹었다.'라고 쓰면 매우 완벽합니다. 허나 우리는 문제가 원하는 것만 써주면 됩니다. 즉, '소고기를 먹었다.'라고 써도 된다는 거죠. 다들 이걸 몰라요… 결론적으로 키워드와 의미전달에만 신경쓰면 됩니다. 8일 공부 후, 이렇게 답안 작성해서 딴 자격증이 12개인데 어떤 증빙을 더 해야 될까요?
제가 경험자이자 제가 증인입니다. 제 답안에 의심되시거나 불안함을 느끼시면 다른 출판사 책을 사십시오. 부탁입니다. 책과 구매자간의 신뢰가 가장 중요하다 생각되네요....이미 합격자도 많고요…

3. 관련 키워드 문제들끼리 정리

예를 들면 1번 문제가 A의 장점이면 2번 문제도 B의 장점에 관한 것으로 만들었습니다. 그렇기에 실제 암기하실 때 혼동이 안 올 것입니다. 보통 다른 책들은 설비별로 또는 공법별로 정리하는데 외울 때 혼동만 오게 됩니다. 다른 책 풀어보시면 알 것입니다.

```
ex)
1. A 장점        2. A 주의사항      3. B 장점        4. B 주의사항  (X)
1. A 장점        2. B 장점          3. A 주의사항     4. B 주의사항  (O)
```

또한, 답변이 비슷한 것도 순서에 맞게 정리하였습니다.

4. 출제 빈도수 기재

문제 초반에 몇 번 출제되었는지 기재했습니다. ☆이 1개면 1번 출제이며 ★이 1개면 10번 출제되었다는 뜻입니다. 이를 통해서 암기 우선순위를 알 수 있게 하여 효과적으로 암기할 수 있게 했습니다.

5. 얇고 가벼운 책

이 책은 다른 출판사 책들처럼 두껍지도, 무겁지도 않습니다. 정말 좋죠. 하지만, 무시하면 큰 코 다칩니다. 이 책은 아주 밀도가 큰 알찬 책입니다. 실제 작년 구매자분들도 가볍게 생각하다 큰 코 다쳤습니다.

6. 저자의 실시간 질문 답변

저자는 현재 오픈 카카오톡을 통해 새벽 2시까지 질문에 대한 답변을 하고 있습니다.
이는 어떤 책 저자도 하지 않고 못하는 행동입니다. 많은 구매자들이 좋아합니다. 여담으로 저자분이 자기 옆자리에 있는 것 같다고 말하네요… 책 구매자분들은 책에 QR코드가 있으니 꼭 입장 부탁드립니다.

7. 이론이 없고 오로지 기출문제만 있다.

이론을 안 보고 실기를 합격할 수 있을지 의문이신가요? 전 실제로 필기든 실기든 이론은 보지 않고 기출문제부터 풉니다. 그 이유는 바로 시간 낭비이기 때문이죠. 알 사람은 압니다. 어차피 문제은행식이라 기출문제들만 풀고 외우면 그만입니다. 만약 그래도 이론 한 번은 봐야겠다 싶고, 시험목적이 아닌 직무에 초전문적인 지식을 습득하고 싶으시다면 다른 출판사 책을 사십시오. 부탁입니다. 하지만 문제 밑에 있는 해설만 보아도 충분할 겁니다. 즉, 기출문제만 봐도 합격하실 수 있습니다. 저를 믿고 따라오십시오.
어차피 제가 오픈카카오톡방에서 상세히 설명해드립니다.

8. 온라인으로 문제풀기 (feat. 모두CBT/유튜브 안전모/유튜브 도비전문가)

직장이나 학교, 버스나 지하철 또는 화장실에서 직8딴 문제를 풀어보고 싶나요? 모두CBT/유튜브 안전모, 도비전문가를 통해 온라인으로도 문제를 풀어볼 수가 있습니다! 모두CBT: 시간/장소 구애받지 않고 직8딴 문제를 직접 풀기 가능 유튜브 안전모: 시간/장소 구애받지 않고 직8딴 문제들을 암기법을 통해 재밌게 보기 가능
유튜브 도비전문가: 시간/장소 구애받지 않고 저자의 직8딴 강의 보기 가능

9. 실제 합격자의 책

이 책은 제가 직접 취득하여 낸 책으로 누구보다 응시자들의 맘을 잘 알고 있습니다. 어느 점이 공부할 때 어려운지, 어떻게 외워야 쉽게 외울 수 있는지 잘 알고 있지요. 그렇기에 믿고 보는 책이라 장담할 수 있습니다.
기사 자격증이 많은 만큼 세세한 것들도 잘 알죠… 저의 공부법과 요약방법들이 담긴 책으로 적은 시간을 소비하고 합격하시길 바랍니다.

1. 시행처

한국산업인력공단

2. 개요

건설업은 공사기간단축, 비용절감 등의 이유로 사업주와 건축주들이 근로자의 보호를 소홀히 할 수 있기 때문에 건설현장의 재해요인을 예측하고 재해를 예방하기 위하여 건설 안전 분야에 대한 전문지식을 갖춘 전문인력을 양성하고자 자격제도 제정

3. 수행직무

건설재해예방계획 수립, 작업환경의 점검 및 개선, 유해 위험방지 등의 안전에 관한 기술적인 사항을 관리하며 건설물이나 설비작업의 위험에 따른 응급조치, 안전장치 및 보호구의 정기점검, 정비 등의 직무 수행

4. 관련학과

대학과 전문대학의 산업안전공학, 건설안전공학, 토목공학, 건축공학 관련학과

5. 시험과목

-필기: 1. 산업안전관리론　　　2. 산업심리 및 교육　　　3. 인간공학 및 시스템안전공학
　　　 4. 건설시공　　　　　　5. 건설재료학　　　　　　6. 건설안전기술
-실기: 건설안전실무

6. 검정방법

-필기: 객관식 4지 택일형 과목당 20문항(과목당 20분)
-실기: 복합형[필답형(1시간 30분, 60점) + 작업형(50분 정도, 40점)]

7. 합격기준

-필기: 100점을 만점으로 하여 과목당 40점 이상, 전과목 평균 60점 이상
-실기: 100점을 만점으로 하여 60점 이상

8. 연도별 합격률

연도	필기			실기		
	응시	합격	합격률	응시	합격	합격률
2023	34,908	17,932	51.4%	19,937	12,564	63%
2022	26,556	12,837	48.30%	14,674	10,321	70.30%
2021	17,526	8,044	45.90%	10,653	5,539	52%
2020	12,389	6,607	53.30%	8,995	4,694	52.20%
2019	13,212	6,388	48.30%	7,584	4,607	60.70%
2018	10,421	3,806	36.50%	5,384	3,244	60.30%
2017	9,335	4,026	43.10%	5,869	3,077	52.40%
2016	8,931	3,956	44.30%	4,941	2,692	54.50%
2015	9,315	3,723	40%	4,809	2,380	49.50%
2014	8,023	3,000	37.40%	4,939	2,498	50.60%
2013	7,513	2,982	39.70%	4,823	1,630	33.80%
2012	8,075	2,206	27.30%	3,967	1,081	27.20%
2011	9,243	2,677	29%	5,380	1,328	24.70%
2010	11,266	4,561	40.50%	7,477	2,984	39.90%
2009	12,772	4,106	32.10%	7,079	1,718	24.30%
2008	13,435	5,299	39.40%	8,604	2,654	30.80%
2007	12,888	5,545	43%	7,980	4,261	53.40%
2006	13,148	7,507	57.10%	8,362	4,365	52.20%
2005	8,661	3,795	43.80%	4,312	2,382	55.20%
2004	6,503	2,318	35.60%	3,621	1,689	46.60%
2003	5,053	2,220	43.90%	2,628	744	28.30%
2002	4,412	1,673	37.90%	2,120	734	34.60%
2001	4,571	1,277	27.90%	2,245	1,017	45.30%
1977 ~2000	70,806	24,657	34.80%	31,481	11,200	35.60%
소 계	304,054	123,210	40.50%	167,927	76,839	45.80%

출처: 한국산업인력공단

01

필답 계산형
(기출중복문제 소거 정리)

잠깐! 더 효율적인 공부를 위한 링크들을 적극 이용하세요~!

직8딴 홈페이지
- 출시한 책 확인 및 구매

직8딴 카카오오픈톡방
- 실시간 저자의 질문 답변
(주7일 아침 11시~새벽 2시까지, 전화로도 함)
- 직8딴 구매자전용 복지와 혜택 획득
(최소 달에 40만원씩 기프티콘 지급)
- 구매자들과의 소통 및 EHS 관련 정보 습득

직8딴 네이버카페
- 실시간으로 최신화되는 정오표 확인
(정오표: 책 출시 이후 발견된 오타/오류를 모아놓은 표, 매우 중요)
- 공부에 도움되는 컬러버전 그림 및 사진 습득
- 직8딴 구매자전용 복지와 혜택 획득

직8딴 유튜브
- 저자 직접 강의 시청 가능
- 공부 팁 및 암기법 획득
- 국가기술자격증 관련 정보 획득

2011~2024년 필답 계산형

기출 중복문제 소거 정리

001 ☆☆

강도율을 구하시오.

- **근로자**: 200명
- **휴업일수**: 50일 3명/20일 1명
- **사망**: 1명
- 1일 8시간 연간 300일 근무

해 근로손실일수

구분	사망	신체장해자등급											
	1~3	4	5	6	7	8	9	10	11	12	13	14
근로 손실 일수 (일)	7,500	5,500	4,000	3,000	2,200	1,500	1,000	600	400	200	100	50

$$강도율 = \frac{총요양근로손실일수}{연근로시간수} \cdot 10^3$$

$$= \frac{7,500 + (50 \cdot \frac{300}{365} \cdot 3) + (20 \cdot \frac{300}{365} \cdot 1)}{200 \cdot 8 \cdot 300} \cdot 10^3$$

$$= 15.92$$

$$총요양근로손실일수 = 신체장해등급에\ 따른\ 근로손실일수 + 휴업일수 \cdot \frac{연근로일}{365}$$

답 강도율: 15.92

002 　　　　　　　　　　　　　　　　　　　　　　　　　　　　　☆☆

강도율을 구하시오.

- **근로자**: 100명　　　**연간 재해건수**: 5건　　　**사망**: 1명
- **신체장애14급**: 2명　　**가료**(치료): 30일 2명　　**1일 8시간 연간 300일 근무**

해 강도율 $= \dfrac{총요양근로손실일수}{연근로시간수} \cdot 10^3 = \dfrac{7{,}500 + (50 \cdot 2) + (30 \cdot 2 \cdot \frac{300}{365})}{100 \cdot 8 \cdot 300} \cdot 10^3 = 31.87$

총요양근로손실일수 $=$ 신체장해등급에 따른 근로손실일수 $+$ 휴업일수 $\cdot \dfrac{연근로일}{365}$

가료란 '병이나 상처 따위를 잘 다스려 낫게 함' 뜻이며 사망/영구 전노동 불능상해/영구 일부노동 불능상해에 해당되지 않아 장해등급에 미포함된다. 그리하여 휴업일수과 같게 취급한다.

답 강도율: 31.87

003 　　　　　　　　　　　　　　　　　　　　　　　　　☆☆☆☆☆☆☆☆

종합재해지수를 구하시오.

- **근로자**: 450명　　**일일 8시간 연간 280일 근무**　　**연간 10건의 재해 발생**　　**휴업일수**: 160일

해 종합재해지수 $= \sqrt{도수율 \cdot 강도율} = \sqrt{9.921 \cdot 0.122} = 1.1$

도수율 $= \dfrac{재해건수}{연근로시간수} \cdot 10^6 = \dfrac{10}{450 \cdot 8 \cdot 280} \cdot 10^6 = 9.921$

강도율 $= \dfrac{총요양근로손실일수}{연근로시간수} \cdot 10^3 = \dfrac{160 \cdot \frac{280}{365}}{450 \cdot 8 \cdot 280} \cdot 10^3 = 0.122$

총요양근로손실일수 $=$ 신체장해등급에 따른 근로손실일수 $+$ 휴업일수 $\cdot \dfrac{연근로일}{365}$

답 종합재해지수: 1.1

004 ☆☆☆

종합재해지수를 구하시오.

- **근로자**: 250명
- **휴업일수**: 100일
- **연간 10건의 재해 발생**
- **일일 8시간 연간 300일 근무**
- **시간 외 작업시간 합계**: 10,000시간
- **지각 및 조퇴시간 합계**: 1,000시간
- **출근율**: 80%

해 종합재해지수 $= \sqrt{도수율 \cdot 강도율} = \sqrt{20.45 \cdot 0.168} = 1.85$

$\quad$ 도수율 $= \dfrac{재해건수}{연근로시간수} \cdot 10^6 = \dfrac{10}{250 \cdot 8 \cdot 300 \cdot 0.8 + 10,000 - 1,000} \cdot 10^6 = 20.45$

$\quad$ 강도율 $= \dfrac{총요양근로손실일수}{연근로시간수} \cdot 10^3 = \dfrac{100 \cdot \dfrac{300}{365}}{250 \cdot 8 \cdot 300 \cdot 0.8 + 10,000 - 1,000} \cdot 10^3$
$\quad\quad\quad = 0.168$

$\quad$ 총요양근로손실일수 $=$ 신체장해등급에 따른 근로손실일수 $+$ 휴업일수 $\cdot \dfrac{연근로일}{365}$

답 종합재해지수: 1.85

005 ☆☆☆

도수율, 강도율을 구하시오.

- **근로자**: 500명
- **재해자수**: 20명
- **일일 9시간 연간 280일 근무**
- **근로손실일수**: 600일
- **연간 10건의 재해 발생**

해 도수율 $= \dfrac{재해건수}{연근로시간수} \cdot 10^6 = \dfrac{10}{500 \cdot 9 \cdot 280} \cdot 10^6 = 7.94$

$\quad$ 강도율 $= \dfrac{총요양근로손실일수}{연근로시간수} \cdot 10^3 = \dfrac{600}{500 \cdot 9 \cdot 280} \cdot 10^3 = 0.48$

$\quad$ 총요양근로손실일수 $=$ 신체장해등급에 따른 근로손실일수 $+$ 휴업일수 $\cdot \dfrac{연근로일}{365}$

답 도수율: 7.94 강도율: 0.48

006 ☆☆☆☆☆

Safe－T－Score를 구하고, 판정결과를 쓰시오.

> • **근로자**: 400명 • 1일 8시간 연간 250일 근무 • 과거 빈도율: 120 • 현재 빈도율: 100

$Safe-T-Score = \dfrac{\text{현재 도수율} - \text{과거 도수율}}{\sqrt{\dfrac{\text{과거 도수율}}{\text{총 근로시간수}} \cdot 10^6}} = \dfrac{100 - 120}{\sqrt{\dfrac{120}{400 \cdot 8 \cdot 250} \cdot 10^6}} = -1.63$

심각성 여부

＋2 이상 → 과거보다 심각함!

－2 초과 ＋2 미만 → 과거에 비해 심각한 차이 없음

－2 이하 → 과거보다 안 심각함!

Safe-T-Score: -1.63   판정결과: 과거에 비해 심각한 차이 없음

007 ☆☆

안전활동률을 구하시오.

> • **근로자**: 500명 • **안전활동 기간**: 6개월 • 1일 9시간 월 22일 근무 • **안전회의 건수**: 8건
> • **불안전 행동의 발견 및 조치 건수**: 30건 • **안전제안 건수**: 10건 • **안전홍보 건수**: 12건

안전활동률 $= \dfrac{\text{안전활동건수}}{\text{근로시간수} \cdot \text{평균근로자수}} \cdot 10^6 = \dfrac{30 + 10 + 12 + 8}{(9 \cdot 22 \cdot 6) \cdot 500} \cdot 10^6 = 101.01$

안전활동률: 101.01

008 ☆☆

연간 산재보험적용근로자수 2,000명인 기업에서 사망자 3명이 발생했다. 사고 사망만인율(‰)을 구하시오.

사망만인율 $= \dfrac{\text{사망자수}}{\text{산재보험적용근로자수}} \cdot 10^4 = \dfrac{3}{2,000} \cdot 10^4 = 15‰$

사망만인율: 15‰

009   ☆☆

산업안전보건관리비를 계상하시오.

・건축공사	・재료비: 40억원	・기계경비: 30억원
・노무비: 50억 원(직접노무비 35억원, 간접노무비 15억원)		

해

구분 공사 종류	대상액 5억원 미만인 경우 적용 비율(%)	대상액 5억원 이상 50억원 미만인 경우		대상액 50억원 이상인 경우 적용 비율(%)	보건관리자 선임 대상 건설공사의 적용비율(%)
		적용비율(%)	기초액		
건축공사	3.11%	2.28%	4,325,000원	2.37%	2.64%
토목공사	3.15%	2.53%	3,300,000원	2.60%	2.73%
중건설	3.64%	3.05%	2,975,000원	3.11%	3.39%
특수건설공사	2.07%	1.59%	2,450,000원	1.64%	1.78%

산업안전보건관리비 = (재료비 + 직접 노무비) × 비율 = (40억 + 35억) × 0.0237 = 177,750,000원

답 산업안전보건관리비: 177,750,000원

010   ☆☆

안전보건관리비를 계상하시오.

| • 건축공사 | • 재료비: 2.5억 원 | • 관급재료비: 3억 원 | • 직접노무비: 2억 원 |

해 발주자가 도급계약 체결을 위한 원가계산에 의한 예정가격을 작성하거나, 자기공사자가 건설공사 사업 계획을 수립할 때에는 다음 각 호에 따라 산정한 금액 이상의 산업안전보건관리비를 계상하여야 한다. 다만, 발주자가 재료를 제공하거나 일부 물품이 완제품의 형태로 제작·납품되는 경우에는 해당 재료비 또는 완제품 가액을 대상액에 포함하여 산출한 산업안전보건관리비와 해당 재료비 또는 완제품 가액을 대상액에서 제외하고 산출한 산업안전보건관리비의 1.2배에 해당하는 값을 비교하여 그 중 작은 값 이상의 금액으로 계상한다.

대상액 = 직접재료비 + 간접재료비 + 직접노무비 = 재료비 + 직접노무비 + 관급재료비

= 2.5 + 2 + 3 = 7.5억

구분 공사 종류	대상액 5억원 미만인 경우 적용 비율(%)	대상액 5억원 이상 50억원 미만인 경우		대상액 50억원 이상인 경우 적용 비율(%)	보건관리자 선임 대상 건설공사의 적용비율(%)
		적용비율(%)	기초액		
건축공사	3.11%	2.28%	4,325,000원	2.37%	2.64%
토목공사	3.15%	2.53%	3,300,000원	2.60%	2.73%
중건설	3.64%	3.05%	2,975,000원	3.11%	3.39%
특수건설공사	2.07%	1.59%	2,450,000원	1.64%	1.78%

해당 재료비 또는 완제품 가액을 대상액에 포함하여 산출한 안전보건관리비

→ (재료비 + 직접노무비 + 관급재료비) • 요율 + 기초액

= (2.5억 + 2억 + 3억) • 0.0228 + 4,325,000 = 21,425,000원

해당 재료비 또는 완제품 가액을 대상액에서 제외하고 산출한 산업안전보건관리비의 1.2배에 해당하는 값

→ {(재료비 + 직접노무비) • 요율 + 기초액} • 1.2

{(2.5억 + 2억) • 0.0311 + 0} • 1.2 = 16,794,000원

비교하여 그 중 작은 값 이상의 금액으로 계상한다.

→ 21,425,000원 > 16,794,000원

답 산업안전보건관리비: 16,794,000원

011 ☆☆

안전보건관리비를 계상하시오.

- 건축공사
- **예정 가격 내역서상 재료비**: 170억 원
- **예정 가격 내역서상 직접노무비**: 85억 원
- 사업주가 제공한 재료비 45억 원에서 산업안전보건관리비 산출

🔲 발주자가 도급계약 체결을 위한 원가계산에 의한 예정가격을 작성하거나, 자기공사자가 건설공사 사업 계획을 수립할 때에는 다음 각 호에 따라 산정한 금액 이상의 산업안전보건관리비를 계상하여야 한다. 다만, 발주자가 재료를 제공하거나 일부 물품이 완제품의 형태로 제작·납품되는 경우에는 해당 재료비 또는 완제품 가액을 대상액에 포함하여 산출한 산업안전보건관리비와 해당 재료비 또는 완제품 가액을 대상액에서 제외하고 산출한 산업안전보건관리비의 1.2배에 해당하는 값을 비교하여 그 중 작은 값 이상의 금액으로 계상한다.
대상액 = 직접재료비 + 간접재료비 + 직접노무비 = 재료비 + 직접노무비 + 관급재료비 = 170 + 85 + 45 = 300억

구분 공사 종류	대상액 5억원 미만인 경우 적용 비율(%)	대상액 5억원 이상 50억원 미만인 경우		대상액 50억원 이상인 경우 적용 비율(%)	보건관리자 선임 대상 건설공사의 적용비율(%)
		적용비율(%)	기초액		
건축공사	3.11%	2.28%	4,325,000원	2.37%	2.64%
토목공사	3.15%	2.53%	3,300,000원	2.60%	2.73%
중건설	3.64%	3.05%	2,975,000원	3.11%	3.39%
특수건설공사	2.07%	1.59%	2,450,000원	1.64%	1.78%

해당 재료비 또는 완제품 가액을 대상액에 포함하여 산출한 안전보건관리비
→ (재료비 + 직접노무비 + 관급재료비) · 요율 + 기초액
= (170억 + 85억 + 45억) · 0.0237 + 0 = 711,000,000원

해당 재료비 또는 완제품 가액을 대상액에서 제외하고 산출한 산업안전보건관리비의 1.2배에 해당하는 값
→ {(재료비 + 직접노무비) · 요율 + 기초액} · 1.2
{(170억 + 85억) · 0.0237 + 0} · 1.2 = 725,220,000원

비교하여 그 중 작은 값 이상의 금액으로 계상한다.
→ 711,000,000원 < 725,220,000원

🔳 산업안전보건관리비: 711,000,000원

012 ☆☆☆

산업안전보건관리비를 계상하시오.

• 터널신설 공사	• 총 공사원가: 100억 원	• 재료비와 직접노무비 합: 55억

🗈 터널신설 공사 = 중건설 공사

구분 공사 종류	대상액 5억원 미만인 경우 적용 비율(%)	대상액 5억원 이상 50억원 미만인 경우		대상액 50억원 이상인 경우 적용 비율(%)	보건관리자 선임 대상 건설공사의 적용비율(%)
		적용비율(%)	기초액		
건축공사	3.11%	2.28%	4,325,000원	2.37%	2.64%
토목공사	3.15%	2.53%	3,300,000원	2.60%	2.73%
중건설	3.64%	3.05%	2,975,000원	3.11%	3.39%
특수건설공사	2.07%	1.59%	2,450,000원	1.64%	1.78%

→ 산업안전보건관리비 = (재료비 + 직접 노무비) • 비율 = 55억 • 0.0311 = 171,050,000원

🗈 산업안전보건관리비: 171,050,000원

013 ☆☆☆☆

산업안전보건관리비를 계상하시오.

• 수자원시설 공사(댐)	• 재료비와 직접노무비 합: 40억

🗈 수자원시설 공사(댐) = 중건설 공사

구분 공사 종류	대상액 5억원 미만인 경우 적용 비율(%)	대상액 5억원 이상 50억원 미만인 경우		대상액 50억원 이상인 경우 적용 비율(%)	보건관리자 선임 대상 건설공사의 적용비율(%)
		적용비율(%)	기초액		
건축공사	3.11%	2.28%	4,325,000원	2.37%	2.64%
토목공사	3.15%	2.53%	3,300,000원	2.60%	2.73%
중건설	3.64%	3.05%	2,975,000원	3.11%	3.39%
특수건설공사	2.07%	1.59%	2,450,000원	1.64%	1.78%

→ 산업안전보건관리비 = (재료비 + 직접노무비) • 비율 + 기초액 = 40억 • 0.0305 + 2,975,000
= 124,975,000원

🗈 산업안전보건관리비: 124,975,000원

014 ☆☆

산업재해보상보험 총 보상액이 10억원이었다. 하인리히 방식으로 총 손실비용과 직접 손실비용, 간접 손실비용을 구하시오.

🔲 총 손실비용 = 직접비 + 간접비(= 4 · 직접비) = 10 + 4 · 10 = 50억원
산업재해보상보험 총 보상액 = 직접 손실비용 = 10억원
간접 손실비용 = 40억원

🔳 총 손실비용 : 50억원　직접 손실비용 : 10억원　간접 손실비용 : 40억원

015 ☆

철근콘크리트 단위 체적 중량이 2ton/m³, 두께 10cm일 때 자중(kg/m²)을 구하시오.

🔲 자중 $= 두께 \cdot 단위체적중량 = \dfrac{0.1m \times 2{,}000kg}{m^3} = 200kg/m^2$

🔳 자중 : 200kg/m²

02

필답 서술형
(기출중복문제 소거 정리)

잠깐! 더 효율적인 공부를 위한 링크들을 적극 이용하세요~!

직8딴 홈페이지

- 출시한 책 확인 및 구매

직8딴 카카오오픈톡방

- 실시간 저자의 질문 답변
(주7일 아침 11시~새벽 2시까지, 전화로도 함)
- 직8딴 구매자전용 복지와 혜택 획득
(최소 달에 40만원씩 기프티콘 지급)
- 구매자들과의 소통 및 EHS 관련 정보 습득

직8딴 네이버카페

- 실시간으로 최신화되는 정오표 확인
(정오표: 책 출시 이후 발견된 오타/오류를 모아놓은 표, 매우 중요)
- 공부에 도움되는 컬러버전 그림 및 사진 습득
- 직8딴 구매자전용 복지와 혜택 획득

직8딴 유튜브

- 저자 직접 강의 시청 가능
- 공부 팁 및 암기법 획득
- 국가기술자격증 관련 정보 획득

001 ☆☆☆☆☆

크레인의 작업시작 전 점검사항 3가지 쓰시오.

해

4. 크레인을 사용하여 작업을 하는 때	1. 권과방지장치·브레이크·클러치 및 운전장치의 기능
	2. 주행로의 상측 및 트롤리(trolley)가 횡행하는 레일의 상태
	3. 와이어로프가 통하고 있는 곳의 상태

답 권과방지장치 기능/주행로 상측 레일 상태/와이어로프 통하는 곳 상태

002 ☆☆

이동식 크레인 사용하는 작업할 때 작업시작 전 점검사항 3개 쓰시오.

해

5. 이동식 크레인을 사용하여 작업을 할 때	1. 권과방지장치나 그 밖의 경보장치의 기능
	2. 브레이크·클러치 및 조정장치의 기능
	3. 와이어로프가 통하고 있는 곳 및 작업장소의 지반상태

답 권과방지장치 기능/와이어로프 통하는 곳 상태/클러치 기능

003   ☆

고소작업대 사용하는 작업할 때 작업시작 전 점검사항 3개 쓰시오.

해

11. 고소작업대를 사용하여 작업을 할 때	가. 비상정지장치 및 비상하강 방지장치 기능의 이상 유무 나. 과부하 방지장치의 작동 유무(와이어로프 또는 체인구동방식의 경우) 다. 아웃트리거 또는 바퀴의 이상 유무 라. 작업면의 기울기 또는 요철 유무 마. 활선작업용 장치의 경우 홈·균열·파손등 그 밖의 손상 유무

답 바퀴 이상 유무/작업면 기울기 유무/과부하방지장치 작동 유무

004   ☆☆

리프트 작업시작 전 점검사항 2가지 쓰시오.

해

6. 리프트(자동차정비용 리프트를 포함한다)를 사용하여 작업을 할 때	1. 방호장치·브레이크 및 클러치의 기능 2. 와이어로프가 통하고 있는 곳의 상태

답 방호장치 기능/와이어로프 통하는 곳 상태

005   ☆☆

컨베이어 작업을 하는 경우 작업시작 전 점검사항 4가지 쓰시오.

해

13. 컨베이어 등을 사용하여 작업을 할 때	1. 원동기 및 풀리(pulley) 기능의 이상 유무 2. 이탈 등의 방지장치 기능의 이상 유무 3. 비상정지장치 기능의 이상 유무 4. 원동기·회전축·기어 및 풀리 등의 덮개 또는 울 등의 이상 유무

답 1. 덮개 이상 유무
2. 풀리 기능 이상 유무
3. 이탈방지장치 기능 이상 유무
4. 비상정지장치 기능 이상 유무

006 ☆☆☆☆☆

지게차의 작업시작 전 점검사항 4가지 쓰시오.

해

9. 지게차를 사용하여 작업을 하는 때	1. 제동장치 및 조종장치 기능의 이상 유무 2. 하역장치 및 유압장치 기능의 이상 유무 3. 바퀴의 이상 유무 4. 전조등·후미등·방향지시기 및 경보장치 기능의 이상 유무

답 바퀴 이상 유무/전조등 기능 이상 유무/제동장치 기능 이상 유무/하역장치 기능 이상 유무

007 ☆☆☆☆☆☆☆☆

비, 눈, 그 밖의 기상상태의 악화로 작업을 중지시킨 후 또는 비계를 조립·해체하거나 변경한 후에 그 비계에서 작업을 하는 경우 작업시작 전 점검사항 4가지 쓰시오.

해 사업주는 비, 눈, 그 밖의 기상상태의 악화로 작업을 중지시킨 후 또는 비계를 조립·해체하거나 변경한 후에 그 비계에서 작업을 하는 경우에는 해당 작업을 시작하기 전에 다음 각 호의 사항을 점검하고, 이상을 발견하면 즉시 보수하여야 한다.
1. 발판 재료의 손상 여부 및 부착 또는 걸림 상태
2. 해당 비계의 연결부 또는 접속부의 풀림 상태
3. 연결 재료 및 연결 철물의 손상 또는 부식 상태
4. 손잡이의 탈락 여부
5. 기둥의 침하, 변형, 변위(變位) 또는 흔들림 상태
6. 로프의 부착 상태 및 매단 장치의 흔들림 상태

답 기둥 침하 상태/로프 부착 상태/발판재료 부착 상태/손잡이 탈락 여부

008 ☆☆☆☆

항타기 조립하거나 해체하는 경우 사업주가 점검해야 할 점검사항 4가지 쓰시오.

🖩 사업주는 항타기 또는 항발기를 조립하거나 해체하는 경우 다음 각 호의 사항을 점검해야 한다.
    1. 본체 연결부의 풀림 또는 손상의 유무
    2. 권상용 와이어로프·드럼 및 도르래의 부착상태의 이상 유무
    3. 권상장치의 브레이크 및 쐐기장치 기능의 이상 유무
    4. 권상기의 설치상태의 이상 유무
    5. 리더(leader)의 버팀 방법 및 고정상태의 이상 유무
    6. 본체·부속장치 및 부속품의 강도가 적합한지 여부
    7. 본체·부속장치 및 부속품에 심한 손상·마모·변형 또는 부식이 있는지 여부

📋 1. 본체 강도 적합 여부
    2. 본체 연결부 손상 유무
    3. 본체에 심한 손상 여부
    4. 리더 버팀방법 이상 유무

009 ☆

굴착공사에서 토사붕괴의 발생을 예방하기 위한 안전 점검사항 5가지 쓰시오.

🖩 토사붕괴의 발생을 예방하기 위하여 다음 각 호의 사항을 점검하여야 한다.
    1. 전 지표면의 답사
    2. 경사면의 지층 변화부 상황 확인
    3. 부석의 상황 변화의 확인
    4. 용수의 발생 유·무 또는 용수량의 변화 확인
    5. 결빙과 해빙에 대한 상황의 확인
    6. 각종 경사면 보호공의 변위, 탈락 유·무
    7. 점검시기는 작업 전·중·후, 비온 후, 인접 작업구역에서 발파한 경우에 실시한다.

📋 1. 용수 발생 유무
    2. 전 지표면 답사
    3. 부석 상황 변화 확인
    4. 결빙, 해빙에 대한 상황 확인
    5. 각종 경사면 보호공 탈락 유무

010 ☆☆

공기압축기 가동 시 작업시작 전 점검사항 4가지 쓰시오.

해

3. 공기압축기를 가동할 때	1. 공기저장 압력용기의 외관 상태 2. 드레인 밸브(drain valve)의 조작 및 배수 3. 압력방출장치의 기능 4. 언로드 밸브(unloading valve)의 기능 5. 윤활유의 상태 6. 회전부의 덮개 또는 울 7. 그 밖의 연결 부위의 이상 유무

답 윤활유 상태/회전부 덮개/언로드 밸브 기능/드레인 밸브 조작

011 ☆☆☆☆☆☆☆

구축물 또는 시설물의 안전성 평가를 실시해야 하는 경우 3가지 쓰시오.

해 사업주는 구축물등이 다음 각 호의 어느 하나에 해당하는 경우에는 구축물등에 대한 구조검토, 안전진단 등의 안전성 평가를 하여 근로자에게 미칠 위험성을 미리 제거해야 한다.
1. 구축물등의 인근에서 굴착·항타작업 등으로 침하·균열 등이 발생하여 붕괴의 위험이 예상될 경우
2. 구축물등에 지진, 동해(凍害), 부동침하 등으로 균열·비틀림 등이 발생했을 경우
3. 구축물등이 그 자체의 무게·적설·풍압 또는 그 밖에 부가되는 하중 등으로 붕괴 등의 위험이 있을 경우
4. 화재 등으로 구축물등의 내력(耐力)이 심하게 저하됐을 경우
5. 오랜 기간 사용하지 않던 구축물등을 재사용하게 되어 안전성을 검토해야 하는 경우
6. 구축물등의 주요구조부(「건축법」에 따른 주요구조부를 말한다. 이하 같다)에 대한 설계 및 시공 방법의 전부 또는 일부를 변경하는 경우
7. 그 밖의 잠재위험이 예상될 경우

답 1. 구축물등에 지진 등으로 균열 등이 발생했을 경우
2. 화재 등으로 구축물 내력이 심하게 저하됐을 경우
3. 구축물이 그 자체 무게로 붕괴 위험이 있을 경우

012   ☆

자율검사 프로그램의 인정을 취소하거나 인정받은 자율검사 프로그램의 내용에 따라 검사를 하도록 하는 등 개선을 명할 수 있는 경우 3가지 쓰시오.

🖼 자율검사프로그램 인정의 취소의 경우
  1. 거짓이나 그 밖의 부정한 방법으로 자율검사프로그램을 인정받은 경우
  2. 자율검사프로그램을 인정받고도 검사를 하지 아니한 경우
  3. 인정받은 자율검사프로그램의 내용에 따라 검사를 하지 아니한 경우
  4. 법에 해당하는 사람 또는 자율안전검사기관이 검사를 하지 아니한 경우
🔲 1. 거짓으로 자율검사프로그램 인정받은 경우
  2. 자율검사프로그램 인정받고도 검사 하지 않은 경우
  3. 인정받은 자율검사프로그램 내용에 따라 검사를 하지 않은 경우

013   ☆☆☆

근로감독관이 질문, 검사, 점검하거나 관계 서류 제출 요구할 수 있는 경우 3가지 쓰시오.

🖼 근로감독관은 다음 각 호의 어느 하나에 해당하는 경우 법에 따라 질문·검사·점검하거나 관계 서류의 제출을 요구할 수 있다.
  1. 산업재해가 발생하거나 산업재해 발생의 급박한 위험이 있는 경우
  2. 근로자의 신고 또는 고소·고발 등에 대한 조사가 필요한 경우
  3. 법 또는 법에 따른 명령을 위반한 범죄의 수사 등 사법경찰관리의 직무를 수행하기 위하여 필요한 경우
  4. 그 밖에 고용노동부장관 또는 지방고용노동관서의 장이 법 또는 법에 따른 명령의 위반 여부를 조사하기 위하여 필요하다고 인정하는 경우
🔲 1. 산업재해 발생한 경우
  2. 근로자 신고에 대한 조사가 필요한 경우
  3. 법을 위반한 범죄 수사를 수행하기 위해 필요한 경우

014   ☆

산업안전보건법에 의해 안전보건개선계획을 수립해야 하는 사업장 종류 4가지 쓰시오.

🔲 안전보건개선계획을 수립할 대상
 1. 산업재해율이 같은 업종의 규모별 평균 산업재해율보다 높은 사업장
 2. 사업주가 필요한 안전조치 또는 보건조치를 이행하지 않아 중대재해가 발생한 사업장
 3. 직업성 질병자가 연간 2명 이상 발생한 사업장
 4. 유해인자의 노출기준을 초과한 사업장

🔳 1. 유해인자 노출기준을 초과한 사업장
 2. 직업성 질병자가 연간 2명 이상 발생한 사업장
 3. 산업재해율이 같은 업종 규모별 평균 산업재해율보다 높은 사업장
 4. 사업주가 필요한 안전조치를 이행하지 않아 중대재해 발생한 사업장

015   ☆☆☆

산업안전보건법에 의해 안전보건진단을 받아 안전보건개선계획을 수립, 제출하도록 명할 수 있는 사업장 종류 4가지 쓰시오.

🔲 안전보건진단을 받아 안전보건개선계획을 수립할 대상
 1. 산업재해율이 같은 업종 평균 산업재해율의 2배 이상인 사업장
 2. 사업주가 필요한 안전조치 또는 보건조치를 이행하지 아니하여 중대재해 발생한 사업장
 3. 직업성 질병자가 연간 2명 이상(상시근로자 1천명 이상 사업장의 경우 3명 이상) 발생한 사업장
 4. 그 밖에 작업환경 불량, 화재·폭발 또는 누출 사고 등으로 사업장 주변까지 피해가 확산된 사업장으로서
    고용노동부령으로 정하는 사업장

🔳 1. 누출 사고 등으로 사업장 주변까지 피해가 확산된 사업장
 2. 산업재해율이 같은 업종 평균 산업재해율의 2배 이상인 사업장
 3. 사업주가 필요한 안전조치를 이행하지 않아 중대재해 발생한 사업장
 4. 직업성 질병자가 연간 2명 이상(상시근로자 1천명 이상 사업장의 경우 3명 이상) 발생한 사업장

016 ☆☆☆☆

안전관리자 수를 정수 이상으로 증원하게 하거나 교체하여 임명할 수 있는 경우에 해당하는 내용 3개 쓰시오.

해 지방고용노동관서의 장은 다음 각 호의 어느 하나에 해당하는 사유가 발생한 경우에는 사업주에게 안전관리자·보건관리자 또는 안전보건관리담당자를 정수 이상으로 증원하게 하거나 교체하여 임명할 것을 명할 수 있다.
1. 해당 사업장의 연간 재해율이 같은 업종의 평균재해율의 2배 이상인 경우
2. 중대재해가 연간 2건 이상 발생한 경우. 다만, 해당 사업장의 전년도 사망 만인율이 같은 업종의 평균 사망 만인율 이하인 경우는 제외한다.
3. 관리자가 질병이나 그 밖의 사유로 3개월 이상 직무를 수행할 수 없게 된 경우
4. 화학적 인자로 인한 직업성 질병자가 연간 3명 이상 발생한 경우. 이 경우 직업성 질병자의 발생일은 법에 따른 요양급여의 결정일로 한다.

답 1. 중대재해 연간 2건 이상 발생
2. 관리자가 질병으로 3개월 이상 직무수행 불가능할 때
3. 연간 재해율이 같은 업종 평균 재해율 2배 이상 발생

017 ☆☆☆☆

발파작업 시 관리감독자 유해위험 방지업무 4가지 쓰시오

해

11. 발파작업	가. 점화 전에 점화작업에 종사하는 근로자가 아닌 사람에게 대피를 지시하는 일 나. 점화작업에 종사하는 근로자에게 대피장소 및 경로를 지시하는 일 다. 점화 전에 위험구역 내에서 근로자가 대피한 것을 확인하는 일 라. 점화순서 및 방법에 대하여 지시하는 일 마. 점화신호를 하는 일 바. 점화작업에 종사하는 근로자에게 대피신호를 하는 일 사. 발파 후 터지지 않은 장약이나 남은 장약의 유무, 용수(湧水)의 유무 및 암석·토사의 낙하 여부 등을 점검하는 일 아. 점화하는 사람을 정하는 일 자. 공기압축기의 안전밸브 작동 유무를 점검하는 일 차. 안전모 등 보호구 착용 상황을 감시하는 일

답 1. 점화신호 하는 일
2. 점화하는 사람 정하는 일
3. 보호구 착용 상황 감시하는 일
4. 점화순서에 대하여 지시하는 일

018 ☆☆☆☆☆

해당 작업의 관리감독자 직무 3가지 쓰시오.

> 1. 거푸집 동바리의 고정, 조립 또는 해체 작업/지반의 굴착작업/흙막이 지보공의 고정, 조립 또는
>   해체작업/터널의 굴착작업/건물 등의 해체작업
> 2. 5m 이상의 비계를 조립, 해체하거나 변경하는 작업
> 3. 달비계 작업

해

8. 거푸집 동바리의 고정·조립 또는 해체 작업/지반의 굴착작업/흙막이 지보공의 고정·조립 또는 해체 작업/터널의 굴착작업/건물 등의 해체작업	가. 안전한 작업방법을 결정하고 작업을 지휘하는 일 나. 재료·기구의 결함 유무를 점검하고 불량품을 제거하는 일 다. 작업 중 안전대 및 안전모 등 보호구 착용 상황을 감시하는 일
9. 높이 5미터 이상의 비계(飛階)를 조립·해체하거나 변경하는 작업(해체작업 경우 가목은 적용 제외)	가. 재료의 결함 유무를 점검하고 불량품을 제거하는 일 나. 기구·공구·안전대 및 안전모 등의 기능을 점검하고 불량품을 제거 다. 작업방법 및 근로자 배치를 결정하고 작업 진행 상태를 감시하는 일 라. 안전대와 안전모 등의 착용 상황을 감시하는 일
10. 달비계 작업	가. 작업용 섬유로프, 작업용 섬유로프의 고정점, 구명줄의 조정점, 작업대, 고리걸이용 철구, 안전대 등 결손 여부를 확인하는 일 나. 작업용 섬유로프 및 안전대 부착설비용 로프가 고정점에 풀리지 않는 매듭방법으로 결속되었는지 확인하는 일 다. 근로자가 작업대에 탑승하기 전 안전모 및 안전대를 착용하고 안전대를 구명줄에 체결했는지 확인하는 일 라. 작업방법 및 근로자 배치를 결정하고 작업 진행 상태를 감시하는 일

답 1. 작업방법 결정/재료 결함 유무 점검/안전모 등 착용 상황 감시
   2. 작업방법 결정/재료 결함 유무 점검/안전모 등 착용 상황 감시
   3. 작업방법 결정/안전대 결손 여부 확인/안전모 착용했는지 확인

019 ☆☆

승강기 설치, 조립, 수리, 점검 또는 해체 작업 시 작업지휘자 직무(= 이행사항) 3가지씩 쓰시오.

📖 사업주는 사업장에 승강기의 설치·조립·수리·점검 또는 해체 작업을 하는 경우 작업을 지휘하는 사람에게 다음 각 호의 사항을 이행하도록 하여야 한다.
  1. 작업방법과 근로자의 배치를 결정하고 해당 작업을 지휘하는 일
  2. 재료의 결함 유무 또는 기구 및 공구의 기능을 점검하고 불량품을 제거하는 일
  3. 작업 중 안전대 등 보호구의 착용 상황을 감시하는 일
🔑 재료 결함 유무 점검/보호구 착용 상황 감시/작업방법 결정하고 작업 지휘

020 ☆

달비계 또는 5m 이상의 비계를 조립, 해체하거나 변경하는 작업 시 사용해야 하는 도구 2가지 쓰시오.

📖 재료·기구 또는 공구 등을 올리거나 내리는 경우에는 근로자가 달줄 또는 달포대 등을 사용하게 할 것
🔑 달줄/달포대

021

☆☆☆☆

산업안전보건법에 의한 안전관리자의 직무 4가지와 자격 2가지 쓰시오.

🖹 – 안전관리자의 업무는 다음 각 호와 같다.

1. 산업안전보건위원회 또는 법에 따른 안전 및 보건에 관한 노사협의체에서 심의·의결한 업무와 해당 사업장의 법에 따른 안전보건관리규정 및 취업규칙에서 정한 업무
2. 법에 따른 위험성 평가에 관한 보좌 및 지도·조언
3. 법에 따른 안전인증대상기계등과 법에 따른 자율안전확인대상기계등 구입 시 적격품의 선정에 관한 보좌 및 지도·조언
4. 해당 사업장 안전교육계획의 수립 및 안전교육 실시에 관한 보좌 및 지도·조언
5. 사업장 순회점검, 지도 및 조치 건의
6. 산업재해 발생의 원인 조사·분석 및 재발 방지를 위한 기술적 보좌 및 지도·조언
7. 산업재해에 관한 통계의 유지·관리·분석을 위한 보좌 및 지도·조언
8. 법 또는 법에 따른 명령으로 정한 안전에 관한 사항의 이행에 관한 보좌 및 지도·조언
9. 업무 수행 내용의 기록·유지
10. 그 밖에 안전에 관한 사항으로서 고용노동부장관이 정하는 사항

– 안전관리자는 다음 각 호의 어느 하나에 해당하는 사람으로 한다.

1. 법에 따른 산업안전지도사 자격을 가진 사람
2. 「국가기술자격법」에 따른 산업안전산업기사 이상의 자격을 취득한 사람
3. 「국가기술자격법」에 따른 건설안전산업기사 이상의 자격을 취득한 사람
4. 「고등교육법」에 따른 4년제 대학 이상의 학교에서 산업안전 관련 학위를 취득한 사람 또는 이와 같은 수준 이상의 학력을 가진 사람
5. 「고등교육법」에 따른 전문대학 또는 이와 같은 수준 이상의 학교에서 산업안전 관련 학위를 취득한 사람
6. 「고등교육법」에 따른 이공계 전문대학 또는 이와 같은 수준 이상의 학교에서 학위를 취득하고, 해당 사업의 관리감독자로서의 업무(건설업의 경우는 시공실무경력)를 3년(4년제 이공계 대학 학위 취득자는 1년) 이상 담당한 후 고용노동부장관이 지정하는 기관이 실시하는 교육(1998년 12월 31일까지의 교육만 해당한다)을 받고 정해진 시험에 합격한 사람. 다만, 관리감독자로 종사한 사업과 같은 업종(한국표준산업분류에 따른 대분류를 기준으로 한다)의 사업장이면서, 건설업의 경우를 제외하고는 상시근로자 300명 미만인 사업장에서만 안전관리자가 될 수 있다.
7. 「초·중등교육법」에 따른 공업계 고등학교 또는 이와 같은 수준 이상의 학교를 졸업하고, 해당 사업의 관리감독자로서의 업무(건설업의 경우는 시공실무경력)를 5년 이상 담당한 후 고용노동부장관이 지정하는 기관이 실시하는 교육(1998년 12월 31일까지의 교육만 해당한다)을 받고 정해진 시험에 합격한 사람. 다만, 관리감독자로 종사한 사업과 같은 종류인 업종(한국표준산업분류에 따른 대분류를 기준으로 한다)의 사업장이면서, 건설업의 경우를 제외하고는 별표 3 제28호 또는 제33호의 사업을 하는 사업장(상시근로자 50명 이상 1천명 미만인 경우만 해당한다)에서만 안전관리자가 될 수 있다.

EHS MASTER | 국가기술자격증 공부의 판도를 바꾸다

8. 다음 각 목의 어느 하나에 해당하는 사람. 다만, 해당 법령을 적용받은 사업에서만 선임될 수 있다.

　가. 「고압가스 안전관리법」에 따른 허가를 받은 사업자 중 고압가스를 제조·저장 또는 판매하는 사업에서 같은 법에 따라 선임하는 안전관리 책임자

　나. 「액화석유가스의 안전관리 및 사업법」에 따른 허가를 받은 사업자 중 액화석유가스 충전사업·액화석유가스 집단공급사업 또는 액화석유가스 판매사업에서 같은 법에 따라 선임하는 안전관리책임자

　다. 「도시가스사업법」에 따라 선임하는 안전관리 책임자

　라. 「교통안전법」에 따라 교통안전관리자의 자격을 취득한 후 해당 분야에 채용된 교통안전관리자

　마. 「총포·도검·화약류 등의 안전관리에 관한 법률」에 따른 화약류를 제조·판매 또는 저장하는 사업에서 같은 법에 따라 선임하는 화약류제조보안책임자 또는 화약류관리보안책임자

　바. 「전기안전관리법」에 따라 전기사업자가 선임하는 전기안전관리자

9. 제16조제2항에 따라 전담 안전관리자를 두어야 하는 사업장(건설업은 제외한다)에서 안전 관련 업무를 10년 이상 담당한 사람

10. 「건설산업기본법」에 따른 종합공사를 시공하는 업종의 건설현장에서 안전보건관리책임자로 10년 이상 재직한 사람

11. 「건설기술 진흥법」에 따른 토목·건축 분야 건설기술인 중 등급이 중급 이상인 사람으로서 고용노동부장관이 지정하는 기관이 실시하는 산업안전교육(2023년 12월 31일까지의 교육만 해당한다)을 이수하고 정해진 시험에 합격한 사람

12. 「국가기술자격법」에 따른 토목산업기사 또는 건축산업기사 이상의 자격을 취득한 후 해당 분야에서의 실무경력이 다음 각 목의 구분에 따른 기간 이상인 사람으로서 고용노동부장관이 지정하는 기관이 실시하는 산업안전교육(2023년 12월 31일까지의 교육만 해당한다)을 이수하고 정해진 시험에 합격한 사람

　가. 토목기사 또는 건축기사: 3년　나. 토목산업기사 또는 건축산업기사: 5년

📋 직무 : 사업장 순회점검/업무수행 내용기록/위험성평가에 관한 지도/산업재해 발생원인 조사
　　자격 : 건설안전산업기사 이상 자격 취득한 사람/산업안전산업기사 이상 자격 취득한 사람

022　　　　　　　　　　　　　　　　　　　　　　　　　　☆☆☆

안전관리자를 두어야 할 수급인인 사업주는 도급인인 사업주가 법에서 정한 요건을 갖춘 경우에는 안전관리자를 선임하지 않을 수 있다. 도급인인 사업주가 갖춰야 할 요건 2가지 쓰시오.

🔖 안전관리자 및 보건관리자를 두어야 할 수급인인 사업주는 법에 따라 도급인인 사업주가 다음 각 호 요건을 모두 갖춘 경우에는 안전관리자 및 보건관리자를 선임하지 않을 수 있다.
　1. 도급인인 사업주 자신이 선임해야 할 안전관리자 및 보건관리자를 둔 경우
　2. 안전관리자 및 보건관리자를 두어야 할 수급인인 사업주의 사업의 종류별로 상시근로자 수 (건설공사의 경우에는 건설공사 금액을 말한다. 이하 같다)를 합계하여 그 상시근로자 수에 해당하는 안전관리자 및 보건관리자를 추가로 선임한 경우

📋 1. 사업주 자신이 안전관리자를 둔 경우
　2. 안전관리자를 둬야 할 수급인인 사업주의 업종별로 상시 근로자 수를 합계하여 그 근로자 수에 해당하는 안전관리자를 추가로 선임한 경우

35

02 | 필답 서술형

023 ☆☆☆☆

도급인은 관계수급인 근로자가 도급인의 사업장에서 작업 시 안전보건에 관한 조치사항을 이행해야 한다. 이 경우 도급인의 직무(= 이행사항) 2가지 쓰시오.(= 도급사업 시 산업재해를 예방하기 위한 조치사항)

🔠 도급인은 관계수급인 근로자가 도급인의 사업장에서 작업을 하는 경우 다음 각 호의 사항을 이행하여야 한다.
1. 도급인과 수급인을 구성원으로 하는 안전 및 보건에 관한 협의체의 구성 및 운영
2. 작업장 순회점검
3. 관계수급인이 근로자에게 하는 제29조제1항부터 제3항까지의 규정에 따른 안전보건교육을 위한 장소 및 자료의 제공 등 지원
4. 관계수급인이 근로자에게 하는 제29조제3항에 따른 안전보건교육의 실시 확인
5. 다음 각 목의 어느 하나의 경우에 대비한 경보체계 운영과 대피방법 등 훈련
   가. 작업 장소에서 발파작업을 하는 경우
   나. 작업 장소에서 화재·폭발, 토사·구축물 등의 붕괴 또는 지진 등이 발생한 경우
6. 위생시설 등 고용노동부령으로 정하는 시설의 설치 등을 위하여 필요한 장소의 제공 또는 도급인이 설치한 위생시설 이용의 협조
7. 같은 장소에서 이루어지는 도급인과 관계수급인 등의 작업에 있어서 관계수급인 등의 작업시기·내용, 안전조치 및 보건조치 등의 확인
8. 제7호에 따른 확인 결과 관계수급인 등의 작업 혼재로 인하여 화재·폭발 등 대통령령으로 정하는 위험이 발생할 우려가 있는 경우 관계수급인 등의 작업시기·내용 등의 조정

🔡 작업장 순회점검/근로자에게 하는 안전보건교육 실시 확인

024   ☆☆☆

명예산업안전감독관이 수행해야 할 직무 4가지 쓰시오.

해 명예산업안전감독관의 업무는 다음 각 호와 같다.
1. 사업장에서 하는 자체점검 참여 및 「근로기준법」에 따른 근로감독관(이하 "근로감독관"이라 한다)이 하는 사업장 감독 참여
2. 사업장 산업재해 예방계획 수립 참여 및 사업장에서 하는 기계·기구 자체검사 참석
3. 법령을 위반한 사실이 있는 경우 사업주에 대한 개선 요청 및 감독기관에의 신고
4. 산업재해 발생의 급박한 위험이 있는 경우 사업주에 대한 작업중지 요청
5. 작업환경측정, 근로자 건강진단 시의 참석 및 그 결과에 대한 설명회 참여
6. 직업성 질환의 증상이 있거나 질병에 걸린 근로자가 여러 명 발생한 경우 사업주에 대한 임시건강진단 실시 요청
7. 근로자에 대한 안전수칙 준수 지도
8. 법령 및 산업재해 예방정책 개선 건의
9. 안전·보건 의식을 북돋우기 위한 활동 등에 대한 참여와 지원
10. 그 밖에 산업재해 예방에 대한 홍보 등 산업재해 예방업무와 관련하여 고용노동부장관이 정하는 업무

답 1. 작업환경측정 시의 참석
2. 산업재해 예방정책 개선 건의
3. 사업장에서 하는 자체점검 참여
4. 근로자에 대한 안전수칙 준수 지도

025

☆☆☆☆☆

명예산업안전감독관의 위촉 대상이 되는 경우 3가지와 임기를 쓰시오.

해 – 고용노동부장관은 다음 각 호의 어느 하나에 해당하는 사람 중에서 법에 따른 명예산업안전감독관(이하
 "명예산업안전감독관"이라 한다)을 위촉할 수 있다.
 1. 산업안전보건위원회 구성 대상 사업의 근로자 또는 노사협의체 구성·운영 대상 건설공사의 근로자 중에
  서 근로자대표(해당 사업장에 단위 노동조합의 산하 노동단체가 그 사업장 근로자의 과반수로 조직되어
  있는 경우에는 지부·분회 등 명칭이 무엇이든 관계없이 해당 노동단체의 대표자를 말한다. 이하 같다)가
  사업주의 의견을 들어 추천하는 사람
 2. 「노동조합 및 노동관계조정법」에 따른 연합단체인 노동조합 또는 그 지역 대표기구에 소속된 임직원 중
  에서 해당 연합단체인 노동조합 또는 그 지역 대표기구가 추천하는 사람
 3. 전국 규모의 사업주단체 또는 그 산하조직에 소속된 임직원 중에서 해당 단체 또는 그 산하조직이 추천
  하는 사람
 4. 산업재해 예방 관련 업무를 하는 단체 또는 그 산하조직에 소속된 임직원 중에서 해당 단체 또는 그 산
  하조직이 추천하는 사람
 – 명예산업안전감독관의 임기는 2년으로 하되, 연임할 수 있다.

답 – 위촉대상이 되는 경우
 1. 전국 규모 사업주단체 중에서 해당 단체가 추천하는 사람
 2. 연합단체인 노동조합 중에서 해당 연합단체인 노동조합이 추천하는 사람
 3. 산업재해 예방 관련 업무를 하는 단체 중에서 해당 단체가 추천하는 사람
 – 임기 : 2년

026

☆☆☆☆

명예산업안전감독관을 해촉할 수 있는 경우 4가지 쓰시오.

해 고용노동부장관은 다음 각 호의 어느 하나에 해당하는 경우에는 명예산업안전감독관을 해촉(解囑)할 수 있다.
 1. 근로자대표가 사업주의 의견을 들어 위촉된 명예산업안전감독관의 해촉을 요청한 경우
 2. 규정에 따라 위촉된 명예산업안전감독관이 해당 단체 또는 그 산하조직으로부터 퇴직하거나 해임된 경우
 3. 명예산업안전감독관의 업무와 관련하여 부정한 행위를 한 경우
 4. 질병이나 부상 등의 사유로 명예산업안전감독관의 업무 수행이 곤란하게 된 경우

답 1. 명예산업안전감독관 업무와 관련해 부정행위를 한 경우
 2. 위촉된 명예산업안전감독관이 해당 단체로부터 해임된 경우
 3. 질병 사유로 명예산업안전감독관의 업무수행이 곤란하게 된 경우
 4. 근로자대표가 사업주 의견을 들어 위촉된 명예산업안전감독관의 해촉을 요청한 경우

027 ☆☆

산업안전보건법에 의한 산업안전보건위원회 설치 시 위원장 선출방법과 위원회에서 의결되지 아니한 사항에 대한 처리법을 쓰시오.

해 – 산업안전보건위원회의 위원장은 위원 중에서 호선(互選)한다. 이 경우 근로자위원과 사용자위원 중 각 1명을 공동위원장으로 선출할 수 있다.
– 산업안전보건위원회는 다음 각 호의 어느 하나에 해당하는 경우에는 근로자위원과 사용자위원의 합의에 따라 산업안전보건위원회에 중재기구를 두어 해결하거나 제3자에 의한 중재를 받아야 한다.
　1. 법에 따른 사항에 대하여 산업안전보건위원회에서 의결하지 못한 경우
　2. 산업안전보건위원회에서 의결된 사항 해석 또는 이행방법 등에 관하여 의견이 일치하지 않는 경우

답 위원장 선출방법 : 근로자위원과 사용자위원 중 각 1명을 공동위원장으로 선출한다.
　처리법 : 산업안전보건위원회에 중재기구를 두어 해결

028 ☆

산업안전보건위원회 구성원 자격 4가지 쓰시오.

해 – 산업안전보건위원회의 근로자위원은 다음 각 호의 사람으로 구성한다.
　1. 근로자 대표
　2. 명예산업안전감독관이 위촉되어 있는 사업장의 경우 근로자대표가 지명하는 1명 이상의 명예산업안전감독관
　3. 근로자대표가 지명하는 9명(근로자인 제2호의 위원이 있는 경우에는 9명에서 그 위원의 수를 제외한 수를 말한다) 이내의 해당 사업장의 근로자
– 산업안전보건위원회의 사용자위원은 다음 각 호의 사람으로 구성한다. 다만, 상시근로자 50명 이상 100명 미만을 사용하는 사업장에서는 제5호에 해당하는 사람을 제외하고 구성할 수 있다.
　1. 해당 사업의 대표자(같은 사업으로서 다른 지역에 사업장이 있는 경우에는 그 사업장의 안전보건관리책임자를 말한다. 이하 같다)
　2. 안전관리자(제16조제1항에 따라 안전관리자를 두어야 하는 사업장으로 한정하되, 안전관리자의 업무를 안전관리전문기관에 위탁한 사업장의 경우에는 그 안전관리전문기관의 해당 사업장 담당자를 말한다) 1명
　3. 보건관리자(제20조제1항에 따라 보건관리자를 두어야 하는 사업장으로 한정하되, 보건관리자의 업무를 보건관리전문기관에 위탁한 사업장의 경우에는 그 보건관리전문기관의 해당 사업장 담당자를 말한다) 1명
　4. 산업보건의(해당 사업장에 선임되어 있는 경우로 한정한다)
　5. 해당 사업의 대표자가 지명하는 9명 이내의 해당 사업장 부서의 장

답 안전관리자/보건관리자/산업보건의/근로자 대표

029   ☆

도급사업의 합동 안전, 보건 점검에서 점검반의 구성원 4명을 쓰시오.

해 도급인이 작업장의 안전 및 보건에 관한 점검을 할 때에는 다음 각 호의 사람으로 점검반을 구성해야 한다.
  1. **도급인**(같은 사업 내에 지역을 달리하는 사업장이 있는 경우에는 그 사업장의 안전보건관리책임자)
  2. **관계수급인**(같은 사업 내에 지역을 달리하는 사업장이 있는 경우에는 그 사업장의 안전보건관리 책임자)
  3. **도급인 및 관계수급인의 근로자 각 1명**(관계수급인의 근로자의 경우에는 해당 공정만 해당한다)

답 도급인/관계 수급인/도급인 및 관계수급인 근로자 각 1명

030   ☆☆☆☆

산업안전보건법 시행령상 상시근로자 50인 이상에서 안전보건총괄책임자를 지정해야 하는 대상 사업장 종류 3가지 쓰고, 안전보건총괄책임자의 직무 3가지 쓰시오.

해 – 안전보건총괄책임자(이하 "안전보건총괄책임자"라 한다)를 지정해야 하는 사업의 종류 및 사업장의 상시 근로자 수는 관계수급인에게 고용된 근로자를 포함한 상시근로자가 100명(선박 및 **보트 건조업, 1차 금속 제조업 및 토사석 광업**의 경우에는 50명) 이상인 사업이나 관계수급인의 공사금액을 포함한 해당 공사의 총 공사금액이 20억원 이상인 건설업으로 한다.

  – 안전보건총괄책임자의 직무는 다음 각 호와 같다.
  1. **위험성평가의 실시에 관한 사항**
  2. **작업의 중지**
  3. 도급 시 산업재해 예방조치
  4. 산업안전보건관리비의 관계수급인 간의 사용에 관한 협의·조정 및 그 집행의 감독
  5. **안전인증대상기계등**과 자율 안전 확인 대상 기계 등의 **사용 여부 확인**

답 사업장 : **보트 건조업/토사석 광업/1차 금속 제조업**
  안전보건총괄책임자의 직무 : **작업중지/위험성평가 실시/안전인증대상기계등 사용 여부 확인**

031   ☆☆

사전조사 및 작업계획서 작성 대상작업 4가지 쓰시오.

해 사업주는 다음 각 호의 작업을 하는 경우 근로자의 위험을 방지하기 위하여 별표 4에 따라 해당 작업, 작업장의 지형·지반 및 지층 상태 등에 대한 사전조사를 하고 그 결과를 기록·보존해야 하며, 조사결과를 고려하여 별표 4의 구분에 따른 사항을 포함한 작업계획서를 작성하고 그 계획에 따라 작업을 하도록 해야 한다.

1. 타워크레인을 설치·조립·해체하는 작업
2. 차량계 하역운반기계등을 사용하는 작업(화물자동차를 사용하는 도로상의 주행작업은 제외한다. 이하 같다)
3. 차량계 건설기계를 사용하는 작업
4. 화학설비와 그 부속설비를 사용하는 작업
5. 제318조에 따른 전기작업(해당 전압이 50볼트를 넘거나 전기에너지가 250볼트암페어를 넘는 경우로 한정한다)
6. 굴착면의 높이가 2미터 이상이 되는 지반의 굴착작업
7. 터널 굴착작업
8. 교량(상부구조가 금속 또는 콘크리트로 구성되는 교량으로서 그 높이가 5미터 이상이거나 교량의 최대 지간 길이가 30미터 이상인 교량으로 한정한다)의 설치·해체 또는 변경 작업
9. 채석작업
10. 구축물, 건축물, 그 밖의 시설물 등(이하 "구축물등"이라 한다)의 해체작업
11. 중량물의 취급작업
12. 궤도나 그 밖의 관련 설비의 보수·점검작업
13. 열차의 교환·연결 또는 분리 작업(이하 "입환작업"이라 한다)

답 채석작업/터널 굴착작업/건축물 해체작업/차량계 건설기계 사용 작업

032   ☆

터널굴착작업 시에 작업계획서 포함사항 2가지와 사전조사 내용을 쓰시오.

해

작업명	사전조사 내용	작업계획서 내용
7. 터널 굴착 작업	보링(boring) 등 적절한 방법으로 낙반·출수(出水) 및 가스폭발 등으로 인한 근로자의 위험을 방지하기 위하여 미리 지형·지질 및 지층 상태를 조사	가. 굴착의 방법 나. 터널지보공 및 복공(覆工)의 시공방법과 용수(湧水)의 처리방법 다. 환기 또는 조명시설을 설치할 때에는 그 방법

답 사전조사 내용 : 보링 등 적절한 방법으로 낙반 등으로 인한 근로자 위험을 방지하기 위해 미리 지층 상태를 조사

작업계획서 포함사항 : 굴착 방법/용수 처리방법

033 ☆☆☆☆

굴착작업 시에 작업계획서 포함사항과 사전조사 내용 각 3가지씩 쓰시오.

해

작업명	사전조사 내용	작업계획서 내용
6. 굴착 작업	가. 형상·지질 및 지층의 상태 나. 균열·함수(含水)·용수 및 동결의 유무 또는 상태 다. 매설물 등의 유무 또는 상태 라. 지반의 지하수위 상태	가. 굴착방법 및 순서, 토사 반출방법 나. 필요한 인원 및 장비 사용계획 다. 매설물 등에 대한 이설·보호대책 라. 사업장 내 연락방법 및 신호방법 마. 흙막이 지보공 설치방법 및 계측계획 바. 작업지휘자의 배치계획

답 작업계획서 포함사항: 굴착방법/신호방법/장비 사용계획

사전조사 내용: 지층 상태/동결 상태/매설물 상태

034 ☆☆☆☆☆☆

채석작업 시 작업계획서의 포함사항 4가지 쓰시오.

해

9. 채석작업	가. 노천굴착과 갱내굴착의 구별 및 채석방법 나. 굴착면의 높이와 기울기 다. 굴착면 소단(小段: 비탈면의 경사를 완화시키기 위해 중간에 좁은 폭으로 설치하는 평탄한 부분)의 위치와 넓이 라. 갱내에서의 낙반 및 붕괴방지 방법 마. 발파방법 바. 암석의 분할방법 사. 암석의 가공장소 아. 사용하는 굴착기계·분할기계·적재기계 또는 운반기계(이하 "굴착기계등"이라 한다)의 종류 및 성능 자. 토석 또는 암석의 적재 및 운반방법과 운반경로 차. 표토 또는 용수(湧水)의 처리방법

답 발파방법/굴착면 높이/암석 분할방법/암석 가공장소

035   ☆☆

산업안전보건법에 의한 중량물 취급 작업계획서의 포함사항 3가지 쓰시오.

해 작업계획서 내용

11. 중량물의 취급 작업	1. 추락위험을 예방할 수 있는 안전대책
	2. 낙하위험을 예방할 수 있는 안전대책
	3. 전도위험을 예방할 수 있는 안전대책
	4. 협착위험을 예방할 수 있는 안전대책
	5. 붕괴위험을 예방할 수 있는 안전대책

답 1. 추락위험 예방 안전대책   2. 낙하위험 예방 안전대책   3. 전도위험 예방 안전대책

036   ☆☆

타워크레인 조립, 해체 작업계획서의 포함사항 4가지 쓰시오.

해

1. 타워크레인을 설치·조립·해체하는 작업	가. 타워크레인의 종류 및 형식
	나. 설치·조립 및 해체순서
	다. 작업도구·장비·가설설비(假設設備) 및 방호설비
	라. 작업인원의 구성 및 작업근로자의 역할 범위
	마. 제142조에 따른 지지 방법

답 해체순서/방호설비/작업인원 구성/타워크레인 종류

037 ☆☆

건물 해체공사 작업계획서의 포함사항 4가지 쓰시오.

해 작업계획서 내용

10. 건물 등의 해체작업	1. 해체의 방법 및 해체 순서도면 2. 가설설비·방호설비·환기설비 및 살수·방화설비 등의 방법 3. 사업장 내 연락방법 4. 해체물의 처분계획 5. 해체작업용 기계·기구 등의 작업계획서 6. 해체작업용 화약류 등의 사용계획서 7. 그 밖에 안전·보건에 관련된 사항

답 해체방법/방호설비 방법/해체물 처분계획/사업장 내 연락방법

038 ☆☆☆☆☆

차량계 건설기계를 사용하는 작업 시 작성하는 작업계획서 포함사항 3가지 쓰시오.

해

3. 차량계 건설기계를 사용 하는 작업	가. 사용하는 차량계 건설기계의 종류 및 성능 나. 차량계 건설기계의 운행경로 다. 차량계 건설기계에 의한 작업방법

답 운행경로/작업방법/사용하는 차량계 건설기계 종류

039 ☆

배수 및 방수계획서의 포함사항 3가지 쓰시오.

해 사업주는 터널내의 누수로 인한 붕괴위험 및 근로자의 직업안전을 위하여 제3조 또는 제4조의 조사를 근거로 하여 배수 및 방수계획을 수립한 후 그 계획에 의하여 안전조치를 하여야 한다.
시공계획에는 다음 각 호의 사항이 포함되어야 한다.
1. 지하수위 및 투수계수에 의한 예상 누수량 산출
2. 배수펌프 소요대수 및 용량
3. 배수방식의 선정 및 집수구 설치방식
4. 터널내부 누수개소 조사 및 점검 담당자 선임
5. 누수량 집수유도 계획 또는 방수계획
6. 굴착상부지반의 채수대 조사

답 방수계획/배수펌프 용량/배수방식 선정

040 ☆☆

NATM공법에 의한 터널작업 시에는 사전에 계측계획을 수립하고 그 계획에 따른 계측을 해야 한다. 계측계획의 포함사항 4가지 쓰시오.

해 사업주는 터널작업시 사전에 계측계획을 수립하고 그 계획에 따른 계측을 하여야 한다.
계측 계획에는 다음 각 호의 사항이 포함되어야 한다.
1. 측정위치 개소 및 측정의 기능 분류
2. 계측 시 소요장비
3. 계측빈도
4. 계측결과 분석방법
5. 변위 허용치 기준
6. 이상 변위시 조치 및 보강대책
7. 계측 전담반 운영계획
8. 계측관리 기록분석 계통기준 수립

답 계측빈도/변위 허용치 기준/계측결과 분석방법/계측 시 소요장비

041   ☆☆

NATM공법에서 지질 및 지층에 관한 지반조사를 실시하고 확인해야 할 사항 3가지 쓰시오.

해 사업주는 지질 및 지층에 관한 조사를 실시하고 다음 각 호의 사항을 확인하여야 한다.
   1. 시추(보링) 위치
   2. 토층분포상태
   3. 투수계수
   4. 지하수위
   5. 지반의 지지력
답 투수계수/지하수위/시추 위치

042   ☆☆

산업재해가 발생한 때에 사업주가 기록, 보존해야 하는 사항 4가지 쓰시오.

해 사업주는 산업재해가 발생한 때에는 법에 따라 다음 각 호의 사항을 기록·보존해야 한다. 다만, 법에 따른 산업재해조사표의 사본을 보존하거나 법에 따른 요양신청서의 사본에 재해 재발방지 계획을 첨부하여 보존한 경우에는 그렇지 않다.
   1. 사업장의 개요 및 근로자의 인적사항
   2. 재해 발생의 일시 및 장소
   3. 재해 발생의 원인 및 과정
   4. 재해 재발방지 계획
답 사업장 개요/재해발생 일시/재해발생 원인/재해 재발방지 계획

043 ☆☆

중대재해 종류 2가지와 발생 시 보고해야 하는 사항 2가지 쓰시오.

해 중대재해 범위
1. 사망자가 1명 이상 발생한 재해
2. 3개월 이상의 요양이 필요한 부상자가 동시에 2명 이상 발생한 재해
3. 부상자 또는 직업성 질병자가 동시에 10명 이상 발생한 재해

사업주는 중대재해가 발생한 사실을 알게 된 경우에는 법에 따라 지체 없이 다음 각 호의 사항을 사업장 소재지를 관할하는 지방고용노동관서의 장에게 전화·팩스 또는 그 밖의 적절한 방법으로 보고해야 한다.
1. 발생 개요 및 피해 상황   2. 조치 및 전망   3. 그 밖의 중요한 사항

답 종류 : 사망자 1명 이상 발생한 재해/직업성 질병자가 동시에 10명 이상 발생한 재해
보고사항 : 조치 및 전망/발생 개요 및 피해 상황

044 ☆☆

양중기(승강기 제외) 및 달기구 사용해 작업하는 운전자, 작업자가 보기 쉬운 곳에 부착하는 표시사항 3가지 쓰시오.

해 사업주는 양중기(승강기는 제외한다) 및 달기구를 사용하여 작업하는 운전자 또는 작업자가 보기 쉬운 곳에 해당 기계의 정격하중, 운전속도, 경고표시 등을 부착하여야 한다. 다만, 달기구는 정격하중만 표시한다.

답 정격하중/운전속도/경고표시

045 ☆

가설구조물의 구조적 특징 3가지 쓰시오.

해 가설구조물 특징
1. 단면에 결함이 있기 쉬움
2. 부재결합 불완전할 수 있음
3. 연결재가 적은 구조로 되기 쉬움
4. 한시적인 구조설계의 개념이 확실하게 적용됨

답 단면에 결함이 있기 쉬움/부재결합 불완전할 수 있음/연결재가 적은 구조로 되기 쉬움

046 ☆

콘크리트 구조물 해체공법 선정 시 고려사항 4가지 쓰시오.

해 시공성/안전성/경제성/공사기간/소음진동 발생량/도심지 주변환경조건/민원/건설공해 유발 여부/해체 대상 구조물 부재 두께/분진여부/파괴방향/해체량

답 시공성/안전성/경제성/공사기간

047 ☆

콘크리트 옹벽 구조물을 시공할 때 검토해야 할 안정조건 3개 쓰시오.

해 옹벽의 안정조건
1. 활동에 대한 안전율은 1.5(지진시 토압에 대해서는 1.2) 이상으로 한다. 다만, 옹벽 전면 흙에 의한 수동토압을 활동저항력에 포함할 경우의 안전율은 2.0 이상으로 한다. 옹벽 저판의 깊이는 동결심도 보다 깊어야 하며 최소한 1m 이상으로 한다.
2. 전도 및 지지력에 대한 안정조건을 만족하지만 활동에 대하여 불안정할 경우 활동방지벽 등을 설치할 수 있다.
3. 전도에 대한 저항모멘트는 토압에 의한 전도모멘트의 2.0배 이상으로 한다. 작용하중의 합력이 저판폭의 중앙 1/3(암반인 경우 1/2, 지진시 토압에 대해서는 2/3) 이내에 있다면 전도에 대한 안정성 검토는 생략할 수 있다.
4. 기초지반에 작용하는 최대압축응력은 기초지반의 허용지지력 이하가 되도록 한다.

답 활동/전도/지지력

048 ☆☆☆

근로자가 상시 분진작업에 관련된 업무를 하는 경우에 사업주가 근로자에게 알려야 하는 사항 3가지 쓰시오.

해 사업주는 근로자가 상시 분진작업에 관련된 업무를 하는 경우에 다음 각 호의 사항을 근로자에게 알려야 한다.
1. 분진의 유해성과 노출경로
2. 분진의 발산 방지와 작업장의 환기 방법
3. 작업장 및 개인위생 관리
4. 호흡용 보호구의 사용 방법
5. 분진에 관련된 질병 예방 방법

답 분진 유해성/개인위생 관리/작업장 환기 방법

049   ☆☆☆

강관비계의 조립 간격이다. 빈칸을 채우시오.

비계 종류		수직방향	수평방향
강관비계	단관비계	(A)m	(B)m
	틀비계(높이 5m 미만 제외)	(C)m	(D)m
인장재와 압축재로 구성된 경우 인장재와 압축재의 간격			(E)m 이내

🔲 강관비계의 조립간격

비계 종류		수직방향	수평방향
강관비계	단관비계	5m	5m
	틀비계(높이 5m 미만 제외)	6m	8m

  – 인장재(引張材)와 압축재로 구성된 경우에는 인장재와 압축재 간격을 1미터 이내로 할 것

🔲 A: 5 B: 5 C: 6 D: 8 E: 1

050 ☆☆☆

강관비계 구조에 관한 내용이다. 빈칸을 채우시오.

1. 비계기둥 간격은 띠장 방향에서는 (A)m, 장선 방향에서는 (B)m 이하로 할 것
2. 띠장 간격은 (C)m 이하로 설치할 것
3. 비계기둥 간 적재하중은 (D)을 초과하지 말 것
4. 비계기둥의 제일 윗부분으로부터 (E)m 되는 지점 밑 부분의 비계기둥은 (F)개의 강관으로 묶어 세울 것

🖼 사업주는 강관을 사용하여 비계를 구성하는 경우 다음 각 호의 사항을 준수해야 한다.

1. 비계기둥의 간격은 띠장 방향에서는 1.85미터 이하, 장선(長線) 방향에서는 1.5미터 이하로 할 것. 다만, 다음 각 목의 어느 하나에 해당하는 작업의 경우에는 안전성에 대한 구조검토를 실시하고 조립도를 작성하면 띠장 방향 및 장선 방향으로 각각 2.7미터 이하로 할 수 있다.
   가. 선박 및 보트 건조작업
   나. 그 밖에 장비 반입·반출을 위하여 공간 등을 확보할 필요가 있는 등 작업의 성질상 비계기둥 간격에 관한 기준을 준수하기 곤란한 작업
2. 띠장 간격은 2.0미터 이하로 할 것. 다만, 작업의 성질상 이를 준수하기가 곤란하여 쌍기둥틀 등에 의하여 해당 부분을 보강한 경우에는 그러하지 아니하다.
3. 비계기둥의 제일 윗부분으로부터 31미터되는 지점 밑부분의 비계기둥은 2개의 강관으로 묶어 세울 것. 다만, 브라켓(bracket, 까치발) 등으로 보강하여 2개의 강관으로 묶을 경우 이상의 강도가 유지되는 경우에는 그러하지 아니하다.
4. 비계기둥 간의 적재하중은 400킬로그램을 초과하지 않도록 할 것

🗒 A : 1.85   B : 1.5   C : 2   D : 400kg   E : 31   F : 2

051   ☆☆☆☆

작업발판의 설치기준이다. 빈칸을 채우시오.

> 1. 비계의 높이가 2m 이상인 장소에 설치하는 작업발판의 폭은 (A)cm 이상으로 하고, 발판 재료 간의 틈은 (B)cm 이하로 할 것
> 2. 작업발판 재료는 뒤집히거나 떨어지지 아니하도록 (C) 이상의 지지물에 연결하거나 고정시킬 것
> 3. 선박 및 보트 건조작업에서 선박블록 또는 엔진실 등의 좁은 작업공간에 작업발판을 설치하는 경우 작업발판의 폭을 (D)cm 이상으로 할 수 있고, 걸침 비계 경우 발판 재료 간의 틈을 3cm 이하로 유지하기 곤란하면 (E)cm 이하로 할 수 있다.

🔡 사업주는 비계(달비계, 달대비계 및 말비계는 제외한다)의 높이가 2미터 이상인 작업장소에 다음 각 호의 기준에 맞는 작업발판을 설치하여야 한다.
1. 발판재료는 작업할 때의 하중을 견딜 수 있도록 견고한 것으로 할 것
2. 작업발판의 폭은 40센티미터 이상으로 하고, 발판재료 간의 틈은 3센티미터 이하로 할 것. 다만, 외줄비계의 경우에는 고용노동부장관이 별도로 정하는 기준에 따른다.
3. 제2호에도 불구하고 선박 및 보트 건조작업의 경우 선박블록 또는 엔진실 등의 좁은 작업공간에 작업발판을 설치하기 위하여 필요하면 작업발판의 폭을 30센티미터 이상으로 할 수 있고, 걸침비계의 경우 강관기둥 때문에 발판재료 간의 틈을 3센티미터 이하로 유지하기 곤란하면 5센티미터 이하로 할 수 있다. 이 경우 그 틈 사이로 물체 등이 떨어질 우려가 있는 곳에는 출입금지 등의 조치를 하여야 한다.
4. 추락의 위험이 있는 장소에는 안전난간을 설치할 것. 다만, 작업의 성질상 안전난간을 설치하는 것이 곤란한 경우, 작업의 필요상 임시로 안전난간을 해체할 때에 추락방호망을 설치하거나 근로자로 하여금 안전대를 사용하도록 하는 등 추락위험 방지 조치를 한 경우에는 그러하지 아니하다.
5. 작업발판의 지지물은 하중에 의하여 파괴될 우려가 없는 것을 사용할 것
6. 작업발판재료는 뒤집히거나 떨어지지 않도록 둘 이상의 지지물에 연결하거나 고정시킬 것
7. 작업발판을 작업에 따라 이동시킬 경우에는 위험 방지에 필요한 조치를 할 것

🔡 A: 40   B: 3   C: 2   D: 30   E: 5

052 ☆

이동식 사다리의 설치기준이다. 빈칸을 채우시오.

> 1. 길이가 (A   )m를 초과해서는 안 된다.
> 2. 다리의 벌림은 벽 높이의 (B   ) 정도가 적당하다.
> 3. 벽면 상부로부터 최소한 (C   )cm 이상의 연장길이가 있어야 한다.

해 사업주는 이동식사다리를 설치하여 사용함에 있어서 다음 각 사항을 준수하여야 한다.
   1. 길이가 6미터를 초과해서는 안 된다.
   2. 다리의 벌림은 벽 높이의 1/4 정도가 적당하다.
   3. 벽면 상부로부터 최소한 60센티미터 이상의 연장길이가 있어야 한다.

답 A: 6   B: $\dfrac{1}{4}$ C: 60

053 ☆

가설공사표준안전작업지침상 이동식 사다리 설치해 사용할 때 준수사항 3가지를 쓰시오.

해 사업주는 이동식 사다리를 설치하여 사용함에 있어서 다음 각 호의 사항을 준수해야 한다.
   1. 길이가 6미터를 초과해서는 안 된다.
   2. 다리의 벌림은 벽 높이의 1/4정도가 적당하다.
   3. 벽면 상부로부터 최소한 60센티미터 이상의 연장길이가 있어야 한다.

답 1. 길이 6m 초과하지 말 것
   2. 다리 벌림은 벽 높이의 1/4정도로 할 것
   3. 벽면 상부로부터 최소 60cm 이상 연장길이가 있을 것

054 ☆☆

안전난간 구조 및 설치기준이다. 빈칸을 채우시오.

> 1. 상부 난간대는 바닥면·발판 또는 경사로의 표면으로부터 (A) 지점에 설치하고, 상부난간대를 (B)에 설치하는 경우에는 중간 난간대는 상부 난간대와 바닥면등의 중간에 설치해야 하며, 120센티미터 이상 지점에 설치하는 경우에는 중간 난간대를 2단 이상으로 균등하게 설치하고 난간의 상하 간격은 (C)가 되도록 할 것. 다만, 난간기둥 간의 간격이 25센티미터 이하인 경우에는 중간 난간대를 설치하지 않을 수 있다.
> 2. 발끝막이판은 바닥면등으로부터 (D)의 높이를 유지할 것. 다만, 물체가 떨어지거나 날아올 위험이 없거나 그 위험을 방지할 수 있는 망을 설치하는 등 필요한 예방 조치를 한 장소는 제외한다.
> 3. 난간대는 지름 (E)의 금속제 파이프나 그 이상의 강도가 있는 재료일 것
> 4. 안전난간은 구조적으로 가장 취약한 지점에서 가장 취약한 방향으로 작용하는 (F)의 하중에 견딜 수 있는 튼튼한 구조일 것

해 사업주는 근로자의 추락 등의 위험을 방지하기 위하여 안전난간을 설치하는 경우 다음 각 호의 기준에 맞는 구조로 설치해야 한다.

1. 상부 난간대, 중간 난간대, 발끝막이판 및 난간기둥으로 구성할 것. 다만, 중간 난간대, 발끝막이판 및 난간기둥은 이와 비슷한 구조와 성능을 가진 것으로 대체할 수 있다.
2. 상부 난간대는 바닥면·발판 또는 경사로의 표면(이하 "바닥면등"이라 한다)으로부터 90센티미터 이상 지점에 설치하고, 상부 난간대를 120센티미터 이하에 설치하는 경우에는 중간 난간대는 상부 난간대와 바닥면등의 중간에 설치해야 하며, 120센티미터 이상 지점에 설치하는 경우에는 중간 난간대를 2단 이상으로 균등하게 설치하고 난간의 상하 간격은 60센티미터 이하가 되도록 할 것. 다만, 난간기둥 간의 간격이 25센티미터 이하인 경우에는 중간 난간대를 설치하지 않을 수 있다.
3. 발끝막이판은 바닥면등으로부터 10센티미터 이상의 높이를 유지할 것. 다만, 물체가 떨어지거나 날아올 위험이 없거나 그 위험을 방지할 수 있는 망을 설치하는 등 필요한 예방 조치를 한 장소는 제외한다.
4. 난간기둥은 상부 난간대와 중간 난간대를 견고하게 떠받칠 수 있도록 적정한 간격을 유지할 것
5. 상부 난간대와 중간 난간대는 난간 길이 전체에 걸쳐 바닥면등과 평행을 유지할 것
6. 난간대는 지름 2.7센티미터 이상의 금속제 파이프나 그 이상의 강도가 있는 재료일 것
7. 안전난간은 구조적으로 가장 취약한 지점에서 가장 취약한 방향으로 작용하는 100킬로그램 이상의 하중에 견딜 수 있는 튼튼한 구조일 것

답 A: 90cm 이상   B: 120cm 이하   C: 60cm 이하   D: 10cm 이상   E: 2.7cm 이상   F: 100kg 이상

055

☆☆☆

사다리식 통로 설치기준이다. 빈칸을 채우시오.

> 1. 사다리 상단은 걸쳐놓은 지점으로부터 (　A　)cm 이상 올라가도록 할 것
> 2. 사다리식 통로 길이가 10m 이상인 경우 (　B　)m 이내마다 계단참을 설치할 것
> 3. 사다리식 통로의 기울기는 (　C　)도 이하로 할 것
> 4. 발판과 벽과의 사이는 (　D　)cm 이상의 간격을 유지할 것

해 – 사업주는 사다리식 통로 등을 설치하는 경우 다음 각 호의 사항을 준수하여야 한다.
　　1. 견고한 구조로 할 것
　　2. 심한 손상·부식 등이 없는 재료를 사용할 것
　　3. 발판의 간격은 일정하게 할 것
　　4. 발판과 벽과의 사이는 15센티미터 이상의 간격을 유지할 것
　　5. 폭은 30센티미터 이상으로 할 것
　　6. 사다리가 넘어지거나 미끄러지는 것을 방지하기 위한 조치를 할 것
　　7. 사다리의 상단은 걸쳐놓은 지점으로부터 60센티미터 이상 올라가도록 할 것
　　8. 사다리식 통로의 길이가 10미터 이상인 경우에는 5미터 이내마다 계단참을 설치할 것
　　9. 사다리식 통로의 기울기는 75도 이하로 할 것. 다만, 고정식 사다리식 통로의 기울기는 90도 이하로 하
　　　고, 그 높이가 7미터 이상인 경우에는 다음 각 목의 구분에 따른 조치를 할 것
　　　　가. 등받이울이 있어도 근로자 이동에 지장이 없는 경우: 바닥으로부터 높이가 2.5미터 되는 지점부터
　　　　　등받이울을 설치할 것
　　　　나. 등받이울이 있으면 근로자가 이동이 곤란한 경우: 한국산업표준에서 정하는 기준에 적합한 개인용
　　　　　추락 방지 시스템을 설치하고 근로자로 하여금 한국산업표준에서 정하는 기준에 적합한 전신안전대
　　　　　를 사용하도록 할 것
　　10. 접이식 사다리 기둥은 사용 시 접혀지거나 펼쳐지지 않도록 철물 등을 사용하여 견고하게 조치할 것
　– 옥외용 사다리는 철재를 원칙으로 하며, 길이가 10미터 이상인 때에는 5미터 이내의 간격으로 계단참을
　　두어야 하고 사다리 전면의 사방 75센티미터 이내에 장애물이 없어야 한다.

답 A: 60　B: 5　C: 75　D: 15

056　　　　　　　　　　　　　　　　　　　　　　　　☆☆☆☆☆

계단의 설치기준이다. 빈칸을 채우시오.

> 1. 높이 (　A　) 이상인 계단의 개방된 측면에 안전난간을 설치한다.
> 2. 계단 및 계단참 강도는 (　B　) 이상이어야 하며 안전율은 (　C　) 이상으로 해야 한다.
> 3. 계단 폭은 (　D　) 이상으로 한다.
> 4. 계단의 바닥면으로부터 높이 (　E　) 이내의 공간에 장애물이 없도록 해야 한다.
> 5. 높이가 3m 초과하는 계단에는 높이 (　F　) 이내마다 너비 (　G　) 이상의 계단참을 설치해야한다.

해 － 사업주는 높이 1미터 이상인 계단의 개방된 측면에 안전난간을 설치하여야 한다.
　　－ 사업주는 계단 및 계단참을 설치하는 경우 매제곱미터당 500킬로그램 이상의 하중에 견딜 수 있는 강도
　　　를 가진 구조로 설치하여야 하며, 안전율[안전의 정도를 표시하는 것으로서 재료의 파괴응력도(破壞應力
　　　度)와 허용응력도(許容應力度)의 비율을 말한다)]은 4 이상으로 하여야 한다.
　　－ 사업주는 계단을 설치하는 경우 그 폭을 1미터 이상으로 하여야 한다. 다만, 급유용·보수용·비상용 계단
　　　및 나선형 계단이거나 높이 1미터 미만의 이동식 계단인 경우에는 그러하지 아니하다.
　　－ 사업주는 계단을 설치하는 경우 바닥면으로부터 높이 2미터 이내의 공간에 장애물이 없도록 하여야 한다.
　　－ 사업주는 높이가 3미터를 초과하는 계단에 높이 3미터 이내마다 진행방향으로 길이 1.2미터 이상의 계단
　　　참을 설치해야 한다.

답 A: 1m　B: 500kg/m²　C: 4　D: 1m　E: 2m　F: 3m　G: 1.2m

057　　　　　　　　　　　　　　　　　　　　　　　　　　☆

산업안전보건법령상 낙하물 방지망 준수사항이다. 빈칸을 채우시오.

> 1. 높이 (　A　) 이내마다 설치하고, 내민 길이는 벽면으로부터 (　B　) 이상으로 할 것
> 2. 수평면과의 각도는 (　C　) 이상 (　D　) 이하를 유지할 것

해 낙하물 방지망 또는 방호선반을 설치하는 경우에는 다음 각 호의 사항을 준수하여야 한다.
　　1. 높이 10미터 이내마다 설치하고, 내민 길이는 벽면으로부터 2미터 이상으로 할 것
　　2. 수평면과의 각도는 20도 이상 30도 이하를 유지할 것

답 A: 10m　B: 2m　C: 20도　D: 30도

058   ☆☆☆

추락방호망 설치기준이다. 빈칸을 채우시오.

> 1. 설치위치는 가능하면 작업면으로부터 가까운 지점에 설치하여야 하며, 작업면으로부터 망의 설치 지점까지의 수직거리는 (A)를 초과하지 아니할 것
> 2. 수평으로 설치하고, 망의 처짐은 짧은 변 길이의 (B)이 되도록 할 것
> 3. 건축물 등의 바깥쪽으로 설치하는 경우 추락방호망의 내민 길이는 벽면으로부터 (C) 되도록 할 것

📖 사업주는 제1항에 따른 작업발판을 설치하기 곤란한 경우 다음 각 호의 기준에 맞는 추락방호망을 설치해야 한다.
  1. 추락방호망의 설치위치는 가능하면 작업면으로부터 가까운 지점에 설치하여야 하며, 작업면으로부터 망의 설치지점까지의 수직거리는 10미터를 초과하지 아니할 것
  2. 추락방호망은 수평으로 설치하고, 망의 처짐은 짧은 변 길이의 12퍼센트 이상이 되도록 할 것
  3. 건축물 등의 바깥쪽으로 설치하는 경우 추락방호망의 내민 길이는 벽면으로부터 3미터 이상 되도록 할 것. 다만, 그물코가 20밀리미터 이하인 추락방호망을 사용한 경우에는 제14조 제3항에 따른 낙하물 방지망을 설치한 것으로 본다.

📋 A: 10m   B: 12% 이상   C: 3m 이상

059 ☆

방망의 구조이다. 빈칸을 채우시오.

> 1. 소재: (A) 또는 그 이상의 물리적 성질을 갖는 것이어야 한다.
> 2. 그물코: 사각 또는 (B)로서 그 크기는 (C) 이하여야 한다.

🔲 방망은 망, 테두리로우프, 달기로우프, 시험용사로 구성되어진 것으로서 각 부분은 다음 각호에 정하는 바에 적합하여야 한다.
  1. 소재: 합성섬유 또는 그 이상의 물리적 성질을 갖는 것이어야 한다.
  2. 그물코: 사각 또는 마름모로서 그 크기는 10센티미터 이하이어야 한다.
  3. 방망의 종류: 매듭방망으로서 매듭은 원칙적으로 단매듭을 한다.
  4. 테두리로우프와 방망의 재봉: 테두리로우프는 각 그물코를 관통시키고 서로 중복됨이 없이 재봉사로 결속한다.
  5. 테두리로우프 상호의 접합: 테두리로우프를 중간에서 결속하는 경우는 충분한 강도를 갖도록 한다.
  6. 달기로우프의 결속: 달기로우프는 3회 이상 엮어 묶는 방법 또는 이와 동등이상의 강도를 갖는 방법으로 테두리로우프에 결속하여야 한다.
  7. 시험용사는 방망 폐기시 방망사의 강도를 점검하기 위하여 테두리로우프에 연하여 방망에 재봉한 방망사이다.

📋 A: 합성섬유 B: 마름모 C: 10cm

060 ☆

추락방호망의 그물코는 사각 또는 마름모 등의 형상으로서 한 변의 길이(매듭의 중심간 거리)가 몇mm 이하 이어야 하는지 쓰시오.

🔲 방망의 그물코는 사각 또는 마름모 등의 형상으로서 한 변의 길이(매듭의 중심간 거리)는 10cm(= 100mm) 이하 이어야 한다.

📋 100mm

061 ☆

추락방호망에 대한 내용이다. 빈칸을 채우시오.

> 1. 추락방지용 방망의 테두리로프 및 달기 로프는 등속인장시험을 행한 경우 인장강도가 (A)kg 이상이어야 한다.
> 2. 방망사의 신품에 대한 인장강도이다.

그물코 크기	방망 종류	
	매듭없는 방망	매듭있는 방망
10cm	240kg	(B)kg
5cm	-	(C)kg

해 – 테두리로우프 및 달기로우프의 강도는 다음 각 호에 정하는 바에 적합하여야 한다.

　1. 테두리로우프 및 달기로우프는 방망에 사용되는 로우프와 동일한 시험편의 양단을 인장 시험기로 체크하거나 또는 이와 유사한 방법으로 인장속도가 매분 20㎝ 이상 30㎝ 이하의 등속인장시험 (이하 "등속인장시험"이라 한다)을 행한 경우 인장강도가 1,500㎏ 이상이어야 한다.

– 방망사는 시험용사로부터 채취한 시험편의 양단을 인장시험기로 시험하거나 또는 이와 유사한 방법으로서 등속인장시험을 한 경우 그 강도는 표에 정한 값 이상이어야 한다.

그물코 크기	방망 종류	
	매듭없는 방망	매듭있는 방망
10cm	240kg	200kg
5cm	-	110kg

답 A : 1,500　B : 200　C : 110

062 ☆

시트파일 흙막이 공사의 재해 방지책 3가지 쓰시오.

답 계측 시행/근입 깊이 충분하게 시공/흙막이 배면 상재하중 크지 않게 함

063 ☆

전기기계, 기구 등의 절연손상으로 인한 위험 전압의 발생으로 야기되는 간접 접촉의 방지책 2가지 쓰시오.

🔲 다음 각 호의 사항이 충족될 경우 절연장소에 의한 고장시 감전재해 방지대책으로 본다.
1. 절연손상 등에 의하여 전위가 서로 달라질 수 있는 부분들은 동시에 접촉되지 않도록 아래 각 목의 1의 조치를 할 것
가. 동시에 접촉 가능한 2개의 도전성 부분을 2m 이상 격리시킬 것
나. 동시에 접촉 가능한 2개의 도전성 부분을 절연체로 된 방호울로 격리시킬 것
다. 2,000V의 시험전압에 견디고 누설전류가 1mA 이하가 되도록 어느 한 부분을 절연시킬 것

🔳 1. 동시 접촉 가능한 2개의 도전성 부분을 2m 이상 격리시킬 것
2. 동시 접촉 가능한 2개의 도전성 부분을 절연체로 된 방호울로 격리시킬 것

064 ☆

강 말뚝의 부식 방지책 4가지 쓰시오.

🔳 도장법/도금법/전기방식법/강 두께 증가

065　　　　　　　　　　　　　　　　　　　　　　　　　☆☆☆☆

산업안전보건법에 의한 사업 내 안전보건교육의 교육시간이다. 빈칸을 채우시오.

> 1. 사무직 근로자의 정기교육: 매반기 (　A　)시간 이상
> 2. 일용직 근로자의 채용 시 교육: (　B　)시간 이상
> 3. 건설업 기초안전보건교육: (　C　)시간 이상
> 4. 2m 이상인 구축물 파쇄작업에서 하는 일용직 근로자의 특별교육: (　D　)시간 이상
> 5. 일용근로자 및 근로계약기간이 1주일 이하인 기간제근로자를 제외한 근로자의 작업내용 변경 시 교육: (　E　)시간 이상
> 6. 일용근로자의 작업내용 변경 시 교육: (　F　)시간 이상

해

교육과정	교육대상		교육시간
정기교육	사무직 종사 근로자		매반기 6시간 이상
	그 밖의 근로자	판매업무에 직접 종사하는 근로자	매반기 6시간 이상
		판매업무에 직접 종사하는 근로자 외의 근로자	매반기 12시간 이상
채용 시 교육	일용근로자 및 근로계약기간이 1주일 이하인 기간제근로자		1시간 이상
	근로계약기간이 1주일 초과 1개월 이하인 기간제근로자		4시간 이상
	그 밖의 근로자		8시간 이상
작업내용 변경 시 교육	일용근로자 및 근로계약기간이 1주일 이하인 기간제근로자		1시간 이상
	그 밖의 근로자		2시간 이상
특별교육	일용근로자 및 근로계약기간이 1주일 이하인 기간제근로자: 별표 5 제1호라목(타워크레인을 사용하는 작업시 신호업무를 하는 작업은 제외)에 해당하는 작업에 종사하는 근로자에 한정한다.		2시간 이상
	일용근로자 및 근로계약기간이 1주일 이하인 기간제근로자: 타워크레인을 사용하는 작업시 신호업무를 하는 작업에 해당하는 작업에 종사하는 근로자에 한정한다.		8시간 이상
	일용근로자 및 근로계약기간이 1주일 이하인 기간제근로자를 제외한 근로자: 별표 5 제1호라목에 해당하는 작업에 종사하는 근로자에 한정.		가) 16시간 이상(최초 작업에 종사하기 전 4시간 이상 실시하고 12시간은 3개월 이내에서 분할하여 실시 가능) 나) 단기간 작업 또는 간헐적 작업인 경우에는 2시간 이상
건설업 기초안전·보건교육	건설 일용근로자		4시간 이상

답 A: 6　B: 1　C: 4　D: 2　E: 2　F: 1

066 ☆

비계 조립, 해체, 변경 작업에 종사하는 일용근로자를 대상으로 실시해야 하는 사업 내 안전보건 교육의 종류와 교육시간을 모두 쓰시오.

해 윗 해설 참조

답 1. 특별교육(2시간 이상)
   2. 채용 시 교육(1시간 이상)
   3. 정기교육(매반기 12시간 이상)
   4. 작업내용 변경 시 교육(1시간 이상)
   5. 건설업 기초안전보건교육(4시간 이상)

067 ☆

안전보건관리책임자 등에 대한 교육시간이다. 빈칸을 채우시오.

교육대상	교육시간	
	신규교육	보수교육
안전보건관리책임자	(A)시간 이상	(B)시간 이상
안전관리자, 안전관리전문기관의 종사자	(C)시간 이상	(D)시간 이상
보건관리자, 보건관리전문기관의 종사자	(E)시간 이상	(F)시간 이상
건설재해예방 전문지도기관의 종사자	(G)시간 이상	(H)시간 이상

해

교육대상	교육시간	
	신규교육	보수교육
가. 안전보건관리책임자	6시간 이상	6시간 이상
나. 안전관리자, 안전관리전문기관의 종사자	34시간 이상	24시간 이상
다. 보건관리자, 보건관리전문기관의 종사자	34시간 이상	24시간 이상
라. 건설재해예방전문지도기관의 종사자	34시간 이상	24시간 이상
마. 석면조사기관의 종사자	34시간 이상	24시간 이상
바. 안전보건관리담당자	-	8시간 이상
사. 안전검사기관,자율안전검사기관의 종사자	34시간 이상	24시간 이상

답 A : 6   B : 6   C : 34   D : 24   E : 34   F : 24   G : 34   H : 24

068　　　　　　　　　　　　　　　　　　　　　　　　　　　　　　☆

건설기술진흥법 시행령에 따라 분야별 안전관리책임자 또는 안전관리담당자는 법에 따른 안전교육을 당일 공사작업자를 대상으로 매일 공사 착수 전에 실시해야 한다. 해당 안전교육의 포함사항 3가지 쓰시오.

해 안전교육은 당일 작업의 공법 이해, 시공상세도면에 따른 세부 시공순서 및 시공기술상의 주의사항 등을
　　포함하여야 한다.

답 당일 작업공법 이해/시공기술상 주의사항/시공상세도면에 따른 세부 시공순서

069 ☆☆

사업 내 안전보건 교육 중 근로자 정기안전보건교육의 교육내용 5가지 쓰시오.

해

근로자 채용 시 교육 및 작업내용 변경 시 교육내용	특수형태근로종사자에 대한 최초 노무 제공 시 교육내용	관리감독자 정기교육내용	근로자 정기교육내용
- 산업안전 및 사고 예방에 관한 사항 - 산업보건 및 직업병 예방에 관한 사항 - 위험성 평가에 관한 사항 - 산업안전보건법령 및 산업재해보상보험 제도에 관한 사항 - 직무스트레스 예방 및 관리에 관한 사항 - 직장 내 괴롭힘, 고객의 폭언 등으로 인한 건강장해 예방 및 관리에 관한 사항 - 기계·기구의 위험성과 작업의 순서 및 동선에 관한 사항 - 작업 개시 전 점검에 관한 사항 - 정리정돈 및 청소에 관한 사항 - 사고 발생 시 긴급조치에 관한 사항 - 물질안전보건자료에 관한 사항	- 산업안전 및 사고 예방에 관한 사항 - 산업보건 및 직업병 예방에 관한 사항 - 건강증진 및 질병 예방에 관한 사항 - 유해·위험 작업환경 관리에 관한 사항 - 산업안전보건법령 및 산업재해보상보험 제도에 관한 사항 - 직무스트레스 예방 및 관리에 관한 사항 - 직장 내 괴롭힘, 고객의 폭언 등으로 인한 건강장해 예방 및 관리에 관한 사항 - 기계·기구의 위험성과 작업의 순서 및 동선에 관한 사항 - 작업 개시 전 점검에 관한 사항 - 정리정돈 및 청소에 관한 사항 - 사고 발생 시 긴급조치에 관한 사항 - 물질안전보건자료에 관한 사항 - 교통안전 및 운전안전에 관한 사항 - 보호구 착용에 관한 사항	- 산업안전 및 사고 예방에 관한 사항 - 산업보건 및 직업병 예방에 관한 사항 - 위험성 평가에 관한 사항 - 유해·위험 작업환경 관리에 관한 사항 - 산업안전보건법령 및 산업재해보상보험 제도에 관한 사항 - 직무스트레스 예방 및 관리에 관한 사항 - 직장 내 괴롭힘, 고객의 폭언 등으로 인한 건강장해 예방 및 관리에 관한 사항 - 작업공정의 유해·위험과 재해 예방대책에 관한 사항 - 사업장 내 안전보건관리체제 및 안전보건조치 현황에 관한 사항 - 표준안전 작업방법 및 지도 요령에 관한 사항 - 현장근로자와의 의사소통능력 및 강의능력 등 안전보건교육 능력 배양에 관한 사항 - 비상시 또는 재해 발생 시 긴급조치에 관한 사항 - 그 밖의 관리감독자의 직무에 관한 사항	- 산업안전 및 사고 예방에 관한 사항 - 산업보건 및 직업병 예방에 관한 사항 - 위험성 평가에 관한 사항 - 건강증진 및 질병 예방에 관한 사항 - 유해·위험 작업환경 관리에 관한 사항 - 산업안전보건법령 및 산업재해보상보험 제도에 관한 사항 - 직무스트레스 예방 및 관리에 관한 사항 - 직장 내 괴롭힘, 고객의 폭언 등으로 인한 건강장해 예방 및 관리에 관한 사항

답 1. 산업안전보건법령 2. 직무스트레스 예방 3. 산업안전 및 사고 예방
4. 산업보건 및 직업병 예방 5. 고객 폭언 등으로 인한 건강장해 예방

070 ☆☆☆

일용직 근로자를 대상으로 하는 건설업 기초안전보건 교육내용과 시간 3가지 쓰시오.

해 건설업 기초안전보건교육에 대한 내용 및 시간

교육 내용	시간
건설공사의 종류(건축·토목 등) 및 시공 절차	1시간
산업재해 유형별 위험요인 및 안전보건조치	2시간
안전보건관리체제 현황 및 산업안전보건 관련 근로자 권리·의무	1시간

답 건설공사 종류 및 시공 절차(1시간)/산업재해 유형별 위험요일(2시간)/안전보건관리체제 현황(1시간)

071 ☆☆☆☆☆

거푸집 동바리 조립, 해체작업의 특별 안전보건교육내용 3가지 쓰시오.

해

25. 거푸집 동바리의 조립 또는 해체 작업	○ 동바리의 조립방법 및 작업 절차에 관한 사항 ○ 조립재료의 취급방법 및 설치기준에 관한 사항 ○ 조립 해체 시의 사고 예방에 관한 사항 ○ 보호구 착용 및 점검에 관한 사항 ○ 그 밖에 안전·보건관리에 필요한 사항

답 보호구 착용/동바리 조립방법/조립재료 설치기준

072 ☆

흙막이 지보공의 보강 또는 동바리를 설치하거나 해체하는 작업 시 실시하는 특별교육내용 2가지 쓰시오.

해	
20. 흙막이 지보공의 보강 또는 동바리를 설치하거나 해체하는 작업	○ 작업안전 점검 요령과 방법에 관한 사항 ○ 동바리의 운반·취급 및 설치 시 안전작업에 관한 사항 ○ 해체작업 순서와 안전기준에 관한 사항 ○ 보호구 취급 및 사용에 관한 사항 ○ 그 밖에 안전·보건관리에 필요한 사항

답 보호구 취급/해체작업 순서

073 ☆

굴착면의 높이가 2m 이상 되는 지반 굴착(터널 및 수직갱외의 갱 굴착은 제외)작업의 특별교육내용 4가지 쓰시오.

해	
19. 굴착면의 높이가 2미터 이상이 되는 지반 굴착(터널 및 수직갱 외의 갱 굴착은 제외한다) 작업	○ 지반의 형태·구조 및 굴착 요령에 관한 사항 ○ 지반의 붕괴재해 예방에 관한 사항 ○ 붕괴 방지용 구조물 설치 및 작업방법에 관한 사항 ○ 보호구의 종류 및 사용에 관한 사항 ○ 그 밖에 안전·보건관리에 필요한 사항

답 작업방법/굴착 요령/보호구 종류/지반 붕괴재해 예방

074 ☆☆☆☆

굴착면 높이 2m 이상 되는 암석 굴착작업 시 실시하는 특별교육내용 4가지 쓰시오.

해

22. 굴착면의 높이가 2미터 이상이 되는 암석의 굴착작업	○ 폭발물 취급 요령과 대피 요령에 관한 사항 ○ 안전거리 및 안전기준에 관한 사항 ○ 방호물의 설치 및 기준에 관한 사항 ○ 보호구 및 신호방법 등에 관한 사항 ○ 그 밖에 안전·보건관리에 필요한 사항

답 안전기준/신호방법/대피 요령/방호물 설치

075 ☆☆☆

산업안전보건법에 의해 1톤 이상의 크레인을 사용하는 작업 또는 1톤 미만의 크레인 또는 호이스트를 5대 이상 보유한 사업장에서 해당 기계로 하는 작업에 대해 실시하는 특별교육내용 3가지 쓰시오.

해

14. 1톤 이상의 크레인을 사용하는 작업 또는 1톤 미만의 크레인 또는 호이스트를 5대 이상 보유한 사업장에서 해당 기계로 하는 작업	○ 방호장치의 종류, 기능 및 취급에 관한 사항 ○ 걸고리·와이어로프 및 비상정지장치 등의 기계·기구 점검에 관한 사항 ○ 화물의 취급 및 안전작업방법에 관한 사항 ○ 신호방법 및 공동작업에 관한 사항 ○ 인양 물건의 위험성 및 낙하·비래(飛來)·충돌재해 예방에 관한 사항 ○ 인양물이 적재될 지반의 조건, 인양하중, 풍압 등이 인양물과 타워크레인에 미치는 영향 ○ 그 밖에 안전·보건관리에 필요한 사항

답 신호방법/안전작업방법/방호장치 종류

076 ☆☆☆☆☆☆☆☆☆

크레인 사용해 근로자를 운반하거나 근로자를 달아 올린 상태에서 작업에 종사시켜서는 안 된다. 다만, 추락 위험을 방지하기 위해 조치를 한 경우에는 그러하지 아니하다. 해당되는 조치사항 3가지 쓰시오.

해 사업주는 크레인을 사용하여 근로자를 운반하거나 근로자를 달아 올린 상태에서 작업에 종사시켜서는 아니 된다. 다만, 크레인에 전용 탑승설비를 설치하고 추락 위험을 방지하기 위하여 다음 각 호의 조치를 한 경우에는 그러하지 아니하다.
   1. 탑승설비가 뒤집히거나 떨어지지 않도록 필요한 조치를 할 것
   2. 안전대나 구명줄을 설치하고, 안전난간을 설치할 수 있는 구조인 경우에는 안전난간을 설치할 것
   3. 탑승설비를 하강시킬 때에는 동력하강방법으로 할 것

답 1. 안전대 설치할 것
   2. 하강 시 동력하강방법으로 할 것
   3. 탑승설비 떨어지지 않도록 필요한 조치할 것

077 ☆☆☆

사업주는 내부에 비상정지장치, 조작스위치 등 탑승조작장치가 설치되어 있지 않은 리프트 등의 운반구에 근로자를 탑승시켜서는 안 된다. 그러나 탑승이 가능한 경우의 조치사항 1가지 쓰시오.

해 사업주는 내부에 비상정지장치·조작스위치 등 탑승조작장치가 설치되어 있지 아니한 리프트의 운반구에 근로자를 탑승시켜서는 아니 된다. 다만, 리프트의 수리·조정 및 점검 등의 작업을 하는 경우로서 그 작업에 종사하는 근로자가 추락할 위험이 없도록 조치를 한 경우에는 그러하지 아니하다.

답 리프트 수리 작업 시 작업 근로자가 추락위험 없도록 조치한 경우

078 ☆☆

작업발판 및 통로의 끝이나 개구부로서 근로자가 추락할 위험이 있는 장소에서 작업 시 추락을 방지하기 위한 조치사항 3가지 쓰시오.

해 사업주는 작업발판 및 통로의 끝이나 개구부로서 근로자가 추락할 위험이 있는 장소에는 안전난간, 울타리, 수직형 추락방망 또는 덮개 등(이하 이 조에서 "난간등"이라 한다)의 방호 조치를 충분한 강도를 가진 구조로 튼튼하게 설치하여야 하며, 덮개를 설치하는 경우에는 뒤집히거나 떨어지지 않도록 설치하여야 한다.

답 덮개 설치/울타리 설치/안전난간 설치

079 ☆

철골공사 중 추락방지를 위한 설비 5가지 쓰시오.

해

	기능	용도, 사용장소, 조건	설비
추락 방지	안전한 작업이 가능한 작업대	높이 2m 이상의 장소로서 추락 우려가 있는 작업	비계, 달비계, 수평통로, 안전난간대
	추락자를 보호할 수 있는 것	작업대 설치가 어렵거나 개구부 주위로 난간 설치가 어려운 곳	추락방지용 방망
	추락의 우려가 있는 위험장소에서 작업자 행동을 제한하는 것	개구부 및 작업대 끝	난간, 울타리
	작업자 신체를 유지시키는 것	안전한 작업대나 난간 설치가 어려운 곳	안전대부착설비, 안전대, 구명줄
비래 낙하 및 비산 방지	위에서 낙하된 것을 막는 것	철골 건립, 볼트 체결 및 기타 상하작업	방호철망, 방호울타리, 가설앵커설비
	제3자의 위해방지	볼트, 콘크리트 덩어리, 형틀재, 일반자재, 먼지 등이 낙하 비산할 우려가 있는 작업	방호철망, 방호시트, 방호울타리, 방호선반, 안전망
	불꽃의 비산방지	용접, 용단을 수반하는 작업	석면포

답 비계/난간/울타리/안전대/추락방지용 방망

080 ☆☆☆

작업 중 물체가 떨어지거나 날아올 위험을 방지하기 위한 조치사항 3가지 쓰시오.

해 사업주는 작업으로 인하여 물체가 떨어지거나 날아올 위험이 있는 경우 낙하물 방지망, 수직보호망 또는 방호선반의 설치, 출입금지구역의 설정, 보호구의 착용 등 위험을 방지하기 위하여 필요한 조치를 하여야 한다.

답 보호구 착용/출입금지구역 설정/낙하물 방지망 설치

081 ☆

근로자가 지붕 위에서 작업을 할 때에 추락하거나 넘어질 위험이 있는 경우 사업주의 조치사항 3가지 쓰시오.

해 사업주는 근로자가 지붕 위에서 작업을 할 때에 추락하거나 넘어질 위험이 있는 경우에는 다음 각 호의 조치를 해야 한다.
1. 지붕의 가장자리에 제13조에 따른 안전난간을 설치할 것
2. 채광창(skylight)에는 견고한 구조의 덮개를 설치할 것
3. 슬레이트 등 강도가 약한 재료로 덮은 지붕에는 폭 30cm 이상의 발판을 설치할 것

답 1. 지붕 가장자리에 안전난간 설치할 것
2. 채광창에 견고한 구조의 덮개 설치할 것
3. 슬레이트로 덮은 지붕에 폭 30cm 이상의 발판 설치할 것

082 ☆

지반 붕괴, 구축물 붕괴, 또는 토석 낙하 등에 의해 근로자가 위험해질 우려가 있는 경우에는 그 위험을 방지하기 위해 조치를 해야 한다. 빈칸을 채우시오.

1. 지반은 안전한 경사로 하고 낙하위험 있는 토석을 제거하거나 옹벽, (A) 등을 설치할 것
2. 토사 등의 붕괴 또는 낙하 원인이 되는 빗물이나 (B) 등을 배제할 것

해 사업주는 토사등 또는 구축물의 붕괴 또는 낙하 등에 의하여 근로자가 위험해질 우려가 있는 경우 그 위험을 방지하기 위하여 다음 각 호의 조치를 해야 한다.
1. 지반은 안전한 경사로 하고 낙하의 위험이 있는 토석을 제거하거나 옹벽, 흙막이 지보공 등을 설치할 것
2. 토사 등의 붕괴 또는 낙하 원인이 되는 빗물이나 지하수 등을 배제할 것
3. 갱내의 낙반·측벽(側壁) 붕괴의 위험이 있는 경우에는 지보공을 설치하고 부석을 제거하는 등 필요한 조치를 할 것

답 A: 흙막이 지보공 B: 지하수

083 ☆

비가 올 경우를 대비해 빗물 등의 침투에 의한 붕괴재해를 예방하기 위해 필요한 조치사항 2가지 쓰시오.

🔧 사업주는 비가 올 경우를 대비하여 측구(側溝)를 설치하거나 굴착경사면에 비닐을 덮는 등 빗물 등의 침투에 의한 붕괴재해를 예방하기 위하여 필요한 조치를 해야 한다.

📝 측구 설치/굴착경사면에 비닐 덮기

084 ☆☆

빈칸을 쓰시오.

> 사업주는 터널건설작업을 할 때에 터널 내부의 시계(視界)가 배기가스나 (A) 등에 의하여 현저하게 제한되는 경우에는 (B)를 하거나 물을 뿌리는 등 (C)를 유지하기 위하여 필요한 조치를 하여야 한다.

🔧 사업주는 터널건설작업을 할 때에 터널 내부의 시계(視界)가 배기가스나 분진 등에 의하여 현저하게 제한되는 경우에는 환기를 하거나 물을 뿌리는 등 시계를 유지하기 위하여 필요한 조치를 하여야 한다.

📝 A: 분진   B: 환기   C: 시계

085 ☆☆

굴착작업 표준 안전작업 지침에 의한 토사붕괴의 예방 조치사항 3가지 쓰시오.

🔧 토사붕괴의 발생을 예방하기 위하여 다음 각 호의 조치를 취하여야 한다.
  1. 적절한 경사면의 기울기를 계획하여야 한다.
  2. 경사면 기울기가 당초 계획과 차이가 발생되면 즉시 재검토해 계획을 변경시켜야 한다.
  3. 활동할 가능성이 있는 토석은 제거하여야 한다.
  4. 경사면의 하단부에 압성토 등 보강공법으로 활동에 대한 저항대책을 강구하여야 한다.
  5. 말뚝(강관, H형강, 철근 콘크리트)을 타입하여 지반을 강화시킨다.

📝 1. 말뚝 타입해 지반 강화
  2. 적절한 경사면 기울기 계획
  3. 활동할 가능성 있는 토석 제거

086 ☆☆☆☆

토석붕괴의 외적원인 4가지 쓰시오.

해 – 토석이 붕괴되는 외적 원인은 다음 각 호와 같으므로 굴착작업 시에 적절한 조치를 취하여야 한다.
   1. 사면, 법면의 경사 및 기울기의 증가
   2. 절토 및 성토 높이의 증가
   3. 공사에 의한 진동 및 반복 하중의 증가
   4. 지표수 및 지하수의 침투에 의한 토사 중량의 증가
   5. 지진, 차량, 구조물의 하중작용
   6. 토사 및 암석의 혼합층 두께
   – 토석이 붕괴되는 내적 원인은 다음 각 호와 같으므로 굴착작업 시에 적절한 조치를 취하여야 한다.
   1. 절토 사면의 토질·암질
   2. 성토 사면의 토질구성 및 분포
   3. 토석의 강도 저하

답 사면 경사 증가/성토 높이 증가/구조물 하중작용/공사에 의한 진동 증가

087 ☆

흙막이 공사를 실시할 시 주변 지반침하를 일으키는 원인 3가지 쓰시오.

답 토류판 변형/세립토사 유출/지하수위 저하에 의한 토압 변화

088 ☆

흙막이 지보공을 설치 시 정기적으로 봐야 할 점검사항 3가지 쓰시오.

해 사업주는 흙막이 지보공을 설치하였을 때에는 정기적으로 다음 각 호의 사항을 점검하고 이상을 발견하면 즉시 보수하여야 한다.
   1. 부재의 손상·변형·부식·변위 및 탈락의 유무와 상태
   2. 버팀대의 긴압(緊壓)의 정도
   3. 부재의 접속부·부착부 및 교차부의 상태
   4. 침하의 정도

답 침하 정도/부재 손상 유무/버팀대 긴압 정도

089 ☆

터널 지보공을 설치 시 정기적으로 봐야 할 점검사항 3가지 쓰시오.

📕 사업주는 터널 지보공을 설치한 경우에 다음 각 호의 사항을 수시로 점검하여야 하며, 이상을 발견한 경우에는 즉시 보강하거나 보수하여야 한다.
1. 부재의 손상·변형·부식·변위 탈락의 유무 및 상태
2. 부재의 긴압 정도
3. 부재의 접속부 및 교차부의 상태
4. 기둥 침하의 유무 및 상태

📗 기둥 침하 유무/부재 손상 유무/부재 긴압 정도

090 ☆☆☆☆

PS(프리스트레스) 콘크리트에서 응력 도입 즉시 응력 저하가 발생되는 원인 3가지 쓰시오.

📗 정착장치 활동/콘크리트 탄성수축/시스와 PS강재 마찰

091 ☆

터널 굴착작업에서 터널 내 공기오염 원인 4가지 쓰시오.

📕 터널 내 공기가 오염되는 주요 원인
1. 작업원 자신의 호흡에 의한 탄산가스
2. 화약 발파에 의해 발생되는 연기와 가스
3. 공사용 디젤기관차, 덤프트럭 등 배기가스
4. 산소결핍 공기
5. 지반으로부터 용출되는 유해가스
6. 착암기, 굴착기계, 적재기계의 사용과 발파에 의해 비산되는 분진
7. 유기물 부패, 발효에 의해 발생되는 가스

📗 산소결핍 공기/덤프트럭 등 배기가스/발파에 의해 비산되는 분진/작업원 호흡에 의한 탄산가스

092 ☆

터널 굴착작업에서 발생하는 것으로 근로자에게 유해, 위험한 물질 3가지 쓰시오.

📋 분진/낙석/유해가스

093 ☆☆

충전전로에서 전기 취급 작업 시 조치사항 3가지 쓰시오.

🔲 사업주는 근로자가 충전전로를 취급하거나 그 인근에서 작업하는 경우에는 다음 각 호의 조치를 하여야 한다.
   1. 충전전로를 정전시키는 경우에는 법에 따른 조치를 할 것
   2. 충전전로를 방호, 차폐하거나 절연 등의 조치를 하는 경우에는 근로자의 신체가 전로와 직접 접촉하거나 도전재료, 공구 또는 기기를 통하여 간접 접촉되지 않도록 할 것
   3. 충전전로를 취급하는 근로자에게 그 작업에 적합한 절연용 보호구를 착용시킬 것
   4. 충전전로에 근접한 장소에서 전기작업을 하는 경우에는 해당 전압에 적합한 절연용 방호구를 설치할 것. 다만, 저압인 경우에는 해당 전기작업자가 절연용 보호구를 착용하되, 충전전로에 접촉할 우려가 없는 경우에는 절연용 방호구를 설치하지 아니할 수 있다.
   5. 고압 및 특별고압의 전로에서 전기작업을 하는 근로자에게 활선작업용 기구 및 장치를 사용하도록 할 것
   6. 근로자가 절연용 방호구의 설치·해체작업을 하는 경우에는 절연용 보호구를 착용하거나 활선작업용 기구 및 장치를 사용하도록 할 것
   7. 유자격자가 아닌 근로자가 충전전로 인근의 높은 곳에서 작업할 때에 근로자의 몸 또는 긴 도전성 물체가 방호되지 않은 충전전로에서 대지전압이 50킬로볼트 이하인 경우에는 300센티미터 이내로, 대지전압이 50킬로볼트를 넘는 경우에는 10킬로볼트당 10센티미터씩 더한 거리 이내로 각각 접근할 수 없도록 할 것
   8. 유자격자가 충전전로 인근에서 작업하는 경우에는 다음 각 목의 경우를 제외하고는 노출 충전부에 표에 제시된 접근한계거리 이내로 접근하거나 절연 손잡이가 없는 도전체에 접근할 수 없도록 할 것
      가. 근로자가 노출 충전부로부터 절연된 경우 또는 해당 전압에 적합한 절연장갑을 착용한 경우
      나. 노출 충전부가 다른 전위를 갖는 도전체 또는 근로자와 절연된 경우
      다. 근로자가 다른 전위를 갖는 모든 도전체로부터 절연된 경우
📋 1. 적합한 절연용 방호구 설치할 것
   2. 작업에 적합한 절연용 보호구 착용시킬 것
   3. 고압 전로에서 전기작업 하는 근로자에게 활선작업용 기구 사용하도록 할 것

094 ☆☆☆

전기기계 등의 충전부에 직접접촉으로 인한 감전 방지조치사항 3가지 쓰시오.(= 전기기계 또는
전로 등의 충전부분에 접촉 시 감전 방지책)

해 사업주는 근로자가 작업이나 통행 등으로 인하여 전기기계, 기구 [전동기·변압기·접속기·개폐기·분전반(分電
盤)·배전반(配電盤) 등 전기를 통하는 기계·기구, 그 밖의 설비 중 배선 및 이동전선 외의 것을 말한다. 이하
같다)] 또는 전로 등의 충전부분(전열기의 발열체 부분, 저항접속기의 전극 부분 등 전기기계·기구의 사용 목
적에 따라 노출이 불가피한 충전부분은 제외한다. 이하 같다)에 접촉(충전부분과 연결된 도전체와의 접촉을
포함한다. 이하 이 장에서 같다)하거나 접근함으로써 감전 위험이 있는 충전부분에 대하여 감전을 방지하기
위하여 다음 각 호의 방법 중 하나 이상의 방법으로 방호하여야 한다.
1. 충전부가 노출되지 않도록 폐쇄형 외함(外函)이 있는 구조로 할 것
2. 충전부에 충분한 절연효과가 있는 방호망이나 절연덮개를 설치할 것
3. 충전부는 내구성이 있는 절연물로 완전히 덮어 감쌀 것
4. 발전소·변전소 및 개폐소 등 구획되어 있는 장소로서 관계 근로자가 아닌 사람의 출입이 금지되는 장소에
충전부 설치하고, 위험표시 등의 방법으로 방호 강화할 것
5. 전주 위 및 철탑 위 등 격리되어 있는 장소로서 관계 근로자가 아닌 사람이 접근할 우려가 없는 장소에 충
전부를 설치할 것

답 1. 폐쇄형 외함구조로 할 것
2. 충분한 절연효과 있는 절연덮개 설치할 것
3. 내구성 있는 절연물로 완전히 덮어 감쌀 것

095 ☆☆

누전에 의한 감전 위험을 방지하기 위해 감전 방지용 누전차단기를 설치해야 하는 기계, 기구 4 가지 쓰시오.

🔲 사업주는 다음 각 호의 전기 기계·기구에 대하여 누전에 의한 감전위험을 방지하기 위하여 해당 전로의 정격에 적합하고 감도(전류 등에 반응하는 정도)가 양호하며 확실하게 작동하는 감전방지용 누전차단기를 설치해야 한다.

1. 대지전압이 150볼트를 초과하는 이동형 또는 휴대형 전기기계·기구
2. 물 등 도전성이 높은 액체가 있는 습윤장소에서 사용하는 저압(1.5천볼트 이하 직류전압이나 1천볼트 이하의 교류전압을 말한다)용 전기기계·기구
3. 철판·철골 위 등 도전성이 높은 장소에서 사용하는 이동형 또는 휴대형 전기기계·기구
4. 임시배선의 전로가 설치되는 장소에서 사용하는 이동형 또는 휴대형 전기기계·기구

🔲 1. 대지전압 150V 초과하는 휴대형 전기기계
2. 철골 위 등 도전성 높은 장소에서 사용하는 휴대형 전기기계
3. 임시배선 전로가 설치되는 장소에서 사용하는 휴대형 전기기계
4. 물 등 도전성 높은 액체가 있는 습윤장소에서 사용하는 저압용 전기기계

096 ☆☆☆☆☆

차량계 하역운반기계의 운전자가 운전위치를 이탈 시 조치사항 2가지 쓰시오.

🔲 사업주는 차량계 하역운반기계등, 차량계 건설기계의 운전자가 운전위치를 이탈하는 경우 해당 운전자에게 다음 각 호의 사항을 준수하도록 하여야 한다.

1. 포크, 버킷, 디퍼 등의 장치를 가장 낮은 위치 또는 지면에 내려둘 것
2. 원동기를 정지시키고 브레이크를 확실히 거는 등 차량계 하역운반기계등, 차량계 건설기계의 갑작스러운 이동을 방지하기 위한 조치를 할 것
3. 운전석을 이탈하는 경우에는 시동키를 운전대에서 분리시킬 것. 다만, 운전석에 잠금장치를 하는 등 운전자가 아닌 사람이 운전하지 못하도록 조치한 경우는 그러하지 아니하다.

🔲 포크 등을 지면에 내려둘 것/갑작스러운 이동 방지하기 위한 조치할 것

097 ☆☆☆

차량계 하역운반기계 작업 시 넘어짐 또는 굴러떨어짐이 있는 경우 조치사항 3가지 쓰시오.

해 사업주는 차량계 하역운반기계등을 사용하는 작업을 할 때에 그 기계가 넘어지거나 굴러떨어짐으로써 근로자에게 위험을 미칠 우려가 있는 경우에는 그 기계를 유도하는 사람(이하 "유도자"라 한다)을 배치하고 지반의 부동침하 및 갓길 붕괴를 방지하기 위한 조치를 해야 한다.

답 유도자 배치/갓길 붕괴 방지 조치/지반 부동침하 방지 조치

098 ☆☆☆

차량계 하역운반기계 이용해 화물 적재 시 조치사항 4가지 쓰시오.

해 사업주는 차량계 하역운반기계등에 화물을 적재하는 경우에 다음 각 호의 사항을 준수하여야 한다.
1. 하중이 한쪽으로 치우치지 않도록 적재할 것
2. 구내운반차 또는 화물자동차의 경우 화물의 붕괴 또는 낙하에 의한 위험을 방지하기 위하여 화물에 로프를 거는 등 필요한 조치를 할 것
3. 운전자의 시야를 가리지 않도록 화물을 적재할 것
4. 화물을 적재하는 경우에는 최대적재량을 초과해서는 아니 된다.

답 1. 운전자 시야 가리지 말 것
2. 최대적재량 초과하지 말 것
3. 하중이 한쪽으로 치우치지 말 것
4. 화물자동차 경우 화물에 로프를 거는 조치할 것

099 ☆

섬유로프를 화물자동차 짐 걸이에 사용 시 작업시작 전 조치사항 3가지 쓰시오.

해 사업주는 섬유로프 등을 화물자동차의 짐걸이에 사용하는 경우에는 해당 작업을 시작하기 전에 다음 각 호의
조치를 하여야 한다.
1. 작업순서와 순서별 작업방법을 결정하고 작업을 직접 지휘하는 일
2. 기구와 공구를 점검하고 불량품을 제거하는 일
3. 해당 작업을 하는 장소에 관계 근로자가 아닌 사람의 출입을 금지하는 일
4. 로프 풀기 작업 및 덮개 벗기기 작업을 하는 경우에는 적재함의 화물에 낙하 위험이 없음을 확인한 후에
해당 작업의 착수를 지시하는 일

답 1. 공구 점검하고 불량품 제거하는 일
2. 작업순서 결정하고 작업 직접 지휘하는 일
3. 작업장소에 관계 근로자 외 출입금지하는 일

100 ☆

터널 등의 건설작업에 있어서 낙반 등에 의하여 근로자가 위험해질 우려 있는 경우 해야 할 조치
사항 3가지 쓰시오.

해 사업주는 터널 등의 건설작업을 하는 경우에 낙반 등에 의하여 근로자가 위험해질 우려가 있는 경우에 터널
지보공 및 록볼트의 설치, 부석(浮石)의 제거 등 위험을 방지하기 위하여 필요한 조치를 하여야 한다.

답 부석 제거/록볼트 설치/터널 지보공 설치

101 ☆☆

NATM 터널공사에서 록볼트 효과 4가지 쓰고, 설명하시오.

답 1. 봉합효과(낙반 낙하방지)
2. 보강효과(지반 파괴방지)
3. 전단저항효과(전단 파괴방지)
4. 내압효과(인장력이 내압으로 작용)

102 ☆

파일 타입 시 부마찰력이 생기는 지반을 고르시오.

1. 지반이 압밀 진행 중인 연약 점토지반	2. 점착력 있는 압축성 지반
3. 사질토가 점성토 위에 놓인 지반	4. 지표면 침하에 따른 지하수가 저하되는 지반

해 부마찰력: 지지층에 박힌 말뚝의 주위 지반이 침하하는 경우 말뚝 주면에 하향으로 작용하는 마찰력

1. 압밀 진행 중이란 땅이 압축된다는 뜻! 그래서 침하가 생김! 부마찰력 잘 생김!
2. 압축성 지반이니 침하가 생김! 허나 부마찰력 생기긴 하나 잘은 안 생김!
3. 점성토란 진흙! 그래서 침하가 생김! 부마찰력 잘 생김!
4. 침하가 생긴다하니 부마찰력 잘 생김!

답 1/2/3/4

103 ☆

지반의 전단파괴 현상을 설명하고 있다. 올바른 것을 고르시오.

1. 국부 전단파괴: 주로 느슨한 사질토 및 점토 지반에서 발생한다.
2. 펀칭 전단파괴: 기초 폭에 비해 근입 깊이가 적을 경우 발생하는 현상이다.
3. 전반 전단파괴: 흙 전체가 모두 전단 파괴되는 현상이다.
4. 전반 전단파괴: 주로 굳은 사질토 및 점토 지반에서 발생한다.

해

전단파괴 종류	정의	발생지반
전반전단파괴	지반상의 구조물이 과도한 침하로 파괴되기 전에 활동면을 따라서 전면적으로 흙의 극한 전단강도가 발휘되는 형태의 지반파괴 현상	굳은 사질지반, 굳은/단단한 점토지반
국부전단파괴	지반 위의 구조물의 과도한 침하로 지반이 파괴될 때 미끄럼면을 따라서 부분적으로만 극한 전단강도가 발휘되는 형태의 지반파괴	느슨한 사질지반, 연약 점토지반
관입전단파괴 (펀칭전단파괴)	기초가 상당히 느슨한 지반위에 있으면 Footing 기초 양편에서의 전단영역이 명확하지 않고 지표면의 히빙도 생기지 않으면서 침하파괴가 발생하는 것	아주 느슨한 연약지반

답 1/3/4

104 ☆☆☆

잠함, 우물통, 수직갱 등의 내부에서 굴착작업을 하는 때 준수사항 3가지 쓰시오.

🔲 사업주는 잠함, 우물통, 수직갱, 그 밖에 이와 유사한 건설물 또는 설비(이하 "잠함 등"이라 한다)의 내부에서 굴착작업을 하는 경우에 다음 각 호의 사항을 준수하여야 한다.
  1. 산소 결핍 우려가 있는 경우에는 산소의 농도를 측정하는 사람을 지명하여 측정하도록 할 것
  2. 근로자가 안전하게 오르내리기 위한 설비를 설치할 것
  3. 굴착 깊이가 20미터를 초과하는 경우에는 해당 작업장소와 외부와의 연락을 위한 통신설비 등을 설치할 것
🔲 1. 안전하게 오르내리기 위한 설비 설치할 것
  2. 산소 결핍 우려 시 산소농도 측정자 지명해 측정할 것
  3. 굴착 깊이 20m 초과 시 외부와의 연락을 위한 통신설비 설치할 것

105 ☆

인력에 의한 화물 운반 시 준수사항 2가지 쓰시오.

🔲 운반할 때에는 다음 각 호의 사항을 준수하여야 한다.
  1. 하물의 운반은 수평거리 운반을 원칙으로 하며, 여러 번 들어 움직이거나 중계 운반, 반복운반을 하여서는 아니 된다.
  2. 운반시의 시선은 진행방향을 향하고 뒷걸음 운반을 하여서는 아니 된다.
  3. 어깨높이보다 높은 위치에서 하물을 들고 운반하여서는 아니 된다.
  4. 쌓여 있는 하물을 운반할 때에는 중간 또는 하부에서 뽑아내어서는 아니 된다.
🔲 수평거리 운반을 원칙으로 할 것/어깨높이보다 높은 위치에서 하물을 들고 운반하지 말 것

106 ☆

인력 운반하역 시 하역할 때 준수사항 3가지 쓰시오.

🔲 하역할 때에는 다음 각 호의 사항을 준수하여야 한다.
  1. 등은 직립을 유지하고 발은 움직이지 않는 상태에서 다리를 구부려 가능한 낮은 자세로서 한쪽 면을 바닥에 놓은 다음 다른 면을 내려놓아야 한다.
  2. 조급하게 던져서 하역하여서는 아니 된다.
  3. 중량물을 어깨 또는 허리 높이에서 하역할 때에는 도움을 받아 안전하게 하역해야 한다.
🔲 1. 등은 직립 유지할 것
  2. 조급하게 던져서 하역하지 말 것
  3. 중량물을 허리 높이에서 하역할 때 도움 받아 안전하게 하역할 것

107 ☆☆☆

사업주가 고소작업대를 이동하는 경우의 준수사항 3가지 쓰시오.

해 사업주는 고소작업대를 이동하는 경우에는 다음 각 호의 사항을 준수해야 한다.
   1. 작업대를 가장 낮게 내릴 것
   2. 작업자를 태우고 이동하지 말 것. 다만, 이동 중 전도 등의 위험예방을 위하여 유도하는 사람을 배치하고 짧은 구간을 이동하는 경우에는 제1호에 따라 작업대를 가장 낮게 내린 상태에서 작업자를 태우고 이동할 수 있다.
   3. 이동통로의 요철상태 또는 장애물의 유무 등을 확인할 것

답 작업대 가장 낮게 내릴 것/작업자 태우고 이동하지 말 것/이동통로 요철상태 등 확인할 것

108 ☆☆

사업주가 고소작업대를 사용해 작업하는 경우의 준수사항 3가지 쓰시오.

해 사업주는 고소작업대를 사용하는 경우에는 다음 각 호의 사항을 준수하여야 한다.
   1. 작업자가 안전모·안전대 등의 보호구를 착용하도록 할 것
   2. 관계자가 아닌 사람이 작업구역에 들어오는 것을 방지하기 위하여 필요한 조치를 할 것
   3. 안전한 작업을 위하여 적정수준의 조도를 유지할 것
   4. 전로(電路)에 근접하여 작업을 하는 경우에는 작업감시자를 배치하는 등 감전사고를 방지하기 위하여 필요한 조치를 할 것
   5. 작업대를 정기적으로 점검하고 붐·작업대 등 각 부위의 이상 유무를 확인할 것
   6. 전환스위치는 다른 물체를 이용하여 고정하지 말 것
   7. 작업대는 정격하중을 초과하여 물건을 싣거나 탑승하지 말 것
   8. 작업대의 붐대를 상승시킨 상태에서 탑승자는 작업대를 벗어나지 말 것. 다만, 작업대에 안전대 부착설비를 설치하고 안전대를 연결하였을 때에는 그러하지 아니하다.

답 안전모 등 보호구 착용할 것/적정수준의 조도 유지할 것/작업대를 정기적으로 점검할 것

109 ☆☆☆☆☆

공사용 가설도로 설치 시 준수사항 3가지 쓰시오.

📖 사업주는 공사용 가설도로를 설치하는 경우에 다음 각 호의 사항을 준수하여야 한다.
1. 도로는 장비와 차량이 안전하게 운행할 수 있도록 견고하게 설치할 것
2. 도로와 작업장이 접하여 있을 경우에는 울타리 등을 설치할 것
3. 도로는 배수를 위하여 경사지게 설치하거나 배수시설을 설치할 것
4. 차량의 속도제한 표지를 부착할 것

📋 배수시설 설치할 것/도로는 견고하게 설치할 것/차량 속도제한 표지 부착할 것

110 ☆☆☆☆☆

가설통로 설치 시 준수사항 4개 쓰시오.

📖 사업주는 가설통로를 설치하는 경우 다음 각 호의 사항을 준수하여야 한다.
1. 견고한 구조로 할 것
2. 경사는 30도 이하로 할 것. 다만, 계단을 설치하거나 높이 2미터 미만의 가설통로로서 튼튼한 손잡이를 설치한 경우에는 그러하지 아니하다.
3. 경사가 15도를 초과하는 경우에는 미끄러지지 아니하는 구조로 할 것
4. 추락할 위험이 있는 장소에는 안전난간을 설치할 것. 다만, 작업상 부득이한 경우에는 필요한 부분만 임시로 해체할 수 있다.
5. 수직갱에 가설된 통로의 길이가 15미터 이상인 경우에는 10미터 이내마다 계단참을 설치할 것
6. 건설공사에 사용하는 높이 8미터 이상 비계다리에는 7미터 이내마다 계단참 설치할 것

📋 1. 견고한 구조로 할 것
2. 경사 30도 이하로 할 것
3. 추락 위험있는 장소에 안전난간 설치할 것
4. 경사 15도 초과 시 미끄러지지 않는 구조로 할 것

111 ☆☆☆☆

가설통로 설치 시 준수사항이다. 빈칸을 채우시오.

> 1. 경사가 (A)도를 초과하는 때에는 미끄러지지 아니하는 구조일 것
> 2. 길이가 15m 이상인 수직갱에는 (B)m 이내마다 계단참을 설치할 것
> 3. 높이 8m 이상인 비계다리에는 (C)m 이내마다 계단참을 설치할 것
> 4. 경사 (D)도 이하일 것
> 5. 수직갱에 가설된 통로 길이가 (E)m 이상인 경우에는 (F)m 이내마다 계단참을 설치할 것

해 윗 해설 참조

답 A: 15   B: 10   C: 7   D: 30   E: 15   F: 10

112 ☆☆

꽂음 접속기의 설치, 사용 시의 준수사항 3가지 쓰시오.

해 사업주는 꽂음접속기를 설치하거나 사용하는 경우에는 다음 각 호의 사항을 준수해야 한다.
  1. 서로 다른 전압의 꽂음 접속기는 서로 접속되지 아니한 구조의 것을 사용할 것
  2. 습윤한 장소에 사용되는 꽂음 접속기는 방수형 등 그 장소에 적합한 것을 사용할 것
  3. 근로자가 해당 꽂음 접속기를 접속시킬 경우에는 땀 등으로 젖은 손으로 취급하지 않도록 할 것
  4. 해당 꽂음 접속기에 잠금장치가 있는 경우에는 접속 후 잠그고 사용할 것

답 1. 습윤 장소에 사용되는 꽂음 접속기는 방수형을 사용할 것
  2. 꽂음 접속기 접속시킬 시 땀으로 젖은 손으로 취급하지 말 것
  3. 꽂음 접속기에 잠금장치 있는 경우 접속 후 잠그고 사용할 것

113 ☆

거푸집 동바리 조립 또는 해체작업 시 준수사항 3가지 쓰시오.

해 사업주는 기둥·보·벽체·슬래브 등의 거푸집 및 동바리를 조립하거나 해체하는 작업을 하는 경우에는 다음 각 호의 사항을 준수해야 한다.
  1. 해당 작업을 하는 구역에는 관계 근로자가 아닌 사람의 출입을 금지할 것
  2. 비, 눈, 그 밖의 기상상태 불안정으로 날씨가 몹시 나쁜 경우에는 그 작업을 중지할 것
  3. 재료, 기구 또는 공구 등을 올리거나 내리는 경우에는 근로자로 하여금 달줄·달포대 등을 사용하도록 할 것
  4. 낙하·충격에 의한 돌발적 재해를 방지하기 위하여 버팀목을 설치하고 거푸집 및 동바리를 인양장비에 매단 후에 작업을 하도록 하는 등 필요한 조치를 할 것

답 1. 작업구역에 관계자 외 출입 금지할 것
  2. 날씨가 몹시 나쁜 경우 작업 중지할 것
  3. 공구 등을 오르내리는 경우 달줄 사용할 것

114 ☆

동바리 조립 시 준수사항이다. 빈칸을 채우시오.

---

1. 동바리로 사용하는 파이프 서포트의 경우
   가. 파이프 서포트를 (A) 이상 이어서 사용하지 않도록 할 것
   나. 파이프 서포트를 이어서 사용하는 경우에는 (B) 이상의 볼트 또는 전용철물을 사용하여 이을 것
   다. 높이가 (C)를 초과하는 경우에는 높이 (D) 이내마다 수평연결재를 (E) 방향으로 만들고 수평연결재의 변위를 방지할 것
2. 동바리로 사용하는 조립강주의 경우
   조립강주의 높이가 (F)를 초과하는 경우에는 높이 4미터 이내마다 수평연결재를 (G) 방향으로 설치하고 수평연결재의 변위를 방지할 것

해 사업주는 동바리를 조립할 때 동바리의 유형별로 다음 각 호의 구분에 따른 각 목의 사항을 준수해야 한다.
  1. 동바리로 사용하는 파이프 서포트의 경우
    가. 파이프 서포트를 3개 이상 이어서 사용하지 않도록 할 것
    나. 파이프 서포트를 이어서 사용하는 경우에는 4개 이상의 볼트 또는 전용철물을 사용하여 이을 것
    다. 높이가 3.5미터를 초과하는 경우에는 높이 2미터 이내마다 수평연결재를 2개 방향으로 만들고 수평연결재의 변위를 방지할 것
  2. 동바리로 사용하는 조립강주의 경우: 조립강주의 높이가 4미터를 초과하는 경우에는 높이 4미터 이내마다 수평연결재를 2개 방향으로 설치하고 수평연결재 변위를 방지할 것

답 A: 3개   B: 4개   C: 3.5m   D: 2m   E: 2개   F: 4m   G: 2개

115 ☆

거푸집 해체작업 시 준수사항이다. 빈칸을 채우시오.

> 1. 거푸집 및 지보공(동바리)의 해체는 순서에 의하여 실시하여야 하며 (A)를 배치하여야 한다.
> 2. 거푸집 및 지보공(동바리)은 콘크리트 자중 및 시공중에 가해지는 기타 하중에 충분히 견딜만한 (B)를 가질 때까지는 해체하지 아니하여야 한다.
> 3. 거푸집을 해체할 때에는 다음 각 목에 정하는 사항을 유념하여 작업하여야 한다.
>   가. 해체작업을 할 때에는 안전모등 (C)를 착용토록 하여야 한다.
>   나. 거푸집 해체작업장 주위에는 관계자를 제외하고는 (D) 시켜야 한다.
>   다. (E) 동시 작업은 원칙적으로 금지하여 부득이한 경우에는 긴밀히 연락을 취하며 작업을 하여야 한다.
>   라. 보 또는 스라브 거푸집을 제거할 때에는 거푸집의 (F)으로 인한 작업원의 돌발적 재해를 방지하여야 한다.

해 사업주는 거푸집의 해체작업을 하여야 할 때에는 다음 각 호의 사항을 준수하여야 한다.
　1. 거푸집 및 지보공(동바리)의 해체는 순서에 의하여 실시하여야 하며 안전담당자를 배치하여야 한다.
　2. 거푸집 및 지보공(동바리)은 콘크리트 자중 및 시공중에 가해지는 기타 하중에 충분히 견딜만한 강도를 가질 때까지는 해체하지 아니하여야 한다.
　3. 거푸집을 해체할 때에는 다음 각 목에 정하는 사항을 유념하여 작업하여야 한다.
　　가. 해체작업을 할 때에는 안전모등 안전 보호장구를 착용토록 하여야 한다.
　　나. 거푸집 해체작업장 주위에는 관계자를 제외하고는 출입 금지시켜야 한다.
　　다. 상하 동시 작업은 원칙적으로 금지하여 부득이한 경우에는 긴밀히 연락을 취하며 작업을 하여야 한다.
　　라. 거푸집 해체 때 구조체에 무리한 충격이나 큰 힘에 의한 지렛대 사용은 금지하여야 한다.
　　마. 보 또는 스라브 거푸집을 제거할 때에는 거푸집의 낙하 충격으로 인한 작업원의 돌발적 재해를 방지하여야 한다.
　　바. 해체된 거푸집이나 각목 등에 박혀있는 못 또는 날카로운 돌출물은 즉시 제거하여야 한다.
　　사. 해체된 거푸집이나 각 목은 재사용 가능한 것과 보수하여야 할 것을 선별, 분리하여 적치하고 정리정돈을 하여야 한다.

답 A: 안전담당자　B: 강도　C: 안전 보호장구　D: 출입금지　E: 상하　F: 낙하 충격

116   ☆☆☆☆☆☆

달비계 또는 높이 5m 이상의 비계 조립, 해체 및 변경 작업 시 준수사항 4가지 쓰시오.

📘 사업주는 달비계 또는 높이 5미터 이상의 비계를 조립·해체하거나 변경하는 작업을 하는 경우 다음 각 호의 사항을 준수하여야 한다.
  1. 근로자가 관리감독자의 지휘에 따라 작업하도록 할 것
  2. 조립·해체 또는 변경의 시기·범위 및 절차를 그 작업에 종사하는 근로자에게 주지시킬 것
  3. 조립·해체 또는 변경 작업구역에는 해당 작업에 종사하는 근로자가 아닌 사람의 출입을 금지하고 그 내용을 보기 쉬운 장소에 게시할 것
  4. 비, 눈, 그 밖의 기상상태의 불안정으로 날씨가 몹시 나쁜 경우에는 그 작업을 중지시킬 것
  5. 비계재료의 연결·해체작업을 하는 경우에는 폭 20센티미터 이상의 발판을 설치하고 근로자로 하여금 안전대를 사용하도록 하는 등 추락을 방지하기 위한 조치를 할 것
  6. 재료·기구 또는 공구 등을 올리거나 내리는 경우에는 근로자가 달줄 또는 달포대 등을 사용하게 할 것

📕 1. 조립 등 절차를 근로자에게 주지시킬 것
  2. 날씨가 몹시 나쁜 경우 작업 중지시킬 것
  3. 근로자가 관리감독자 지휘에 따라 작업할 것
  4. 공구 등을 오르내리는 경우 달줄 사용하게 할 것

117   ☆☆

갱 폼의 조립·이동·양중·해체작업 시 준수사항 4가지 쓰시오.

📘 갱 폼의 조립·이동·양중·해체(이하 이 조에서 "조립등"이라 한다) 작업을 하는 경우에는 다음 각 호의 사항을 준수해야 한다.
  1. 조립등의 범위 및 작업절차를 미리 그 작업에 종사하는 근로자에게 주지시킬 것
  2. 근로자가 안전하게 구조물 내부에서 갱 폼의 작업발판으로 출입할 수 있는 이동통로를 설치할 것
  3. 갱 폼의 지지 또는 고정철물의 이상 유무를 수시점검하고 이상이 발견된 경우에는 교체하도록 할 것
  4. 갱 폼을 조립하거나 해체하는 경우에는 갱 폼을 인양장비에 매단 후에 작업을 실시하도록 하고, 인양장비에 매달기 전에 지지 또는 고정철물을 미리 해체하지 않도록 할 것
  5. 갱 폼 인양 시 작업발판용 케이지에 근로자가 탑승한 상태에서 갱 폼의 인양작업을 하지 않을 것

📕 1. 작업절차를 미리 근로자에게 주지시킬 것
  2. 갱 폼의 고정철물 이상 유무 수시 점검할 것
  3. 조립 시 갱 폼을 인양장비에 매단 후 작업 실시할 것
  4. 인양 시 작업발판용 케이지에 근로자 탑승한 상태에서 갱 폼 인양작업하지 말 것

118 ☆☆

사업주가 시스템 비계를 사용하여 비계를 구성하는 경우 준수사항 3가지 쓰시오.

해 사업주는 시스템 비계를 사용하여 비계를 구성하는 경우에 다음 각 호의 사항을 준수하여야 한다.
　　1. 수직재·수평재·가새재를 견고하게 연결하는 구조가 되도록 할 것
　　2. 비계 밑단의 수직재와 받침철물은 밀착되도록 설치하고, 수직재와 받침철물의 연결부의 겹침길이는 받침
　　　철물 전체길이의 3분의 1 이상이 되도록 할 것
　　3. 수평재는 수직재와 직각으로 설치하여야 하며, 체결 후 흔들림이 없도록 견고하게 설치할 것
　　4. 수직재와 수직재의 연결철물은 이탈되지 않도록 견고한 구조로 할 것
　　5. 벽 연결재의 설치간격은 제조사가 정한 기준에 따라 설치할 것
답 1. 수평재는 수직재와 직각으로 설치할 것
　　2. 비계 밑단 수직재와 받침철물은 밀착되도록 설치할 것
　　3. 벽 연결재 설치간격은 제조사가 정한 기준에 따라 설치할 것

119 ☆

사업주가 시스템 비계를 사용하여 비계를 구성하는 경우 준수사항이다. 빈칸을 채우시오.

> 1. 수직재·수평재·(A)를 견고하게 연결하는 구조가 되도록 할 것
> 2. 비계 밑단의 수직재와 (B)은 밀착되도록 설치하고, 수직재와 (B)의 연결부의 겹침길이
> 　는 (B) 전체길이의 (C)이 되도록 할 것

해 윗 해설 참조
답 A. 가새재　B. 받침철물　C. 3분의 1 이상

120   ☆☆

시스템 비계 조립 작업 시 준수사항 3가지 쓰시오.

🔟 사업주는 시스템 비계를 조립 작업하는 경우 다음 각 호의 사항을 준수하여야 한다.
  1. 비계 기둥의 밑둥에는 밑받침 철물을 사용하여야 하며, 밑받침에 고저차가 있는 경우에는 조절형 밑받침 철물을 사용하여 시스템 비계가 항상 수평 및 수직을 유지하도록 할 것
  2. 경사진 바닥에 설치하는 경우에는 피벗형 받침 철물 또는 쐐기 등을 사용하여 밑받침 철물의 바닥면이 수평을 유지하도록 할 것
  3. 가공전로에 근접하여 비계를 설치하는 경우에는 가공전로를 이설하거나 가공전로에 절연용 방호구를 설치하는 등 가공전로와의 접촉을 방지하기 위하여 필요한 조치를 할 것
  4. 비계 내에서 근로자가 상하 또는 좌우로 이동하는 경우에는 반드시 지정된 통로를 이용하도록 주지시킬 것
  5. 비계 작업 근로자는 같은 수직면상의 위와 아래 동시 작업을 금지할 것
  6. 작업발판에는 제조사가 정한 최대적재하중을 초과하여 적재해서는 아니 되며, 최대적재하중이 표기된 표지판을 부착하고 근로자에게 주지시키도록 할 것
🔠 1. 비계 기둥의 밑둥에는 밑받침 철물을 사용할 것
  2. 경사진 바닥에 설치 시 쐐기 등을 사용해 수평 유지할 것
  3. 비계 작업 근로자는 같은 수직면상의 위와 아래 동시 작업 금지할 것

121   ☆

가공전로에 근접하여 비계를 설치하는 경우 필요 조치사항 2가지 쓰시오.

🔟 가공전로에 근접하여 비계를 설치하는 경우에는 가공전로를 이설하거나 가공전로에 절연용 방호구를 설치하는 등 가공전로와의 접촉을 방지하기 위하여 필요한 조치를 할 것
🔠 가공전로 이설/절연용 방호구 설치

122 ☆

발파작업을 하는 사업장 내에서 화약류를 운반할 때 준수사항 2가지 쓰시오.

해 1. 화약류를 갱내 또는 발파장소로 운반할 때에는 정해진 포장 및 상자 등을 사용할 것
2. 폭약과 뇌관은 1인이 동시에 운반하지 않도록 할 것. 다만, 부득이하게 1인이 운반하는 경우 별개의 용기에 넣어 운반할 것
3. 화약류는 운반하는 자의 체력에 적당하도록 소량을 운반하도록 할 것
4. 화약류를 운반할 때에는 화기나 전선의 부근을 피하고, 던지거나, 넘어지거나, 떨어뜨리거나, 부딪히는 등 충격을 주지 않도록 주의할 것
5. 빈 화약류 용기 및 포장재료는 제조사에서 정한 기준에 따라 처분할 것
6. 전기뇌관을 운반할 때에는 다음 각 목의 사항을 준수할 것
    가. 각선의 피복 등이 벗겨지거나 손상되지 않도록 용기에 넣을 것
    나. 건전지 또는 전선의 피복이 벗겨진 전기기구를 휴대하지 말 것
    다. 전등선, 동력선 기타 누전의 우려가 있는 것에 접근시키지 말 것

답 갱내로 운반할 때 정해진 상자 사용할 것/폭약과 뇌관은 1인이 동시에 운반하지 말 것

123 ☆

콘크리트 파쇄용 화약류 취급 시 준수사항 2가지 쓰시오.

해 콘크리트 파쇄용 화약류 취급시에는 다음 각호의 사항을 준수하여야 한다.
1. 화약류에 의한 발파파쇄 해체시에는 사전에 시험발파에 의한 폭력, 폭속, 진동치속도 등에 파쇄능력과 진동, 소음의 영향력을 검토하여야 한다.
2. 소음, 분진, 진동으로 인한 공해대책, 파편에 대한 예방대책을 수립하여야 한다.
3. 화약류 취급에 대하여는 법, 총포도검화약류단속법 등 관계법에서 규정하는 바에 의하여 취급하여야 하며 화약저장소 설치기준을 준수하여야 한다.
4. 시공순서는 화약취급절차에 의한다.

답 시공순서는 화약취급절차에 의한다./파편에 대한 예방대책 수립해야 한다.

124 ☆

회전날 끝에 다이아몬드 입자를 혼합 경화해 제조된 절단 톱으로 기둥, 보, 바닥, 벽체를 적당한 크기로 절단해 해체하는 공법 사용 시 준수사항 3가지 쓰시오.

해 회전날 끝에 다이아몬드 입자를 혼합 경화하여 제조된 절단톱으로 기둥, 보, 바닥, 벽체를 적당한 크기로 절단하여 해체하는 공법으로 다음 각 호의 사항을 준수하여야 한다.
1. 작업현장은 정리정돈이 잘 되어야 한다.
2. 절단기에 사용되는 전기시설과 급수, 배수설비를 수시로 정비 점검하여야 한다.
3. 회전날에는 접촉방지 커버를 부착토록 하여야 한다.
4. 회전날의 조임상태는 안전한지 작업전에 점검하여야 한다.
5. 절단 중 회전날을 냉각시키는 냉각수는 충분한지 점검하고 불꽃이 많이 비산되거나 수증기 등이 발생되면 과열된 것이므로 일시중단 한 후 작업을 실시하여야 한다.
6. 절단방향을 직선을 기준하여 절단하고 부재중에 철근 등이 있어 절단이 안될 경우에는 최소단면으로 절단하여야 한다.
7. 절단기는 매일 점검하고 정비해 두어야 하며 회전 구조부에는 윤활유를 주유해 두어야 한다.

답 1. 정리정돈이 잘 되어 있을 것
2. 회전날에 접촉방지 커버 부착할 것
3. 회전 구조부에 윤활유 주유해 둘 것

125 ☆

콘크리트 타설작업 시 준수사항 3가지 쓰시오.

해 사업주는 콘크리트 타설작업을 하는 경우에는 다음 각 호의 사항을 준수해야 한다.
1. 당일의 작업을 시작하기 전에 해당 작업에 관한 거푸집 및 동바리의 변형·변위 및 지반의 침하 유무 등을 점검하고 이상이 있으면 보수할 것
2. 작업 중에는 감시자를 배치하는 등의 방법으로 거푸집 및 동바리의 변형·변위 및 침하 유무 등을 확인해야 하며, 이상이 있으면 작업을 중지하고 근로자를 대피시킬 것
3. 콘크리트 타설작업 시 거푸집 붕괴의 위험이 발생할 우려가 있으면 충분한 보강조치를 할 것
4. 설계도서상의 콘크리트 양생기간을 준수하여 거푸집 및 동바리를 해체할 것
5. 콘크리트를 타설하는 경우에는 편심이 발생하지 않도록 골고루 분산하여 타설할 것

답 1. 편심 발생하지 않도록 골고루 분산해 타설할 것
2. 거푸집 붕괴 위험 발생 우려 시 충분한 보강조치할 것
3. 콘크리트 양생기간 준수해 거푸집 및 동바리 해체할 것

126 ☆☆☆

콘크리트 타설작업을 위한 콘크리트 펌프카를 사용 시 사업주의 준수사항 3가지 쓰시오.

🖼 사업주는 콘크리트 타설작업을 하기 위하여 콘크리트 플레이싱 붐(placing boom), 콘크리트 분배기, 콘크리트 펌프카 등(이하 이 조에서 "콘크리트타설장비"라 한다)을 사용하는 경우에는 다음 각 호의 사항을 준수해야 한다.
  1. 작업 시작하기 전에 콘크리트 타설장비를 점검하고 이상을 발견하였으면 즉시 보수할 것
  2. 건축물의 난간 등에서 작업하는 근로자가 호스의 요동·선회로 인하여 추락하는 위험을 방지하기 위하여 안전난간 설치 등 필요한 조치를 할 것
  3. 콘크리트 타설장비의 붐을 조정하는 경우에는 주변의 전선 등에 의한 위험을 예방하기 위한 적절한 조치를 할 것
  4. 작업 중에 지반의 침하나 아웃트리거 등 콘크리트 타설장비 지지구조물의 손상 등에 의하여 콘크리트 타설장비가 넘어질 우려가 있는 경우에는 이를 방지하기 위한 적절한 조치를 할 것.

📝 1. 난간에서 작업할 시 안전난간 설치할 것
   2. 작업 시작 전 콘크리트 타설장비 점검할 것
   3. 붐 조정 시 주변 전선에 의한 위험 예방할 것

127 ☆

타워크레인을 와이어로프로 지지하는 경우 준수사항 3가지 쓰시오.

🖼 사업주는 타워크레인을 와이어로프로 지지하는 경우 다음 각 사항을 준수하여야 한다.
  1. 법에 따른 서면심사에 관한 서류(법에 따른 형식승인서류를 포함한다) 또는 제조사의 설치작업설명서 등에 따라 설치할 것
  2. 제1호의 서면심사 서류 등이 없거나 명확하지 아니한 경우에는 법에 따른 건축구조·건설기계·기계안전·건설안전기술사 또는 건설안전분야 산업안전지도사의 확인을 받아 설치하거나 기종별·모델별 공인된 표준방법으로 설치할 것
  3. 와이어로프를 고정하기 위한 전용 지지프레임을 사용할 것
  4. 와이어로프 설치각도는 수평면에서 60도 이내로 하되, 지지점은 4개소 이상으로 하고, 같은 각도로 설치할 것
  5. 와이어로프와 그 고정부위는 충분한 강도와 장력을 갖도록 설치하고, 와이어로프를 클립·샤클(shackle, 연결고리) 등의 고정기구를 사용하여 견고하게 고정시켜 풀리지 않도록 하며, 사용 중에는 충분한 강도와 장력을 유지하도록 할 것. 이 경우 클립·샤클 등의 고정기구는 한국산업표준 제품이거나 한국산업표준이 없는 제품의 경우에는 이에 준하는 규격을 갖춘 제품이어야 한다.
  6. 와이어로프가 가공전선(架空電線)에 근접하지 않도록 할 것

📝 1. 제조사 설치작업설명서에 따라 설치할 것
   2. 와이어로프가 가공전선에 근접하지 않도록 할 것
   3. 와이어로프 고정하기 위한 전용 지지프레임 사용할 것

128 ☆

해체작업에 따른 공해방지 중 해체공사 공법에 따라 발생하는 소음과 진동방지를 위한 준수사항 4가지 쓰시오.

해 해체공사의 공법에 따라 발생하는 소음과 진동의 특성을 파악하여 다음 각 호의 사항을 준수하여야 한다.
1. 공기압축기 등은 적당한 장소에 설치하여야 하며 장비의 소음 진동기준은 관계법에서 정하는 바에 따라서 처리하여야 한다.
2. 전도공법의 경우 전도물 규모를 작게하여 중량을 최소화하며 전도대상물의 높이도 되도록 작게 하여야 한다.
3. 철햄머 공법의 경우 햄머의 중량과 낙하높이를 가능한 한 낮게 하여야 한다.
4. 현장내에서는 대형 부재로 해체하며 장외에서 잘게 파쇄하여야 한다.
5. 인접건물의 피해를 줄이기 위해 방음, 방진 목적의 가시설을 설치하여야 한다.

답 1. 방진 목적 가시설 설치할 것
2. 공기압축기는 적당한 장소에 설치할 것
3. 전도공법 경우 전도물 규모를 작게 해 중량 최소화할 것
4. 현장내에선 대형 부재로 해체하며 장외에서 잘게 파쇄할 것

129 ☆

적합한 시멘트 명칭을 쓰시오.

1. 한중공사에 적합한 시멘트   2. 해수공사에 적합한 시멘트

답 1. 3종 조강 포틀랜드 시멘트   2. 5종 내황산염 포틀랜드 시멘트

130 ☆

위험 조정기술 4가지 쓰시오.

답 위험 감축/위험 보류/위험 회피/위험 전가

131 ☆☆

교량 건설하는 공법 중 PGM공법과 PSM공법을 설명하시오.

답 PGM공법 : 교량 상부구조를 미리 만든 긴 거더로 하나씩 조립하는 공법
PSM공법 : 교량 상부구조를 미리 만든 짧은 세그먼트로 하나씩 조립하는 공법

132 ☆

건설공사와 관련된 공정관리 네트워크 공정표 2가지 쓰시오.

해 CPM공법 : 작업시간과 공사비와의 관계에서 최적 공사기간을 산출해 최소비용으로 최적의 공사기간을
얻는 것을 목적으로 하는 공법
PERT공법 : 지정된 공사기간에 공사 완료하기 위해 자원, 시간, 기능을 조정하는 공법

답 CPM공법/PERT공법

133 ☆☆

다음 공법의 이름 쓰시오.

연약지반에 구조물을 구축할 시 그 지반에 흙 쌓기 등으로 미리 재하를 하여 압밀침하를 일으켜 안정
시킨 후 흙 쌓기를 제거하고 구조물을 축조하는 방법

답 프리로딩 공법

134 ☆☆☆

흙막이 공법을 흙막이 지지방식과 구조방식에 따라 분류할 때 종류를 각각 3가지씩 쓰시오.

🔲 흙막이 공법 종류

지지방식에 의한 분류	• 버팀대식 공법(수평/경사) • 어스앵커 공법	• 자립식 공법 • 타이로드 공법	
구조방식에 의한 분류	• H-Pile 공법 • S.C.W 공법	• 지하연속벽 공법 • C.I.P 공법	• Top down(역타공) 공법 • 강재 널말뚝 공법

📋 지지방식에 의한 분류 : 자립식 공법/어스앵커 공법/버팀대식 공법(수평/경사)
　　구조방식에 의한 분류 : C.I.P 공법/S.C.W 공법/H – Pile 공법

135 ☆☆☆☆

해당하는 공법의 명칭을 쓰시오.

> 1. 흙막이벽 등의 배면을 원통형으로 굴착한 후 인장재와 그라우트를 주입시켜 형성한 앵커체에 긴장력을 주어 흙막이 벽을 지지하는 공법
> 2. 지하의 굴착과 병행하여 지상의 기둥, 보 등의 구조물을 축조하며 지하 연속벽을 흙막이 벽으로 하여 굴착하는 공법
> 3. 흙막이벽 오픈 컷 굴착부 주위에 흙막이벽을 타입하고 와이어로프나 강봉을 적용하는 버팀목 대신 굴착부 밖에 묻어 볼트로 체결하는 공법

📋 1. 어스앵커 공법　2. 탑다운 공법　3. 타이로드 공법

136 ☆☆☆

비탈면 보호공법 종류 4가지 쓰시오.

🔲 비탈면 공법 종류

비탈면 보호공법	• 식생구멍공	• 뿜어붙이기공	• 블록공	• 돌쌓기공	• 배수공	• 표층안정공
비탈면 보강공법	• 말뚝공	• 앵커공	• 옹벽공	• 절토공	• 압성토공	• 소일네일링공

📋 배수공/돌쌓기공/식생구멍공/뿜어붙이기공

137   ☆☆

사질토 지반의 개량공법 5가지 쓰시오.

답 동다짐공법/폭파다짐공법/진동다짐공법/전기충격공법/약액주입공법

138   ☆

토목공사 다짐기계에 따른 다짐공법 3가지 쓰시오.

답 동다짐공법/폭파다짐공법/진동다짐공법

139   ☆

건물 등 해체공법 종류 5가지 쓰시오.

답 1. 전도에 의한 해체공법
    2. 화약에 의한 해체공법
    3. 유압력에 의한 해체공법
    4. 기계력에 의한 해체공법
    5. 제트력에 의한 해체공법

140   ☆

건물 등 해체공법 중 유압력에 의한 해체공법 종류 3가지 쓰시오.

답 재키공법/압쇄기공법/대형브레이커공법

141 ☆

도로터널 제1종 시설물의 종류 3가지 쓰시오.

해

1종 시설물	2종 시설물
1. 연장 1천미터 이상의 터널 2. 3차로 이상의 터널 3. 터널구간의 연장이 500미터 이상인 지하차도	1. 제1종 시설물에 해당하지 않는 터널로서 고속국도, 일반국도, 특별시도 및 광역시도의 터널 2. 제1종 시설물에 해당하지 않는 터널로서 연장 300미터 이상의 지방도, 시도, 군도 및 구도의 터널 3. 제1종 시설물에 해당하지 않는 지하차도로서 터널구간의 연장이 100미터 이상인 지하차도

답 3차로 이상 터널/연장 1km 이상 터널/터널구간 연장 500미터 이상 지하차도

142 ☆☆☆☆

산업안전보건법에 의한 안전인증 대상 안전모 종류 및 사용 구분에 따른 용도를 쓰시오.

해

종류(기호)	사용 구분	비고
AB	물체의 낙하 또는 비래 및 추락에 의한 위험을 방지 또는 경감시키기 위한 것	
AE	물체의 낙하 또는 비래에 의한 위험을 방지 또는 경감하고, 머리부위 감전에 의한 위험을 방지하기 위한 것	내전압성 (주1)
ABE	물체의 낙하 또는 비래 및 추락에 의한 위험을 방지 또는 경감하고, 머리부위 감전에 의한 위험을 방지하기 위한 것	내전압성

(주1) 내전압성이란 7,000V 이하의 전압에 견디는 것을 말한다.

답 1. AB : 물체 낙하, 비래, 추락에 의한 위험 방지
2. AE : 물체 낙하, 비래에 의한 위험 방지와 머리부위 감전에 의한 위험 방지
3. ABE : 물체 낙하, 비래, 추락에 의한 위험 방지와 머리부위 감전에 의한 위험 방지

143   ☆☆☆

방진마스크의 포집효율을 쓰시오.

형태 및 등급			염화나트륨(NaCl) 및 파라핀 오일(Paraffin oil) 시험(%)
여과재 분진 등 포집효율	분리식	특급	(A)
		1급	(B)
		2급	(C)
	안면부 여과식	특급	(D)
		1급	(E)
		2급	(F)

해

형태 및 등급			염화나트륨(NaCl) 및 파라핀 오일(Paraffin oil) 시험(%)
여과재 분진 등 포집효율	분리식	특급	99.95 이상
		1급	94.0 이상
		2급	80.0 이상
	안면부 여과식	특급	99.0 이상
		1급	94.0 이상
		2급	80.0 이상

답 A: 99.95 이상 B: 94 이상 C: 80 이상 D: 99 이상 E: 94 이상 F: 80 이상

144   ☆

안전대 종류 2가지와 사용구분 1가지 쓰시오.

해

종류	사용 구분
벨트식	1개 걸이용
	U자 걸이용
안전그네식	추락방지대
	안전블록

답 종류: 벨트식/안전그네식 사용구분: 1개 걸이용

145 ☆

알맞은 보호구 이름을 쓰시오.

> 1. 물체가 떨어지거나 날아올 위험 또는 근로자가 추락할 위험 있는 작업
> 2. 높이 또는 깊이 2미터 이상의 추락할 위험이 있는 장소에서 하는 작업
> 3. 물체의 낙하, 충격, 끼임, 감전 또는 정전기의 대전에 의한 위험이 있는 작업
> 4. 물체가 흩날릴 위험이 있는 작업
> 5. 용접 시 불꽃이나 물체가 흩날릴 위험이 있는 작업
> 6. 감전의 위험이 있는 작업
> 7. 고열에 의한 화상 등의 위험이 있는 작업

🅷 사업주는 다음 각 호의 어느 하나에 해당하는 작업을 하는 근로자에 대해서는 다음 각 호의 구분에 따라 그 작업조건에 맞는 보호구를 작업하는 근로자 수 이상으로 지급하고 착용하도록 하여야 한다.
   1. 물체가 떨어지거나 날아올 위험 또는 근로자가 추락할 위험이 있는 작업: 안전모
   2. 높이 또는 깊이 2미터 이상의 추락할 위험이 있는 장소에서 하는 작업: 안전대
   3. 물체의 낙하·충격, 물체에의 끼임, 감전 또는 정전기 대전(帶電)에 의한 위험이 있는 작업: 안전화
   4. 물체가 흩날릴 위험이 있는 작업: 보안경
   5. 용접 시 불꽃이나 물체가 흩날릴 위험이 있는 작업: 보안면
   6. 감전의 위험이 있는 작업: 절연용 보호구
   7. 고열에 의한 화상 등의 위험이 있는 작업: 방열복
   8. 선창 등에서 분진(粉塵)이 심하게 발생하는 하역작업: 방진마스크
   9. 섭씨 영하18도 이하인 급냉동 어창에서 하는 하역작업: 방한모·방한복·방한화·방한장갑
🅳 1. 안전모   2. 안전대   3. 안선화   4. 보안경   5. 보안면   6. 절연용 보호구   7. 방열복

146 ☆

고체상태 흙이 침수되면 다시 액체로 되지 않고, 흙 입자간 결합력 약해져 붕괴되는 현상을 쓰시오.

🅳 비화작용

147 ☆

파이핑 현상의 정의를 쓰시오.

🔁 보일링 현상으로 인해 지반 내에서 물의 통로가 생기면서 흙이 세굴되는 현상

148 ☆☆☆☆☆

흙의 동상(= 동결)현상 방지책 4가지 쓰시오.

🔲 동상현상

　정의: 온도가 하강함에 따라 토층수가 얼어 부피가 약 9% 정도 증대하게 됨으로써 지표면이 부풀어 오르는
　　　 현상

　방지책
　・모관수 상승을 차단하는 층을 둬 동상 방지
　・배수층 설치
　・모래 자갈과 같은 미동결성 재료를 사용해 동상 방지
　・단열재료 삽입

🔁 1. 배수층 설치
　2. 단열재료 삽입
　3. 모관수 상승을 차단하는 층을 둬 동상 방지
　4. 모래 자갈과 같은 미동결성 재료를 사용해 동상 방지

149 ☆☆☆

흙의 동상현상 발생원인(= 주요 인자) 3가지 쓰시오.

🔁 투수성/지하수위/모세관 상승고 크기

150 ☆☆

흙의 연화현상 방지책 2가지 쓰시오.

🗹 연화현상

정의: 동결된 지반이 기온 상승으로 녹기 시작하여 녹은 물이 적절하게 배수되지 않으면 지반이 연약해지고 강도가 떨어지는 현상

방지책: 지표수 유입 방지/동결부분 함수량 증가 방지/동결깊이 아래에 배수층 설치

🗒 지표수 유입 방지/동결부분 함수량 증가 방지

151 ☆☆☆☆

히빙 현상의 방지책 5가지 쓰시오.

🗹 히빙

정의: 연약한 점토지반을 굴착할 때 굴착배면의 토사중량이 굴착저면 이하의 지반지지력보다 클때 발생하는 현상

발생원인: 흙막이 내외부 중량차/흙막이벽 근입깊이 부족/흙막이벽 배면지반 상재하중 증가

방지책
1. 흙막이벽 근입 깊이 증가
2. 흙막이벽 배면지반 상재하중 감소
3. 저면 굴착부분 미리 굴착해 기초콘크리트 타설
4. 웰포인트 공법 병행
5. 시트파일 근입심도 검토
6. 굴착저면에 토사 등 인공중력 증가

🗒 1. 웰포인트 공법 병행
2. 시트파일 근입심도 검토
3. 흙막이벽 근입 깊이 증가
4. 흙막이벽 배면지반 상재하중 감소
5. 굴착저면에 토사 등 인공중력 증가

152   ☆☆☆☆☆

히빙 현상의 정의와 발생원인 3가지를 쓰시오.

🖺 정의 : 연약한 점토지반을 굴착할 때 굴착배면의 토사중량이 굴착저면 이하의 지반지지력보다 클 때
　　　 발생하는 현상

　 발생원인 : 흙막이 내외부 중량차 / 흙막이벽 근입깊이 부족 / 흙막이벽 배면지반 상재하중 증가

153   ☆☆☆☆☆☆☆☆☆

보일링 현상의 정의와 방지책 3가지 쓰시오.

🖺 정의 : 사질토지반 굴착 시 굴착부와 지하수위차가 있을 때 수두 차에 의하여 삼투압이 생겨 흙막이벽
　　　 근입부분을 침식하는 동시에 모래가 액상화되어 솟아오르는 현상

　 방지책
　 1. 흙막이벽 근입깊이 증가
　 2. 흙막이벽 배면 지반 지하수위 저하
　 3. 흙막이벽 배면 지반 그라우팅 실시

154   ☆☆

굴착지반의 이상현상 중 히빙과 보일링의 원인이 되는 지반의 종류를 쓰시오.

🖺 히빙 : 연약한 점토지반　　보일링 : 사질토지반

155 ☆

시멘트 품질시험의 종류 5가지 쓰시오.

해 시멘트 품질시험 종류
  1. 화학성분(산화마그네슘/삼산화황/강열감량/C3S/C2S/C3A)
  2. 분말도
  3. 안정도
  4. 응결시간(비카)
  5. 수화열
  6. 압축강도
답 분말도/안정도/수화열/응결시간/압축강도

156 ☆

구조물 해체 공사 시 해체 작업용 기계, 기구 종류 5가지 쓰시오.

해 해체작업용 기계, 기구 종류
  압쇄기/대형브레이커/핸드브레이커/팽창제/절단톱/하이드로잭/쐐기타입기/화염방사기/절단줄톱
답 압쇄기/팽창제/절단톱/절단줄톱/화염방사기

---

157 ☆☆

산업안전보건법에 의해 자율안전확인 대상 기계, 기구 4가지 쓰시오.

🔲 자율안전확인대상
  1. 다음 각 목의 어느 하나에 해당하는 기계 또는 설비
    가. 연삭기(硏削機) 또는 연마기. 이 경우 휴대형은 제외한다.
    나. 산업용 로봇
    다. 혼합기
    라. 파쇄기 또는 분쇄기
    마. 식품가공용 기계(파쇄·절단·혼합·제면기만 해당한다)
    바. 컨베이어
    사. 자동차정비용 리프트
    아. 공작기계(선반, 드릴기, 평삭·형삭기, 밀링만 해당한다)
    자. 고정형 목재가공용 기계(둥근톱, 대패, 루타기, 띠톱, 모떼기 기계만 해당한다)
    차. 인쇄기
  2. 다음 각 목의 어느 하나에 해당하는 방호장치
    가. 아세틸렌 용접장치용 또는 가스집합 용접장치용 안전기
    나. 교류 아크용접기용 자동전격방지기
    다. 롤러기 급정지장치
    라. 연삭기 덮개
    마. 목재 가공용 둥근톱 반발 예방장치와 날 접촉 예방장치
    바. 동력식 수동대패용 칼날 접촉 방지장치
    사. 추락·낙하 및 붕괴 등의 위험 방지 및 보호에 필요한 가설기자재(제74조제1항제2호아목의 가설기자재는 제외한다)로서 고용노동부장관이 정하여 고시하는 것
  3. 다음 각 목의 어느 하나에 해당하는 보호구
    가. 안전모(제74조제1항제3호가목의 안전모는 제외한다)
    나. 보안경(제74조제1항제3호차목의 보안경은 제외한다)
    다. 보안면(제74조제1항제3호카목의 보안면은 제외한다)
🔲 혼합기/파쇄기/인쇄기/컨베이어

158 ☆☆

산업안전보건법에 의한 안전검사 대상 유해, 위험 기계 종류를 5가지 쓰시오.

圙 안전검사대상기계
  1. 프레스
  2. 전단기
  3. 크레인(정격 하중이 2톤 미만인 것은 제외한다)
  4. 리프트
  5. 압력용기
  6. 곤돌라
  7. 국소 배기장치(이동식은 제외한다)
  8. 원심기(산업용만 해당한다)
  9. 롤러기(밀폐형 구조는 제외한다)
  10. 사출성형기[형 체결력(型 締結力) 294킬로뉴턴(KN) 미만은 제외한다]
  11. 고소작업대(「자동차관리법」 제3조제3호 또는 제4호에 따른 화물자동차 또는 특수자동차에 탑재한 고소
    작업대로 한정한다)
  12. 컨베이어
  13. 산업용 로봇
  14. 혼합기
  15. 파쇄기 또는 분쇄기
圁 프레스/전단기/리프트/곤돌라/압력용기

159 ☆☆

건설현장에서 사용하는 작업발판 일체형 거푸집 종류 4개 쓰시오.

圙 "작업발판 일체형 거푸집"이란 거푸집의 설치·해체, 철근 조립, 콘크리트 타설, 콘크리트 면처리 작업 등을 위
하여 거푸집을 작업발판과 일체로 제작하여 사용하는 거푸집으로서 다음 각 호의 거푸집을 말한다.
  1. 갱폼(gang form)
  2. 슬립 폼(slip form)
  3. 클라이밍 폼(climbing form)
  4. 터널 라이닝 폼(tunnel lining form)
  5. 그 밖에 거푸집과 작업발판이 일체로 제작된 거푸집 등
圁 갱 폼/슬립 폼/클라이밍 폼/터널 라이닝 폼

160

다음 설명에 해당하는 거푸집의 부재 명칭을 쓰시오.

> 1. 거푸집의 일부로서 콘크리트에 직접 접하는 목재나 금속 등 판류
> 2. 타설 된 콘크리트가 소정의 강도를 얻을 때까지 거푸집 및 장선·멍에를 적정 위치에 유지시키고, 상부하중을 지지하는 부재

해 "거푸집 널"이란 거푸집의 일부로서 콘크리트에 직접 접하는 목재나 금속 등판류를 말한다.
"동바리"란 타설 된 콘크리트가 소정의 강도를 얻을 때까지 거푸집 및 장선·멍에를 적정 위치에 유지시키고, 상부하중을 지지하는 부재를 말한다.

답 1. 거푸집 널 2. 동바리

161

수직재, 수평재, 가새재 등의 부재를 공장에서 제작하여 현장에서 조립하여 사용하는 가설 구조물의 명칭을 쓰시오.

해 "시스템 비계"라 함은 수직재, 수평재, 가새재 등의 부재를 공장에서 제작하여 현장에서 조립하여 사용하는 가설 구조물을 말한다.

답 시스템 비계

162

건설공사에서 콘크리트 구조물 시공에 사용되는 외부 비계 종류 5가지 쓰시오.

해 비계 종류
강관비계/강관틀비계/달비계/달대비계/걸침비계/말비계/이동식비계/시스템비계

답 달비계/말비계/강관비계/달대비계/걸침비계

163 ☆

깊이 10.5m 이상의 굴착작업 시 필요한 계측기기 종류 4가지 쓰시오.

해 깊이 10.5m 이상의 굴착의 경우 아래 각 목의 계측기기의 설치에 의하여 흙막이 구조의 안전을 예측하여야 하며, 설치가 불가능할 경우 트랜싯 및 레벨 측량기에 의해 수직·수평 변위 측정을 실시하여야 한다.
　가. 수위계
　나. 경사계
　다. 하중 및 침하계
　라. 응력계

답 수위계/경사계/하중계/응력계

164 ☆☆

산업안전보건법에 의한 리프트의 종류 3가지 쓰시오.

해 "리프트"란 동력을 사용하여 사람이나 화물을 운반하는 것을 목적으로 하는 기계설비로서 다음각 목의 것을 말한다.
　가. 건설용 리프트: 동력을 사용하여 가이드레일(운반구를 지지하여 상승 및 하강 동작을 안내하는 레일)을 따라 상하로 움직이는 운반구를 매달아 사람이나 화물을 운반할 수 있는 설비 또는 이와 유사한 구조 및 성능가진 것으로 건설현장에서 사용하는 것
　나. 산업용 리프트: 동력을 사용하여 가이드레일을 따라 상하로 움직이는 운반구를 매달아 화물을 운반할 수 있는 설비 또는 이와 유사한 구조 및 성능을 가진 것으로 건설현장 외의 장소에서 사용하는 것
　다. 자동차정비용 리프트: 동력을 사용하여 가이드레일을 따라 움직이는 지지대로 자동차 등을 일정한 높이로 올리거나 내리는 구조의 리프트로서 자동차 정비에 사용하는 것
　라. 이삿짐운반용 리프트: 연장 및 축소가 가능하고 끝단을 건축물 등에 지지하는 구조의 사다리형 붐에 따라 동력을 사용하여 움직이는 운반구를 매달아 화물을 운반하는 설비로서 화물자동차 등 차량 위에 탑재하여 이삿짐 운반 등에 사용하는 것

답 건설용 리프트/산업용 리프트/자동차정비용 리프트

165   ☆☆

양중기 종류 4가지 쓰시오.(세부내용 포함할 것)

해 양중기란 다음 각 호의 기계를 말한다.
1. 크레인[호이스트(hoist)를 포함한다]
2. 이동식 크레인
3. 리프트(이삿짐운반용 리프트의 경우에는 적재하중이 0.1톤 이상인 것으로 한정한다)
4. 곤돌라
5. 승강기

답 곤돌라/승강기/이동식 크레인/크레인(호이스트 포함)

166   ☆☆☆

승강기 종류 4가지 쓰시오.

해 "승강기"란 건축물이나 고정된 시설물에 설치되어 일정한 경로에 따라 사람이나 화물을 승강장으로 옮기는 데에 사용되는 설비로서 다음 각 목의 것을 말한다.
가. 승객용 엘리베이터: 사람의 운송에 적합하게 제조·설치된 엘리베이터
나. 승객화물용 엘리베이터: 사람 운송과 화물 운반을 겸용하는데 적합하게 제조·설치된 엘리베이터
다. 화물용 엘리베이터: 화물 운반에 적합하게 제조·설치된 엘리베이터로서 조작자 또는 화물취급자 1명은 탑승할 수 있는 것(적재용량 300킬로그램 미만인 것은 제외한다)
라. 소형화물용 엘리베이터: 음식물이나 서적 등 소형 화물의 운반에 적합하게 제조·설치된 엘리베이터로서 사람의 탑승이 금지된 것
마. 에스컬레이터: 일정한 경사로 또는 수평로를 따라 위·아래 또는 옆으로 움직이는 디딤판을 통해 사람이나 화물을 승강장으로 운송시키는 설비

답 승객용 엘리베이터/화물용 엘리베이터/승객화물용 엘리베이터/소형화물용 엘리베이터

167   ☆☆☆

이동식 크레인의 종류 3가지 쓰시오.

해 트럭 크레인/크롤러 크레인/트럭 탑재형/험지형 크레인/전지형 크레인
답 트럭 크레인/트럭 탑재형/크롤러 크레인

168 ☆

다음 설명하는 도저의 명칭을 쓰시오.

> 1. 블레이드가 수평이고, 불도저의 진행 방향에 직각으로 블레이드를 부착한 것으로 주로 굴착 작업
>   에 사용되는 도저
> 2. 블레이드 길이가 길고 낮으며 블레이드의 좌우를 전후 25~30° 각도로 회전시켜 흙을 측면으로 보
>   낼 수 있는 도저
> 3. 블레이드를 상하로 20~30도 정도 기울일 수 있는 도저

해

스트레이트 도저	배토판이 차체 진행 방향에 직각으로 고정되어 있는 도저
틸트 도저	블레이드를 상하로 20~30도 정도 기울일 수 있는 도저
레이크 도저	레이크 부착해 발근용이나 지상 청소 작업에 사용되는 도저
앵글 도저	블레이드의 길이가 길고 낮으며 블레이드의 좌우를 전후 25~30° 각도로 회전시켜 흙을 측면으로 보낼 수 있는 도저
힌지 도저	앵글 도저보다 큰 각으로 움직일 수 있어 흙을 깎아 옆으로 밀어내면서 전진하므로 제설, 제토작업 및 다량의 흙을 전방으로 밀어가는데 적합한 불도저

답 1. 스트레이트 도저   2. 앵글 도저   3. 틸트 도저

169 ☆

앵글 도저와 틸트 도저를 설명하시오.

해 윗 해설 참조

답 앵글 도저 : 블레이드의 길이가 길고 낮으며 블레이드의 좌우를 전후 25 ~ 30° 각도로 회전시켜 흙을
　　　　　　 측면으로 보낼 수 있는 도저

　틸트 도저 : 블레이드를 상하로 20 ~ 30도 정도 기울일 수 있는 도저

170   ☆☆

롤러 표면에 다수의 돌기를 만들어 부착한 것으로 고함수비의 점토질 다짐 및 흙 속의 간극 수압 제거에 이용되는 롤러 명칭을 쓰시오.

해

탠덤롤러	앞뒤 두 개의 차륜이 있으며 각각의 차축이 평행으로 배치된 것으로 찰흙, 점성토 등의 두꺼운 흙을 다짐하는데 적당하나 단단한 각재를 다지는 데는 부적당하며 머캐덤 롤러 다짐 후의 아스팔트 포장에 사용된다.
로드롤러	철제 원통형 롤러가 앞뒤에 각 한개씩 또는 앞에 한 개, 뒤에 두개가 달려 있어서 앞뒤로 오가면서 작업하는 롤러
타이어롤러	고무 타이어에 의해 흙을 다지는 롤러
탬핑롤러	철륜 표면에 다수의 돌기를 붙여 지면 면적을 작게 하여 접지압을 증가시킨 롤러로서 고함수비 점성토 지반의 다짐작업에 적합한 롤러

답 탬핑롤러

171   ☆

굴착기계 중 기계가 서 있는 지반면보다 높은 곳의 땅파기에 적합한 기계 명칭을 쓰시오.

답 파워쇼벨

172 ☆☆☆

해당하는 하중의 종류를 쓰시오.

> 1. 엘리베이터, 리프트 등 구조나 재료에 따라 운반구에 적재하고 상승할 수 있는 적재정량 하중
> 2. 크레인, 이동식 크레인 등이 들어 올릴 수 있는 최대하중
> 3. 크레인, 이동식 크레인 등이 들어 올릴 수 있는 최대하중에서 훅, 크래브 또는 버킷 등 달기 기구의
>   중량에 상당하는 하중을 뺀 하중

해 – 적재하중(movable load)이란 리프트의 구조나 재료에 따라 운반구에 적재하고 상승할 수 있는 최대하중
을 말한다.
– 정격하중(rated load)이란 크레인의 권상하중에서 훅, 크래브 또는 버킷 등 달기기구의 중량에 상당하는
하중을 뺀 하중을 말한다. 다만, 지브가 있는 크레인 등으로서 경사각의 위치, 지브의 길이에 따라 권상능
력이 달라지는 것은 그 위치에서의 권상하중에서 달기기구의 중량을 뺀 나머지 하중을 말한다.
– 권상하중(hoisting load)이란 들어 올릴 수 있는 최대의 하중을 말한다.

답 1. 적재하중　2. 권상하중　3. 정격하중

173 ☆☆☆

거푸집 및 동바리 시공 시 고려해야 하는 하중 종류 3가지 쓰시오.

해 거푸집 및 지보공(동바리)은 여러가지 시공조건을 고려하고 다음 각 호의 하중을 고려하여 설계하여야 한다.
1. 연직방향 하중: 거푸집, 지보공(동바리), 콘크리트, 철근, 작업원, 타설용 기계기구, 가설설비등의 중량 및
충격하중
2. 횡방향 하중: 작업할때의 진동, 충격, 시공오차 등에 기인되는 횡방향 하중이외에 필요에 따라 풍압, 유수
압, 지진 등
3. 콘크리트의 측압: 굳지않은 콘크리트의 측압
4. 특수하중: 시공중에 예상되는 특수한 하중
5. 상기 1 ~ 4호의 하중에 안전율을 고려한 하중

답 특수하중/횡방향 하중/연직방향 하중

174 ☆☆

다음 물음에 답하시오.

> 1. 훅이나 그 밖의 달기구 등을 사용하여 화물을 권상 및 횡행 또는 권상동작만을 하여 양중하는 것
> 2. 달기발판 또는 운반구, 승강장치, 그 밖의 장치 및 이들에 부속된 기계부품에 의하여 구성되고, 와이어로프 또는 달기강선에 의하여 달기발판 또는 운반구가 전용 승강장치에 의하여 오르내리는 설비
> 3. 리프트 종류 3가지
> 4. 주행레일 중심 간의 거리
> 5. 수직면에서 지브 각(angle)의 변화

해 – "크레인"이란 동력을 사용하여 중량물을 매달아 상하 및 좌우(수평 또는 선회를 말한다)로 운반하는 것을 목적으로 하는 기계 또는 기계장치를 말하며, "호이스트"란 훅이나 그 밖의 달기구 등을 사용해 화물을 권상 및 횡행 또는 권상동작만을 하여 양중하는 것을 말한다.

– "곤돌라"란 달기발판 또는 운반구, 승강장치, 그 밖의 장치 및 이들에 부속된 기계부품에 의하여 구성되고, 와이어로프 또는 달기강선에 의하여 달기발판 또는 운반구가 전용 승강장치에 의하여 오르내리는 설비를 말한다.

– 리프트"란 동력을 사용하여 사람이나 화물을 운반하는 것을 목적으로 하는 기계설비로서 다음 각 목의 것을 말한다.

가. 건설용 리프트: 동력을 사용하여 가이드레일(운반구를 지지하여 상승 및 하강 동작을 안내하는 레일)을 따라 상하로 움직이는 운반구를 매달아 사람이나 화물을 운반할 수 있는 설비 또는 이와 유사한 구조 및 성능을 가진 것으로 건설현장에서 사용하는 것

나. 산업용 리프트: 동력을 사용하여 가이드레일을 따라 상하로 움직이는 운반구를 매달아 화물을 운반할 수 있는 설비 또는 이와 유사한 구조 및 성능을 가진 것으로 건설현장 외의 장소에서 사용하는 것

다. 자동차정비용 리프트: 동력을 사용하여 가이드레일을 따라 움직이는 지지대로 자동차 등을 일정한 높이로 올리거나 내리는 구조의 리프트로서 자동차 정비에 사용하는 것

라. 이삿짐운반용 리프트: 연장 및 축소가 가능하고 끝단을 건축물 등에 지지하는 구조의 사다리형 붐에 따라 동력을 사용하여 움직이는 운반구를 매달아 화물을 운반하는 설비로서 화물자동차 등 차량 위에 탑재하여 이삿짐 운반 등에 사용하는 것

– "스팬(span)"이란 주행레일 중심 간의 거리를 말한다.

– "기복(luffing)"이란 수직면에서 지브 각(angle)의 변화를 말한다.

답 1. 호이스트   2. 곤돌라   3. 건설용 리프트/산업용 리프트/자동차정비용 리프트   4. 스팬   5. 기복

175 ☆

곤돌라의 방호장치 중 와이어로프가 과도하게 감기는 것을 방지하는 장치의 명칭을 쓰시오.

🖪 권과방지장치

176 ☆☆

양중기(= 크레인/곤돌라/리프트/승강기 등)에 설치하는 방호장치 4가지 쓰시오.

🖩 사업주는 다음 각 호의 양중기에 과부하방지장치, 권과방지장치(捲過防止裝置), 비상정지장치 및 제동장치, 그 밖의 방호장치[(승강기의 파이널 리미트 스위치(final limit switch), 속도조절기, 출입문 인터 록(inter lock) 등을 말한다]가 정상적으로 작동될 수 있도록 미리 조정해 두어야 한다.
🖪 제동장치/비상정지장치/권과방지장치/과부하방지장치

177 ☆

승강기에 설치해 정상적으로 작동될 수 있도록 미리 조정해 둬야 하는 방호장치 5가지 쓰시오.

🖩 사업주는 다음 각 호의 양중기에 과부하방지장치, 권괴방지장치(捲過防止裝置), 비상정지장치 및 제동장치, 그 밖의 방호장치[(승강기의 파이널 리미트 스위치(final limit switch), 속도 조절기, 출입문 인터 록(inter lock) 등을 말한다]가 정상적으로 작동될 수 있도록 미리 조정해 두어야 한다.
🖪 제동장치/비상정지장치/권과방지장치/과부하방지장치/파이널 리미트 스위치

178 ☆☆

하역 운반기계인 지게차에 설치하는 방호장치 3가지 쓰시오.

🖩 지게차 방호장치: 헤드 가드, 백레스트(backrest), 전조등, 후미등, 안전벨트
🖪 전조등/후미등/백레스트

179 ☆

사다리를 설치해 사용함에 있어 바닥과 미끄럼 방지를 하는 안전장치를 부착해야 한다. 적합한
미끄럼 방지장치 1가지씩 쓰시오.

1. 지반이 평탄한 맨땅	2. 실내용	3. 돌마무리 또는 인조석 깔기 마감한 바닥용

🖩 사업주는 사다리를 설치하여 사용함에 있어서 다음 각 호의 사항을 준수하여야 한다.
   1. 사다리 지주의 끝에 고무, 코르크, 가죽, 강스파이크 등을 부착시켜 바닥과의 미끄럼을 방지하는 안전장치
      가 있어야 한다.
   2. 쐐기형 강스파이크는 지반이 평탄한 맨땅 위에 세울 때 사용하여야 한다.
   3. 미끄럼방지 판자 및 미끄럼 방지 고정쇠는 돌 마무리 또는 인조석 깔기 마감한 바닥용으로 사용하여야 한다.
   4. 미끄럼방지 발판은 인조고무 등으로 마감한 실내용을 사용하여야 한다.
🖺 1. 쐐기형 강스파이크   2. 인조고무   3. 미끄럼방지 판자

180 ☆

시설물의 안전 및 유지관리에 관한 특별법상 정밀안전진단의 정의를 쓰시오.

🖩 "정밀안전진단"이란 시설물의 물리적·기능적 결함을 발견하고 그에 대한 신속하고 적절한 조치를 하기 위하
   여 구조적 안전성과 결함의 원인 등을 조사·측정·평가하여 보수·보강 등의 방법을 제시하는 행위를 말한다.
🖺 시설물의 물리적 결함을 발견하고 적절한 조치를 하기 위해 결함 원인 등을 조사해 보수 등의 방법을
   제시하는 행위

181 ☆

콘크리트 굳음 여부에 따른 시험 종류 각 2가지씩 쓰시오.

해

종별	시험 종목
굳지 아니한 콘크리트 (레미콘 포함)	배합설계
	현장배합수정
	온도
	슬럼프 또는 슬럼프플로
	공기량
	염화물 함유량
	단위수량
굳은 콘크리트 (레미콘 포함)	압축 강도
	휨 강도

답 – 굳은 콘크리트 : 휨 강도/압축 강도 – 굳지 않은 콘크리트 : 온도/공기량

182

☆

해당하는 안전보건관리 조직의 형태를 쓰시오.

- 안전관리 전담하는 스태프를 두고 안전관리에 대한 계획, 조사, 검토 등을 행하는 관리방식이다.
- 안전지식, 기술 축적이 용이하다.
- 안전전문가가 문제해결방안을 모색한다.
- 권한 다툼이나 조정 때문에 통제 수속이 복잡해지며 시간과 노력이 소모된다.
- 스태프는 경영자의 조언, 자문 역할을 한다.
- 생산부문은 안전에 대한 책임과 권한이 없다.

해설은 다음 페이지에 ~

해

종류	라인(직계)형
정의	안전관리 계획부터 실시에 이르기까지 모든 안전 업무를 생산라인 통해 수직적으로 이뤄지는 조직
규모	소규모(100명 이하)
장점	• 안전 지시 및 명령계통 철저 • 신속한 안전대책 실시 • 명령 보고 일원화, 간단명료
단점	• 안전지식 및 기술 축적 어려움 • 안전 정보 수집, 신기술개발 미흡

종류	스태프(참모)형
정의	• 안전업무 감독하는 참모를 두고 안전관리 계획조정/조사/검토 등 업무와 현장 기술 지원을 담당 하도록 편성된 조직 • 스태프 주역할 1. 실시계획의 추진 2. 안전관리 계획안의 작성 3. 정보수집과 주지, 활용
규모	중규모(100~1,000명)
장점	• 사업장의 특수성에 적합한 기술 연구를 전문적으로 할 수 있다. • 경영자의 자문/조언 역할 • 빠른 안전정보 수집 • 안전전문가가 안전계획을 세워 문제해결 방안을 모색하고 조치한다. • 안전업무가 표준화되어 직장에 정착하기 쉽다.
단점	• 신속, 정확하지 않은 작업자에게까지의 안전 지시 • 생산부분에는 안전에 대한 책임과 권한이 없다. • 권한다툼으로 인한 시간 소비 • 생산부분에 협력하여 안전명령 전달, 실시하므로 안전지시가 용이하지 않으며 안전과 생산을 별개로 취급하기 쉽다.

종류	라인스태프형(직계참모형)
정의	라인형과 스태프형 장점을 취한 절충식 조직 형태이며 이상적인 조직
규모	대규모(1,000명 이상)
장점	• 안전지식 및 기술 축적 쉬움 • 독자적 안전개선책 강구 가능 • 신속정확한 작업자에게까지의 안전지시 • 안전 활동과 생산업무가 분리 가능성이 낮기 때문에 균형을 유지할 수 있다. • 라인의 관리감독자에게도 안전에 관한 책임과 권한이 부여된다. • 조직원 전원을 자율적으로 안전 활동에 참여시킬 수 있다.
단점	• 명령계통과 조언의 권고적 참여 혼동 • 스탭의 월권행위의 경우가 있으며 라인 스탭에 의존 또는 활용치 않는 경우가 있다.

답 스태프형

183　　　　　　　　　　　　　　　　　　　　　　　　　☆

산업안전보건 조직 중 라인형 조직의 장단점을 각각 1가지씩 쓰시오.

해 윗 해설 참조

답 장점 : 명령 보고가 간단명료하다.　 단점 : 안전지식 및 기술 축적이 어렵다.

184　　　　　　　　　　　　　　　　　　　　　　　　　☆

산업안전보건 조직 중 직계참모형 조직을 설명하시오.

해 윗 해설 참조

답 라인형과 스태프형 장점을 취한 절충식 조직 형태이며 안전지식 및 기술 축적이 쉽다.

185 ☆

거푸집 조립 순서를 쓰시오.

해 압쇄기에 의한 파쇄작업 순서는 슬래브, 보, 벽체, 기둥의 순서로 해체하여야 한다.
조립은 거꾸로 한다.

답 기둥 → 벽 → 보 → 슬래브

186 ★

다음 규모에서 선임해야 하는 안전관리자 수를 쓰시오.

> 1. 총공사금액 120억원 이상 800억원 미만인 건설업
> 2. 총공사금액 800억원 이상 1,500억원 미만인 건설업
> 3. 총공사금액 1,500억원 이상 2,200억원 미만인 건설업
> 4. 총공사금액 1,800억원인 건설업
> 5. 총공사금액 2,200억원 이상 3,000억원 미만인 건설업
> 6. 총공사금액 1조원 이상인 건설업
> 7. 총공사금액 2,500억원인 건설업
> 8. 상시근로자 500명인 운수업
> 9. 상시근로자 1,000명인 토사석 광업
> 10. 총공사금액 3,300억 원인 건설업
> 11. 총공사금액 7,200억원 이상 8,500억원 미만인 건설업

해

사업 종류	사업장 상시근로자 수	안전관리자 수
1. 토사석 광업 2. 식료품 제조업, 음료 제조업 3. 섬유제품 제조업 : 의복 제외 4. 1차 금속 제조업 5. 목재 및 나무제품 제조업 : 가구 제외 6. 발전업 7. 펄프, 종이 및 종이제품 제조업 8. 운수 및 창고업 9. 코크스, 연탄 및 석유정제품 제조업 10. 가구 제조업 11. 화학물질 및 화학제품 제조업 : 의약품 제외	상시근로자 50명 이상 500명 미만	1명 이상
12. 의료용 물질 및 의약품 제조업 13. 전기장비 제조업 14. 고무 및 플라스틱제품 제조업 15. 기타 제품 제조업 16. 비금속 광물제품 제조업 17. 기타 운송장비 제조업 18. 금속가공제품 제조업 : 기계 및 가구 제외 19. 전자부품, 컴퓨터, 영상, 음향 및 통신장비 제조업 20. 의료, 정밀, 광학기기 및 시계 제조업 21. 기타 기계 및 장비 제조업 22. 환경 정화 및 복원업 23. 자동차 및 트레일러 제조업 24. 산업용 기계 및 장비 수리업 25. 서적, 잡지 및 기타 인쇄물 출판업 26. 폐기물 수집, 운반, 처리 및 원료 재생업 27. 자동차 종합 수리업, 자동차 전문 수리업	상시근로자 500명 이상	2명 이상

28. 농업, 임업 및 어업　29. 청소년 수련시설 운영업 30. 제2호~제21호까지의 사업을 제외한 제조업 31. 전기, 가스, 증기 및 공기조절 공급업(발전업 제외) 32. 수도/하수/폐기물 처리, 원료 재생업(제23, 24호 해당 사업 제외) 33. 사업시설 관리 및 조경 서비스업 34. 도매 및 소매업　35. 숙박 및 음식점업　36. 부동산업 37. 영상·오디오 기록물 제작 및 배급업 38. 라디오 방송업 및 텔레비전 방송업	상시근로자 50명 이상 1천명 미만	1명 이상
39. 예술, 스포츠 및 여가 관련 서비스업 40. 우편 및 통신업　41. 임대업 : 부동산 제외　42. 보건업 43. 연구개발업　44. 사진처리업 45. 개인 및 소비용품수리업(제25호 해당 사업 제외) 46. 기타 개인 서비스업 47. 공공행정(청소, 시설관리, 조리 등 현업업무에 종사하는 사람으로서 　　고용노동부장관이 정하여 고시하는 사람으로 한정한다) 48. 교육서비스업 중 초등·중등·고등 교육기관, 특수학교·외국인학교 　　및 대안학교(청소, 시설관리, 조리 등 현업업무에 종사하는 사람으 　　로서 고용노동부장관이 정하여 고시하는 사람으로 한정한다)	상시근로자 1천명 이상	2명 이상
49. 건설업	공사금액 50억원 이상 800억원 미만	1명 이상
	공사금액 800억원 이상 1,500억원 미만	2명 이상
	공사금액 1,500억원 이상 2,200억원 미만	3명 이상
	공사금액 2,200억원 이상 3천억원 미만	4명 이상
	공사금액 3천억원 이상 3,900억원 미만	5명 이상
	공사금액 3,900억원 이상 4,900억원 미만	6명 이상
	공사금액 4,900억원 이상 6천억원 미만	7명 이상
	공사금액 6천억원 이상 7,200억원 미만	8명 이상
	공사금액 7,200억원 이상 8,500억원 미만	9명 이상
	공사금액 8,500억원 이상 1조원 미만	10명 이상
	1조원 이상	11명 이상

🔲 1. 1명 이상　　2. 2명 이상　　3. 3명 이상　　4. 3명 이상　　5. 4명 이상
6. 11명 이상　　7. 4명 이상　　8. 2명 이상　　9. 2명 이상　　10. 5명 이상
11. 9명 이상

187 ☆

다음 조건의 안전관리자 인원을 쓰시오.

> 1. 총 공사금액 1,800억 원인 건설업
> 2. 총 공사금액 1,800억 원인 건설업(전체 공사기간 중 전, 후 15에 해당하는 기간)

해

공사금액 1,500억원 이상 2,200억원 미만 건설업	3명 이상. 다만, 전체 공사기간 중 전·후 15에 해당하는 기간은 2명 이상으로 한다.

답 1. 3명 이상   2. 2명 이상

188 ☆☆

터널공사 시 작업 면에 적합한 조도기준을 쓰시오.

> 1. 터널중간 구간   2. 터널 입출구, 수직구 구간   3. 막장 구간

해 작업면에 대한 조도 기준

작업기준	기준
막장구간	70Lux 이상
터널중간구간	50Lux 이상
터널 출입구, 수직구 구간	30Lux 이상

답 1. 50Lux 이상   2. 30Lux 이상   3. 70Lux 이상

189 ☆

재해 분석법 중 통계적 원인분석법 2가지 쓰시오.

해 재해 통계적 원인분석법 종류

파레토도	분류항목 큰 순서대로 도표화한 분석법
클로즈분석도	데이터를 집계하고 표로 표시해 요인별 결과 내역을 교차한 클로즈 그림을 작성하는 분석법
특성요인도	특성과 요인관계를 도표로 하여 어골상으로 세분화한 분석법
관리도	산업재해의 분석 및 평가를 위하여 재해발생건수 등의 추이에 대해 한계선을 설정하여 목표 관리를 수행하는 재해통계 분석기법

답 관리도/파레토도

190 ☆

버드의 재해구성비율을 적고 그 의미를 설명하시오.

답 1 : 10 : 30 : 600이며 총 사고 발생건수 641건 중 중상, 폐질 1회, 경상 10회, 무상해사고 30회, 무상해, 무사고 600회 비율로 있다.

191 ☆

하인리히의 사고빈도법칙(= 재해구성비율)을 적고 그 의미를 설명하시오.

답 1 : 29 : 300이고, 총 사고 발생건수 330건 중 중상과 사망 1회, 경상 29회, 무상해사고 300회 비율로 있다.

192 ☆☆☆☆☆

하인리히의 재해 예방대책 5단계를 순서대로 쓰시오.

🔳 하인리히 사고예방대책의 기본원리

1단계	조직 (안전관리조직)	• 지도경영층 안전목표 설정 • 안전관리조직 구성 • 안전 활동 및 계획 수립	
2단계	사실 발견 (현상파악)	• 작업분석 • 사고조사 • 안전점검 • 안전회의 • 사고 및 안전활동 기록	
3단계	분석평가 (원인규명)	• 사고조사 결과 분석 • 불안전 행동 및 상태 분석 • 작업공정 분석 • 교육분석	
4단계	시정책 선정	• 기술 개선 • 교육 개선 • 안전수칙 개선 • 인사조정 • 이행 감독과 제재 강화	
5단계	시정책 적용	• 목표설정 • 3E(기술/교육/관리) 적용	

🔳 조직 → 사실 발견 → 분석평가 → 시정책 선정 → 시정책 적용

193 ☆☆

하인리히의 사고방지 대책 5단계 중 시정책 적용 단계서 적용하는 3E를 쓰시오.

🔳 Education(안전교육)/Engineering(안전기술)/Enforcement(안전규제)

194 ☆☆

하인리히의 산업재해 예방 4원칙을 쓰시오.

🔳 1. 원인계기의 원칙: 재해 발생에는 무조건 원인이 있다.
2. 손실우연의 원칙: 한 사고 결과로 생긴 재해손실은 우연성에 의해 결정된다.
3. 대책선정의 원칙: 재해예방을 위한 안전대책은 무조건 있다.
4. 예방가능의 원칙: 재해는 원칙적으로 원인만 제거하면 예방가능하다.

🔳 원인계기 원칙/손실우연 원칙/대책선정 원칙/예방가능 원칙

195 ☆☆☆

무재해운동의 3기둥(= 3요소)를 쓰시오.

해

무재해 운동 3기둥 (3요소)	소집단 자주활동 활성화	일하는 작업자가 안전보건을 자신의 문제이며 동시에 같은 동료 문제 로 진지하게 받아들여 직장 동료와의 협동노력으로 자주적으로 추진 해 가는 것이 필요하다.
	최고 경영자 경영자세	• 안전보건은 최고경영자의 무재해/무질병에 대한 확고한 경영자세 로부터 시작된다. • "일하는 모두가 중요하다"라는 최고경영자의 인간존중의 결의로 무재해운동이 시작된다.
	라인 관리자에 의한 안전보건 추진	안전보건 추진하는 데는 라인관리자들의 생산활동 속에 안전보건을 접목시켜 실천하는 것이 꼭 필요하다.

답 최고 경영자 경영자세/소집단 자주활동 활성화/라인 관리자에 의한 안전보건 추진

196 ☆☆☆

작업 현장에서 실시하는 TBM의 내용이다. 빈칸을 채우시오.

1. 소요시간은 (A   )분이 적당하다.
2. 인원은 (B   )명 이하로 구성한다.
3. 진행과정은 이렇다.

제 1단계	도입
제 2단계	(C)
제 3단계	작업지시
제 4단계	(D)
제 5단계	확인

답 A: 10   B: 10   C: 점검정비   D: 위험예측

197 ☆☆☆

건설공사에서 작성하는 유해위험방지계획서 제출 시 첨부서류 중 '공사 개요 및 안전보건관리
계획'에 해당하는 항목 5가지 쓰시오.

🔖 유해위험방지계획서 첨부서류

1. 공사 개요 및 안전보건관리계획
   가. 공사 개요서
   나. 공사현장의 주변 현황 및 주변과의 관계를 나타내는 도면(매설물 현황 포함)
   다. 전체 공정표
   라. 산업안전보건관리비 사용계획서
   마. 안전관리 조직표
   바. 재해 발생 위험 시 연락 및 대피방법
2. 작업 공사 종류별 유해위험방지계획

📖 1. 공사 개요서
   2. 전체 공정표
   3. 안전관리 조직표
   4. 재해 발생 위험 시 대피방법
   5. 산업안전보건관리비 사용계획서

198 ☆☆☆☆

산업안전보건법상 유해위험 방지 계획서 제출 대상 건설업이다. 빈칸을 채우시오.

> 1. 지상높이가 (　A　)m 이상인 건축물 또는 인공구조물 공사
> 2. 최대 지간길이가 (　B　)m 이상인 교량 건설 등의 공사
> 3. 다목적댐, 발전용 댐 및 저수용량 (　C　)톤 이상 용수 전용 댐, 지방상수도 전용 댐 건설 등의 공사
> 4. 연면적 (　D　)m² 이상의 냉동, 냉장 창고시설의 설비공사 및 단열공사
> 5. 깊이 (　E　)m 이상인 (　F　)

🅗 1. 다음 각 목의 어느 하나에 해당하는 건축물 또는 시설 등의 건설·개조 또는 해체(이하 "건설등"이라 한다) 공사
　　가. 지상높이가 31미터 이상인 건축물 또는 인공구조물
　　나. 연면적 3만제곱미터 이상인 건축물
　　다. 연면적 5천제곱미터 이상인 시설로서 다음의 어느 하나에 해당하는 시설
　　　　1) 문화 및 집회시설(전시장 및 동물원·식물원은 제외한다)
　　　　2) 판매시설, 운수시설(고속철도의 역사 및 집배송시설은 제외한다)
　　　　3) 종교시설
　　　　4) 의료시설 중 종합병원
　　　　5) 숙박시설 중 관광숙박시설
　　　　6) 지하도상가
　　　　7) 냉동·냉장 창고시설
　　2. 연면적 5천제곱미터 이상인 냉동·냉장 창고시설의 설비공사 및 단열공사
　　3. 최대 지간(支間)길이(다리의 기둥과 기둥의 중심사이의 거리)가 50미터 이상인 다리의 건설등 공사
　　4. 터널의 건설등 공사
　　5. 다목적댐, 발전용댐, 저수용량 2천만톤 이상의 용수 전용 댐 및 지방상수도 전용 댐의 건설등 공사
　　6. 깊이 10미터 이상인 굴착공사

🅐 A: 31　B: 50　C: 2천만　D: 5,000　E: 10　F: 굴착공사

199

산업안전보건법에 의해 사업장의 안전보건을 유지하기 위해 작성해야 하는 안전보건관리 규정의 작성 및 변경에 관한 내용이다. 빈칸을 채우시오.

> 1. (A)가 설치되어 있지 아니한 사업장 경우 (B)의 동의를 들어야 한다.
> 2. 사업주는 안전보건개선계획을 수립할 시 (A)의 심의를 거쳐야 한다.
> 3. 안전보건관리규정을 작성하는 농업 및 어업은 상시근로자 (C)명 이상을 사용하는 사업이다.
> 4. 사업주는 안전보건관리규정을 작성하여야 할 사유가 발생한 날부터 (D)일 이내에 안전보건 관리규정을 작성해야 한다.
> 5. 안전보건관리규정을 작성하는 건설업은 상시근로자 (E)명 이상을 사용하는 사업이다.
> 6. 사업주는 안전보건관리규정을 변경하여야 할 사유가 발생한 날부터 (F)일 이내에 안전보건관 리규정을 변경해야 한다.

解 – 사업주는 안전보건관리규정을 작성하거나 변경할 때에는 산업안전보건위원회의 심의·의결을 거쳐야 한다. 다만, 산업안전보건위원회가 설치되어 있지 아니한 사업장의 경우에는 근로자대표의 동의를 받아야 한다.
　　– 안전보건관리규정을 작성해야 할 사업 종류 및 상시근로자 수

사업의 종류	상시근로자 수
1. 농업 2. 어업 3. 소프트웨어 개발 및 공급업 4. 컴퓨터 프로그래밍, 시스템 통합 및 관리업 4의2. 영상·오디오물 제공 서비스업 5. 정보서비스업 6. 금융 및 보험업 7. 임대업 ; 부동산 제외 8. 전문, 과학 및 기술 서비스업(연구개발업은 제외한다) 9. 사업지원 서비스업 10. 사회복지 서비스업	300명 이상
11. 제1호부터 제4호까지, 제4호의2 및 제5호부터 제10호까지의 사업을 제외한 사업(=건설업)	100명 이상

　　– 사업주는 안전보건관리규정을 작성해야 할 사유가 발생한 날부터 30일 이내에 별표의 내용을 포함한 안전보건관리규정을 작성해야 한다. 이를 변경할 사유가 발생한 경우에도 또한 같다.

答 A : 산업안전보건위원회　B : 근로자 대표　C : 300　D : 30　E : 100　F : 30

200　　☆

안전보건개선 계획 수립에 관한 내용이다. 빈칸을 채우시오.

> 사업주는 안전보건개선계획을 수립할 때에는 (　A　)의 심의를 거쳐야 한다. 다만, (　A　)가 설치되어 있지 아니한 사업장의 경우에는 (　B　)의 의견을 들어야 한다.

해 사업주는 안전보건개선계획을 수립할 때에는 산업안전보건위원회의 심의를 거쳐야 한다. 다만, 산업안전보건위원회가 설치되어 있지 아니한 사업장의 경우에는 근로자 대표의 의견을 들어야 한다.

답 A: 산업안전보건위원회　　B: 근로자 대표

201　　☆☆☆

안전보건개선 계획서 제출에 관한 내용이다. 빈칸을 채우시오.

> 1. 안전보건개선 계획서를 제출해야 하는 사업주는 안전보건개선계획서 수립, 시행명령을 받은 날부터 (　A　) 이내에 관할 지방고용노동관서의 장에게 해당 계획서를 제출(전자문서로 제출하는 것을 포함)해야 한다.
> 2. 안전보건 개선계획서에는 시설, (　B　), (　C　), 산업재해예방 및 작업환경의 개선을 위해 필요한 사항이 포함되어야 한다.

해 － 안전보건개선계획서를 제출해야 하는 사업주는 법에 따른 안전보건개선계획서 수립·시행 명령을 받은 날부터 60일 이내에 관할 지방고용노동관서의 장에게 해당 계획서를 제출(전자문서로 제출하는 것을 포함한다)해야 한다.
－ 안전보건개선계획서에는 시설, 안전보건관리체제, 안전보건교육, 산업재해 예방 및 작업환경의 개선을 위하여 필요한 사항이 포함되어야 한다.

답 A: 60일　　B: 안전보건관리체제　　C: 안전보건교육

202

☆

공정안전보고서의 이행 상태에 관한 평가에 관한 내용이다. 빈칸을 채우시오.

> 1. 고용노동부장관은 공정안전보고서의 확인 후 1년이 지난 날부터 (A)년 이내에 공정안전보고
>   서 이행 상태의 평가를 해야 한다.
> 2. 이행상태 평가 후 사업주가 이행상태 평가를 요청하는 경우에는 (B)마다 이행상태평가를 할
>   수 있다.
> 3. 고용노동부장관은 이행상태평가 후 (C)마다 이행상태평가를 해야 한다.

🔓 1. 고용노동부장관은 공정안전보고서의 확인(신규로 설치되는 유해하거나 위험한 설비의 경우에는 설치 완
   료 후 시운전 단계에서의 확인을 말한다) 후 1년이 지난 날부터 2년 이내에 공정안전보고서 이행 상태의
   평가(이하 "이행상태평가"라 한다)를 해야 한다.
   2. 고용노동부장관은 제1항에 따른 이행상태평가 후 4년마다 이행상태평가를 해야 한다. 다만, 다음 각 호의
   어느 하나에 해당하는 경우에는 1년 또는 2년마다 이행상태평가를 할 수 있다.
   1. 이행상태 평가 후 사업주가 이행상태 평가를 요청하는 경우
   2. 사업장에 출입하여 검사 및 안전·보건점검 등을 실시한 결과 변경요소 관리계획 미준수로 공정안전보고
   서 이행상태가 불량한 것으로 인정되는 경우 등 고용노동부장관이 정하여 고시하는 경우

📋 A: 2   B: 1년 또는 2년   C: 4년

203

☆

사업장에서 산업재해 발생 시 보고에 관한 내용이다. 빈칸을 채우시오.

> 사업주는 산업재해로 사망자가 발생하거나 (A) 이상의 휴업이 필요한 부상을 입거나 질병에 걸
> 린 사람이 발생한 경우에는 법에 따라 해당 산업재해가 발생한 날부터 (B) 이내에 (C)를 작
> 성하여 관할 지방고용노동관서의 장에게 제출(전자문서로 제출하는 것을 포함한다)해야 한다.

🔓 사업주는 산업재해로 사망자가 발생하거나 3일 이상의 휴업이 필요한 부상을 입거나 질병에 걸린 사람이 발
   생한 경우에는 법에 따라 해당 산업재해가 발생한 날부터 1개월 이내에 산업재해조사표를 작성하여 관할 지
   방고용노동관서의 장에게 제출(전자문서로 제출하는 것을 포함한다)해야 한다.

📋 A: 3일   B: 1개월   C: 산업재해조사표

204 ☆

노사협의체의 설치, 구성 및 운영에 관한 내용이다. 빈칸을 채우시오.

1. 노사협의체 정기회의는 (A)마다 노사협의체 위원장이 소집한다.
2. 노사협의체를 구성하는 건설업은 공사금액이 (B)원 이상인 건설업이다.
3. 노사협의체 근로자위원과 사용자위원은 합의를 통해 노사협의체에 공사금액이 (C)미만인 도급 또는 하도급 사업의 사업주 및 근로자 대표를 위원으로 위촉할 수 있다.

해 – 노사협의체의 회의는 정기회의와 임시회의로 구분하여 개최하되, 정기회의는 2개월마다 노사협의체의 위원장이 소집하며, 임시회의는 위원장이 필요하다고 인정할 때에 소집한다.
 – 노사협의체 설치 대상은 공사금액이 120억원(「건설산업기본법 시행령」별표의 종합공사를 시공하는 업종의 건설업종란 제1호에 따른 토목공사업은 150억원) 이상인 건설공사를 말한다.
 – 노사협의체의 근로자위원과 사용자위원은 합의하여 노사협의체에 공사금액이 20억원 미만인 공사의 관계수급인 및 관계수급인 근로대표를 위원으로 위촉할 수 있다.

답 A: 2개월 B: 120억 C: 20억원

205   ☆☆☆☆

산업안전보건관리비에 대한 내용이다. 빈칸을 채우시오.

> 1. 건설사업자가 아닌 자가 운영하는 사업에서 안전보건 업무를 총괄·관리하는 3명 이상으로 구성된 본사 전담조직에 소속된 근로자의 임금 및 업무수행 출장비 전액. 다만, 제4조에 따라 계상된 산업 안전보건관리비 총액의 (A)을 초과할 수 없다.
> 2. (B)이란 관련 규정에서 정하는 공사원가계산서 구성항목 중 직접재료비, 간접재료비와 직접 노무비를 합한 금액을 말한다.
> 3. 적용범위는 적용 건설공사 중 총공사금액 (C) 이상인 공사에 적용한다.
> 4. 대상액 구분되어 있지 않은 공사는 도급계약 또는 자체사업계획상 책정된 총공사금액의 (D)%에 해당하는 금액을 대상액으로 산정한다.
> 5. (E)란 건설공사의 시공을 주도하여 총괄·관리하는 자(발주자로부터 건설공사를 최초로 도급 받은 수급인은 제외한다)를 말한다.

해 – 「중대재해 처벌 등에 관한 법률 시행령」 제4조제2호나목에 해당하는 건설사업자가 아닌 자가 운영하는 사업에서 안전보건 업무를 총괄·관리하는 3명 이상으로 구성된 본사 전담조직에 소속된 근로자의 임금 및 업무수행 출장비 전액. 다만, 제4조에 따라 계상된 산업안전보건관리비 총액의 20분의 1을 초과할 수 없다.
 – "산업안전보건관리비 대상액"(이하 "대상액"이라 한다)이란 「예정가격 작성기준」(기획재정부 계약예규) 및 「지방자치단체 입찰 및 계약집행기준」(행정안전부 예규) 등 관련 규정에서 정하는 공사원가계산서 구성항목 중 직접재료비, 간접재료비와 직접노무비를 합한 금액(발주자가 재료를 제공할 경우에는 해당 재료비를 포함한다)을 말한다.
 – 적용범위는 적용 건설공사 중 총공사금액 2천만 원 이상인 공사에 적용한다.
 – 대상액이 명확하지 않은 경우: 제4조제1항의 도급계약 또는 자체사업계획상 책정된 총공사금액의 10분의 7(= 70%)에 해당하는 금액을 대상액으로 하고 제1호 및 제2호에서 정한 기준에 따라 계상
 – "자기공사자"란 건설공사의 시공을 주도하여 총괄·관리하는 자(발주자로부터 건설공사를 최초로 도급받은 수급인은 제외한다)를 말한다.

답 A: 20분의 1   B: 산업안전보건관리비 대상액   C: 2천만 원   D: 70   E: 자기공사자

206 ☆☆☆

산업안전보건관리비의 사용항목 6가지 쓰시오.

해 도급인과 자기공사자는 산업안전보건관리비를 산업재해예방 목적으로 다음 각 호의 기준에 따라 사용하여야 한다.
1. 안전관리자·보건관리자의 임금 등
2. 안전시설비 등
3. 보호구 등
4. 안전보건진단비 등
5. 안전보건교육비 등
6. 근로자 건강장해예방비 등
7. 건설재해예방전문지도기관의 지도에 대한 대가로 자기공사자가 지급하는 비용
8. 본사 전담조직에 소속된 근로자의 임금 및 업무수행 출장비 전액
9. 위험성평가 또는 유해·위험요인 개선을 위해 필요하다고 판단하여 산업안전보건위원회 또는 노사협의체에서 사용하기로 결정한 사항을 이행하기 위한 비용

답 보호구/안전시설비/안전보건진단비/안전보건교육비/안전관리자 임금/근로자 건강장해예방비

207 ☆☆☆

다음 중 산업안전보건관리비로 사용 가능한 것을 고르시오.

1. 출입금지 표지, 가설 울타리	2. 안전관리자가 업무수행을 위해 구입한 책 비용
3. 감리인에게 지급하는 안전모	4. 산업재해 예방을 위한 안전난간 설치비용
5. 토사유실방지 위한 설비	6. 건설공사 현장에서 실시되는 안전기원제

답 2/4/6

※ 산업안전보건관리비 정보는 제 네이버 카페 교육자료 코너에 있으니 꼭 다운로드 ~!

208 ☆

산업안전보건법에 의해 안전관리비에서 관리감독자 안전보건업무 수행 시 수당지급이 가능한 작업 5가지 쓰시오.

🖩 관리감독자 안전보건업무 수행 시 수당지급 작업
1. 건설용 리프트·곤돌라를 이용한 작업
2. 콘크리트 파쇄기를 사용하여 행하는 파쇄작업 (2미터 이상인 구축물 파쇄에 한정한다)
3. 굴착 깊이가 2미터 이상인 지반의 굴착작업
4. 흙막이지보공의 보강, 동바리 설치 또는 해체작업
5. 터널 안에서의 굴착작업, 터널거푸집의 조립 또는 콘크리트 작업
6. 굴착면의 깊이가 2미터 이상인 암석 굴착 작업
7. 거푸집지보공의 조립 또는 해체작업
8. 비계의 조립, 해체 또는 변경작업
9. 건축물의 골조, 교량의 상부구조 또는 탑의 금속제의 부재에 의하여 구성되는 것(5미터 이상에 한정한다)의 조립, 해체 또는 변경작업
10. 콘크리트 공작물(높이 2미터 이상에 한정한다)의 해체 또는 파괴 작업
11. 전압이 75볼트 이상인 정전 및 활선작업
12. 맨홀작업, 산소결핍장소에서의 작업
13. 도로에 인접하여 관로, 케이블 등을 매설하거나 철거하는 작업
14. 전주 또는 통신주에서의 케이블 공중가설작업

🗒 맨홀작업/비계 해체작업/터널 안 굴착작업/건설용리프트 이용작업/전압 75V 이상 정전작업

209 ☆☆☆

공사진척에 따른 안전관리비 사용기준이다. 빈칸을 채우시오.

공정률	50% 이상 70% 미만	70% 이상 90% 미만	90% 이상
사용기준	(A)	(B)	(C)

🖩 공사진척에 따른 안전관리비 사용기준

공정률	50% 이상 70% 미만	70% 이상 90% 미만	90% 이상
사용기준	50% 이상	70% 이상	90% 이상

* 공정률은 기성공정률을 기준으로 한다.
🗒 A: 50% 이상   B: 70% 이상   C: 90% 이상

210 ☆☆☆

섬유로프의 사용금지 기준 2가지 쓰시오.

📖 사업주는 다음 각 호의 어느 하나에 해당하는 섬유로프 등을 화물운반용 또는 고정용으로 사용해서는 아니된다.
1. 꼬임이 끊어진 것
2. 심하게 손상되거나 부식된 것

📝 꼬임 끊어진 것/심하게 부식된 것

211 ☆☆

달비계에 사용하는 달기 체인의 사용금지 기준 3가지 쓰시오.

📖 다음 각 목의 어느 하나에 해당하는 달기 체인을 달비계에 사용해서는 아니 된다.
1. 달기 체인의 길이가 달기 체인이 제조된 때의 길이의 5퍼센트 초과한 것
2. 링의 단면지름이 달기 체인이 제조된 때의 해당 링의 지름의 10퍼센트를 초과하여 감소한 것
3. 균열이 있거나 심하게 변형된 것

📝
1. 심하게 변형된 것
2. 달기 체인 길이가 제조된 때 길이의 5% 초과한 것
3. 링 단면 지름이 제조된 때의 10% 초과해 감소한 것

212 ☆

달비계에 이용되는 작업용 섬유로프나 안전대 섬유벨트의 사용금지기준 3가지 쓰시오.

📖 달비계에 다음 각 목의 작업용 섬유로프 또는 안전대의 섬유벨트를 사용하지 않을 것
가. 꼬임이 끊어진 것
나. 심하게 손상되거나 부식된 것
다. 2개 이상의 작업용 섬유로프 또는 섬유벨트를 연결한 것
라. 작업높이보다 길이가 짧은 것

📝 꼬임 끊어진 것/심하게 부식된 것/작업높이보다 길이 짧은 것

213   ☆☆☆☆

달비계에 사용할 수 없는 권상용 와이어로프의 사용금지 기준 3가지 쓰시오.

🔠 다음 각 목의 어느 하나에 해당하는 와이어로프를 달비계에 사용해서는 아니 된다.
　가. 이음매가 있는 것
　나. 와이어로프의 한 꼬임[(스트랜드(strand)를 말한다. 이하 같다)]에서 끊어진 소선(素線)[필러(pillar)선은
　　　제외한다)]의 수가 10퍼센트 이상(비자전로프의 경우에는 끊어진 소선의 수가 와이어로프 호칭지름의 6
　　　배 길이 이내에서 4개 이상이거나 호칭지름 30배 길이 이내에서 8개 이상)인 것
　다. 지름의 감소가 공칭지름의 7퍼센트를 초과하는 것
　라. 꼬인 것
　마. 심하게 변형되거나 부식된 것
　바. 열과 전기충격에 의해 손상된 것
🔠 꼬인 것/이음매 있는 것/심하게 변형된 것

214   ☆☆

양중기에 사용하는 와이어로프의 사용금지 기준이다. 빈칸을 채우시오.

> 1. 와이어로프의 한 꼬임에서 끊어진 소선의 수가 (　A　)% 이상인 것
> 2. 지름 감소가 (　B　)의 (　C　)%를 초과하는 것

🔠 윗 해설 참조
🔠 A : 10　　B : 공칭지름　　C : 7

215   ☆☆☆

와이어로프의 안전계수 정의를 쓰시오.   .

🔠 달비계(곤돌라의 달비계는 제외한다)의 최대 적재하중을 정하는 경우 그 안전계수는 와이어로프 등의 절단
　하중 값을 그 와이어로프 등에 걸리는 하중의 최대값으로 나눈 값을 말한다.
🔠 와이어로프 등의 절단하중 값을 그 와이어로프 등에 걸리는 하중의 최대값으로 나눈 값

216 ☆☆☆☆☆

달기 와이어로프 등의 안전계수를 쓰시오.

> 1. 근로자가 탑승하는 운반구를 지지하는 달기 와이어로프 또는 달기체인의 경우
> 2. 화물의 하중을 직접 지지하는 달기 와이어로프 또는 달기체인의 경우
> 3. 훅, 샤클, 클램프, 리프팅 빔의 경우
> 4. 그 밖의 경우

🖥 사업주는 양중기의 와이어로프 등 달기구의 안전계수(달기구 절단하중의 값을 그 달기구에 걸리는 하중의 최대값으로 나눈 값을 말한다)가 다음 각 호의 구분에 따른 기준에 맞지 아니한 경우에는 이를 사용해서는 아니 된다.
  1. 근로자가 탑승하는 운반구를 지지하는 달기와이어로프 또는 달기체인 경우: 10 이상
  2. 화물의 하중을 직접 지지하는 달기와이어로프 또는 달기체인의 경우: 5 이상
  3. 훅, 샤클, 클램프, 리프팅 빔의 경우: 3 이상
  4. 그 밖의 경우: 4 이상

🔑 1. 10 이상   2. 5 이상   3. 3 이상   4. 4 이상

217 ☆☆☆

강관, 클램프, 앵커 및 벽 연결용 철물 등을 사용해 비계와 영구 구조체 사이를 연결하는 비계 벽 이음의 역할 2가지 쓰시오.

🖥 벽 이음재: 비계가 풍하중 및 수평하중에 의해 영구 구조체의 내·외측으로 움직임을 방지하기 위해 설치하는 부재

🔑 풍하중에 의한 움직임 방지/수평하중에 의한 움직임 방지

218 ☆☆☆

사고 사망만인율 계산 공식이다. 빈칸을 채우시오.

$$1.\ 사고사망만인율(‰) = \frac{A}{상시근로자\ 수} \times 10^4 \qquad 2.\ 상시근로자\ 수 = \frac{B \times 노무비율}{C \times 12}$$

🔑 A : 사망자 수   B : 연간 국내공사 실적액   C : 건설업 월평균임금

219 ☆

사고 사망만인율 계산 공식의 상시근로자수 산출 공식을 쓰시오.

📋 상시근로자 수 = $\dfrac{\text{연간국내공사실적액} \times \text{노무비율}}{\text{건설업 월평균임금} \times 12}$

220 ☆

산업재해통계지표의 계산 공식을 쓰시오.

> 1. 휴업재해율   2. 도수율   3. 강도율

📋 1. $\dfrac{\text{휴업재해자수}}{\text{임금근로자수}} \cdot 100$ 2. $\dfrac{\text{재해건수}}{\text{연근로시간수}} \cdot 10^6$ 3. $\dfrac{\text{총요양근로손실일수}}{\text{연근로시간수}} \cdot 10^3$

221 ☆

Safe − T − Score 계산식을 쓰고, 그 값이 1.6일 때 결과를 쓰시오.

🔑 + 2 이상 → 과거보다 심각함!
　− 2 초과 + 2 미만 → 과거에 비해 심각한 차이 없음
　− 2 이하 → 과거보다 안 심각함!

📋 $Safe - T - Score = \dfrac{\text{현재 도수율} - \text{과거 도수율}}{\sqrt{\dfrac{\text{과거 도수율}}{\text{총 근로시간수}} \cdot 10^6}}$

심각성 여부 : 과거에 비해 심각한 차이 없음

222 ☆☆☆☆☆

철골작업 중지해야 하는 기상조건 3가지 쓰시오.

🔑 사업주는 다음 각 호의 어느 하나에 해당하는 경우에 철골작업을 중지하여야 한다.
　1. 풍속이 초당 10미터 이상인 경우
　2. 강우량이 시간당 1밀리미터 이상인 경우
　3. 강설량이 시간당 1센티미터 이상인 경우

📋 1. 풍속 10m/s 이상   2. 강우량 1mm/h 이상   3. 강설량 1cm/h 이상

223 ☆

타워크레인의 작업 중지에 관한 내용이다. 빈칸을 채우시오.

> 1. 순간풍속이 초당 (A)m 초과하는 경우 타워크레인의 설치, 수리, 점검 또는 해체작업을 중지해야 한다.
> 2. 순간풍속이 초당 (B)m 초과하는 경우 타워크레인의 운전 작업을 중지해야 한다.

🔲 사업주는 순간풍속이 초당 10미터를 초과하는 경우 타워크레인의 설치·수리·점검 또는 해체 작업을 중지하여야 하며, 순간풍속이 초당 15미터를 초과하는 경우에는 타워크레인의 운전작업을 중지하여야 한다.

🔳 A: 10 B: 15

224 ☆☆☆

빈칸을 채우시오.

> 순간풍속이 초당 (A)m를 초과하는 바람이 불어올 경우 옥외에 설치되어 있는 주행크레인에 대해 이탈방지장치를 가동시키는 등 이탈방지조치를 해야 한다.

🔲 사업주는 순간풍속이 초당 30미터를 초과하는 바람이 불어올 우려가 있는 경우 옥외에 설치되어 있는 주행크레인에 대하여 이탈방지장치를 작동시키는 등 이탈 방지를 위한 조치를 하여야 한다.

🔳 A: 30

225 ☆☆

콘크리트 타설 시 거푸집의 측압에 영향을 미치는 요인 4가지 쓰시오.

🔲

콘크리트 측압 커지는 조건		
• 철근량 적을수록	• 거푸집 투수성이 낮을수록	• 콘크리트 온도와 기온이 낮을수록
• 타설높이가 높을수록	• 타설속도가 빠를수록	• 슬럼프가 클수록
• 외기 습도가 높을수록	• 콘크리트 질량이 클수록	• 진동기 이용해 다질수록

🔳 철근량/슬럼프/타설속도/타설높이

226 ☆☆

콘크리트 타설 시 거푸집의 측압에 영향 주는 요인에 대한 설명이다. 틀린 것을 찾으시오.

1. 철근량이 많을수록 측압이 크다.	2. 슬럼프가 낮을수록 측압이 작다.
3. 진동기를 이용해 다질수록 측압이 크다.	4. 온도 및 습도가 낮을수록 측압이 작다.

해 윗 해설 참조

답 1/4

227 ☆

감전 위험을 결정하는 인자 4가지 쓰시오.

해 전격현상(= 감전) 위험도
　　통전전류 크기 ＞ 통전경로 ＞ 통전시간 ＞ 전원 종류(교류 ＞ 직류) ＞ 주파수, 파형
　　※ 교류 전원의 종류는 제품의 종류(냉장고, 드릴 등등)에 대한 말이다.

답 통전시간/통전경로/전원 종류/통전전류 크기

228 ☆☆

안전보건표지 종류를 4개씩 쓰시오.

| 1. 금지표지 | 2. 경고표지 | 3. 지시표지 | 4. 안내표지 |

🖼 안전보건표지 종류

금지 표지	• 출입금지 • 사용금지 • 화기금지	• 보행금지 • 탑승금지 • 물체이동금지	• 차량통행금지 • 금연
경고 표지	• 인화성물질경고 • 급성독성물질경고 • 고압전기경고 • 고온경고 • 레이저광선경고	• 산화성물질경고 • 부식성물질경고 • 매달린물체경고 • 저온경고 -발암성·변이원성·생식독성·전신독성·호흡기과민성물질경고	• 폭발성물질경고 • 방사성물질경고 • 낙하물경고 • 몸균형상실경고
지시 표지	• 보안경착용 • 보안면착용 • 안전화착용	• 방독마스크착용 • 안전모착용 • 안전장갑착용	• 방진마스크착용 • 귀마개착용 • 안전복착용
안내 표지	• 녹십자표지 • 세안장치 • 좌측비상구	• 응급구호표지 • 비상용기구 • 우측비상구	• 들것 • 비상구

📋 1. 금연/출입금지/보행금지/사용금지
2. 고온경고/저온경고/낙하물경고/고압전기경고
3. 보안경착용/보안면착용/안전모착용/안전화착용
4. 들것/비상구/세안장치/녹십자표지

229   ★☆

해당하는 안전보건표지의 명칭을 쓰시오.

🔑 1. 산화성물질경고   2. 사용금지   3. 고압전기경고   4. 급성독성물질경고   5. 폭발성물질경고
   6. 인화성물질경고   7. 보행금지   8. 낙하물경고   9. 녹십자표지   10. 방사성물질경고
   11. 위험장소 경고   12. 차량통행금지

   ※ 안전보건표지는 제 네이버 카페 교육자료 코너에 있으니 꼭 다운로드 ~ !

230 ☆

안전보건표지의 색도기준이다. 빈칸을 채우시오.

색채	색도기준	용도	사용 예
(A)	7.5R 4/14	금지	정지신호, 소화설비 및 그 장소, 유해행위의 금지
		경고	화학물질 취급장소에서의 유해·위험 경고
(B)	5Y 8.5/12	경고	화학물질 취급장소에서의 유해·위험경고 이외의 위험경고, 주의표지 또는 기계방호물
파란색	(C)	지시	특정 행위의 지시 및 사실의 고지
녹색	2.5G 4/10	안내	비상구 및 피난소, 사람 또는 차량의 통행표지
흰색	N9.5	-	파란색 또는 녹색에 대한 보조색
검은색	N0.5	-	문자 및 빨간색 또는 노란색에 대한 보조색

해 안전보건표지 색도기준 및 용도

색채	색도기준	용도	사용 예
빨간색	7.5R 4/14	금지	정지신호, 소화설비 및 그 장소, 유해행위의 금지
		경고	화학물질 취급장소에서의 유해·위험 경고
노란색	5Y 8.5/12	경고	화학물질 취급장소에서의 유해·위험경고 이외의 위험경고, 주의표지 또는 기계방호물
파란색	2.5PB 4/10	지시	특정 행위의 지시 및 사실의 고지
녹색	2.5G 4/10	안내	비상구 및 피난소, 사람 또는 차량의 통행표지
흰색	N9.5	-	파란색 또는 녹색에 대한 보조색
검은색	N0.5	-	문자 및 빨간색 또는 노란색에 대한 보조색

답 A: 빨간색   B: 노란색   C: 2.5PB 4/10

231   ☆☆

안전보건표지 종류별 색채 기준이다. 빈칸을 채우시오.

종류	바탕 색채	기본모형 색채
금연	(A)	(E)
비상용기구	(B)	(F)
안전복 착용	(C)	(G)
폭발성물질 경고	(D)	(H)

해 금연: 금지표지   비상용기구: 안내표지   안전복 착용: 지시표지   폭발성물질 경고: 경고표지

분류	색채
금지	바탕은 흰색, 기본모형은 빨간색, 관련 부호 및 그림은 검은색
경고	바탕은 노란색, 기본모형, 관련 부호 및 그림은 검은색 다만, 인화성물질 경고, 산화성물질 경고, 폭발성물질 경고, 급성독성물질 경고, 부식성물질 경고 및 발암성·변이원성·생식독성·전신독성·호흡기과민성 물질 경고의 경우 바탕은 무색, 기본모형은 빨간색(검은색도 가능)
지시	바탕은 파란색, 관련 그림은 흰색
안내	바탕은 흰색, 기본모형 및 관련 부호는 녹색 바탕은 녹색, 관련 부호 및 그림은 흰색
출입금지 표지	글자는 흰색바탕에 흑색다음 글자는 적색 -○○○제조/사용/보관 중 - 석면취급/해체 중 - 발암물질 취급 중

답 A: 흰색   B: 녹색   C: 파란색   D: 무색   E: 빨간색   F: 흰색   G: 흰색   H: 빨간색

232   ☆

안전보건표지 중 위험장소경고표지를 그리시오.(색상 쓸 것)

답

바탕: 노란색   기본모형, 관련 부호 및 그림: 검은색

233 ☆☆

안전보건표지 중 녹십자표지를 그리시오.

답

바탕: 흰색   기본모형 및 관련 부호: 녹색

234 ☆☆

안전보건표지 중 출입금지표지를 그리시오.(색상 쓸 것)

답

바탕: 흰색   기본모형: 빨간색   관련 부호 및 그림: 검은색

235 ☆☆

안전보건표지 색채, 색도기준이다. 빈칸을 채우시오.

표지 종류	바탕색	기본모형
금지	흰색	(A)
지시	(B)	흰색
녹십자표지	흰색	(C)
출입금지표지	(D)	(E)
인화성물질경고	무색	(F)
안전모 착용	(G)	흰색
세안장치	(H)	흰색

해 녹십자표지: 안내표지   출임금지: 금지표지   인화성물질경고: 경고표지
안전모 착용: 지시표지   세안장치: 안내표지
윗 해설 참조

답 A: 빨간색 B: 파란색 C: 녹색 D: 흰색 E: 빨간색 F: 빨간색 G: 파란색 H: 녹색

236 ☆

고압가스 용기의 색채를 쓰시오. (의료용 제외)

| 1. 산소 | 2. 아세틸렌 | 3. 액화암모니아 | 4. 질소 | 5. 수소 | 6. 헬륨 |

해 가연성가스 및 독성가스 용기

가스의 종류	도색의 구분	가스의 종류	도색의 구분
액화석유가스	밝은 회색	액화암모니아	백색
수소	주황색	액화염소	갈색
아세틸렌	황색	그 밖의 가스	회색

의료용 가스용기

가스의 종류	도색의 구분	가스의 종류	도색의 구분
산소	백색	질소	흑색
액화탄산가스	회색	아산화질소	청색
헬륨	갈색	싸이크로프로판	주황색
에틸렌	자색	그 밖의 가스	회색

그 밖의 가스용기

가스의 종류	도색의 구분	가스의 종류	도색의 구분
산소	녹색	액화탄산가스	청색
질소	회색	소방용용기	소방법에 따른 도색
그 밖의 가스	회색	-	-

답 1. 녹색 2. 황색 3. 백색 4. 회색 5. 주황색 6. 회색

237   ☆☆

산업안전보건법에 의해 도급인이 지배와 관리해야 하는 장소 5곳 쓰시오.

해 도급인이 지배, 관리하는 장소
1. 토사(土砂)·구축물·인공구조물 등이 붕괴될 우려가 있는 장소
2. 기계·기구 등이 넘어지거나 무너질 우려가 있는 장소
3. 안전난간의 설치가 필요한 장소
4. 비계(飛階) 또는 거푸집을 설치하거나 해체하는 장소
5. 건설용 리프트를 운행하는 장소
6. 지반(地盤)을 굴착하거나 발파작업을 하는 장소
7. 엘리베이터홀 등 근로자가 추락할 위험이 있는 장소
8. 석면이 붙어 있는 물질을 파쇄하거나 해체하는 작업을 하는 장소
9. 공중 전선에 가까운 장소로서 시설물의 설치·해체·점검 및 수리 등의 작업을 할 때 감전의 위험이 있는 장소
10. 물체가 떨어지거나 날아올 위험이 있는 장소
11. 프레스 또는 전단기(剪斷機)를 사용하여 작업을 하는 장소
12. 차량계(車輛系) 하역운반기계 또는 차량계 건설기계를 사용하여 작업하는 장소
13. 전기 기계·기구를 사용하여 감전의 위험이 있는 작업을 하는 장소
14. 「철도산업발전기본법」 제3조제4호에 따른 철도차량(「도시철도법」에 따른 도시철도차량을 포함한다)에 의한 충돌 또는 협착의 위험이 있는 작업을 하는 장소
15. 그 밖에 화재·폭발 등 사고발생 위험이 높은 장소로서 고용노동부령으로 정하는 장소

답 비계해체장소/발파작업장소/프레스사용장소/안전난간설치필요장소/건설용리프트운행장소

238   ☆

근로자 건강을 보호하기 위한 위생시설 종류 4가지 쓰시오.

해 법에서 "위생시설 등 고용노동부령으로 정하는 시설"이란 다음 각 호의 시설을 말한다.
1. 휴게시설   2. 세면·목욕시설   3. 세탁시설   4. 탈의시설   5. 수면시설

답 세면시설/세탁시설/탈의시설/휴게시설

239 ☆☆☆☆☆☆☆☆

외압에 대한 내력이 설계에 고려되었는지 확인해야 하는 대상 5가지 쓰시오.

해 구조안전의 위험이 큰 다음 각 목의 철골구조물은 건립 중 강풍에 의한 풍압등 외압에 대한 내력이 설계에
고려되었는지 확인하여야 한다.
가. 높이 20미터 이상의 구조물
나. 구조물의 폭과 높이의 비가 1:4 이상인 구조물
다. 단면 구조에 현저한 차이가 있는 구조물
라. 연면적당 철골량이 50킬로그램/평방미터 이하인 구조물
마. 기둥이 타이플레이트(tie plate)형인 구조물
바. 이음부가 현장용접인 구조물

답 1. 높이 20m 이상 구조물
2. 폭 : 높이 = 1 : 4 이상인 구조물
3. 이음부가 현장용접인 구조물
4. 기둥이 타이플레이트형인 구조물
5. 단면 구조에 현저한 차이 있는 구조물

240 ☆

투하설비를 설치해야 하는 높이를 말하시오.

해 사업주는 높이가 3미터 이상인 장소로부터 물체를 투하하는 경우 적당한 투하설비를 설치하거나 감시인을
배치하는 등 위험을 방지하기 위하여 필요한 조치를 하여야 한다.

답 3m 이상

241 ☆☆☆☆☆

다음 물음에 답하시오.

> 근로자가 작업발판 위에서 전기용접 작업하다가 바닥으로 떨어져 부상을 당했다.
> 1. 재해 발생형태   2. 기인물   3. 가해물

답 1. 떨어짐   2. 작업발판   3. 바닥

242

☆

다음 물음에 답하시오.

> 근로자가 계단을 내려가다 물에 미끄러져 발을 헛디뎌 넘어졌고, 머리를 바닥에 부딪힌다.
> 1. 재해 발생형태   2. 기인물   3. 가해물

🅷 왜 재해형태 부딪힘은 안되나요?
부딪힘(물체에 부딪힘) · 접촉이라 함은 재해자 자신의 움직임, 동작으로 인하여 기인물에 접촉 또는 부딪히거나, 물체가 고정부에서 이탈하지 않은 상태로 움직임(규칙, 불규칙)등에 의하여 부딪히거나, 접촉한 경우
→ 기인물이 물이다! 그러니 안 됨! 문제 속 상황은 바닥(가해물)에 부딪혔다!

🅑 1. 넘어짐   2. 물   3. 바닥

243

☆☆

OJT 교육을 설명하시오.

🅷

O.J.T (On the Job Training)	• 직장 내 교육훈련 • 효과가 바로 업무에 나타남 • 직속상사에 의한 교육가능 • 현장의 관리감독자가 강사가 되어 교육을 한다.	• 직장 실정에 맞게 실제적 훈련 가능 • 개개인에게 적절한 훈련 가능 • 훈련에 필요한 업무의 계속성이 끊어지지 않는다.
OFF.J.T (Off the Job Training)	• 직장 외 교육훈련 • 다수 근로자에게 조직적 훈련 가능 • 특별 교재 사용 가능	• 훈련에만 전념 가능 • 외부 강사 초청 가능 • 많은 지식, 경험을 교류할 수 있다.

🅑 On – the – Job Training으로 직장 내 교육훈련이며 직장 실정에 맞게 실제적 훈련 가능하다.

244

☆

작업장 적정 공기수준에 관한 설명이다. 빈칸을 채우시오.

> 적정 공기란 산소농도의 범위가 (A) 이상 23.5% 미만, 이산화탄소의 농도가 1.5% 미만,
> (B)의 농도가 30ppm 미만, (C)의 농도가 10ppm 미만인 수준의 공기를 말한다.

🅷 "적정공기"란 산소농도의 범위가 18퍼센트 이상 23.5퍼센트 미만, 이산화탄소의 농도가 1.5퍼센트 미만, 일산화탄소의 농도가 30피피엠 미만, 황화수소의 농도가 10피피엠 미만인 수준의 공기를 말한다.

🅑 A: 18%   B: 일산화탄소   C: 황화수소

245 ☆☆☆☆

지반 굴착 시 굴착면 기울기 기준이다. 빈칸을 채우시오.

지반 종류	굴착면 기울기
모래	(A)
연암 및 풍화암	(B)
경암	(C)
그 밖의 흙	(D)

해 굴착면 기울기 기준

지반 종류	굴착면 기울기
모래	1 : 1.8
연암 및 풍화암	1 : 1
경암	1 : 0.5
그 밖의 흙	1 : 1.2

답 A: 1:1.8   B: 1:1   C: 1:0.5   D: 1:1.2

246 ☆☆☆

인간의 적응기제 중 방어기제와 도피기제 예 3가지씩 쓰시오.

해

방어적 기제	• 보상: 계획한 일을 성공하는 데에서 오는 자존감 • 승화: 억압당한 욕구가 사회적·문화적으로 가치 있는 목적으로 향하여 노력함으로써 욕구 충족하는 것 • 투사: 자기 속의 억압된 것을 다른 사람의 것으로 생각하는 것 • 동일시: 자기가 되고자 하는 대상을 찾아내 동일시해 만족을 얻는 행동 • 합리화: 자기 약점을 그럴듯한 이유로 남에게 비난받지 않도록 하는 것
도피적 기제	• 고립: 열등감을 의식해 다른 사람과 접촉을 피해 자기 내적 세계로 들어가 현실 억압에서 피하려는 것 • 퇴행: 위험이나 불안을 일으키는 상황에 만족했던 시기를 생각하는 것 • 억압: 나쁜 것을 잊고 더 이상 행하지 않겠다는 것 • 백일몽: 현실에서 만족할 수 없는 것을 상상 속에서 얻으려는 것

답 방어기제: 보상/승화/투사   도피기제: 고립/퇴행/억압

247 ☆

인간 실수 분류 중 원인에 의한 분류 3가지 쓰시오.

🖸 휴먼에러 종류

심리적 (독립 행위에 의한) 분류	생략(부작위적) 에러 (omission error)	필요한 작업 또는 절차를 수행하지 않은데 기인한 에러
	실행(작위적) 에러 (commission error)	작업을 정확히 수행하지 못해 발생한 에러
	과잉행동에러 (extraneous error)	불필요한 작업 내지 절차를 수행함으로써 기인한 에러
	순서에러 (sequence error)	필요한 작업 또는 절차의 순서 착오로 인한 에러
	시간(지연)에러 (timing error)	필요한 작업 또는 절차의 수행 지연으로 인한 에러
원인 레벨적 분류	1차 에러 (Primary error)	작업자 자신으로부터 발생한 에러
	2차 에러 (Secondary error)	작업형태나 작업조건 중에서 다른 문제가 생겨 그 때문에 필요한 사항을 실행할 수 없는 오류나 어떤 결함으로부터 파생하여 발생하는 에러
	지시 에러 (Command error)	요구되는 것을 실행하고자 해도 정보 등이 공급되지 않아 작업자가 움직이지 않는 에러

🔑 1차 에러/2차 에러/지시 에러

248 ☆

철근 정착 방법 2가지 설명하시오.

🖸 정착: 철근 끝이 콘크리트에서 빠져나오지 않도록 고정하는 것
🔑 갈고리에 의한 방법: 철근 끝을 표준 갈고리로 만들어 정착시킴
매입 길이에 의한 방법: 철근을 콘크리트 내부에 충분한 길이로 묻어 콘크리트 내 부착으로 정착시킴

249

초음파를 이용하여 콘크리트의 균열깊이를 평가하는 방법을 3가지 쓰시오.

해 균열깊이를 평가하는 방법은 주로 3가지가 있으며 이를 설명하면 다음과 같다.

T법	T법은 발진자를 고정하고, 수신자를 10 ~ 15㎝ 간격으로 이동시켜 전파거리와 전달시간의 관계(주시곡선)로 부터 균열 위치의 불연속 시간 t 를 도면상에서 공식을 이용하여 균열의 심도를 구한다.
Tc-To법	이 방법은 수신자와 발신자를 균열의 중심으로 등간격 X로 배치한 경우의 전파시간 Tc와 균열이 없는 부근 2X에서의 전파시간 Ts로부터 균열깊이 h를 공식에 의해 추정하는 방법으로 균열면이 콘크리트의 표면과 직각으로 발생되어 있으며, 균열 주위의 콘크리트는 어느 정도 균질한 것이라고 가정하여 유도한 것
BS법	BSI 1881 Part No. 203에 규정되어 있는 방법으로 발·수신자를 균열 개구부에서 a1 = 15cm, a2 = 30cm로 배치했을 때의 전파시간 T1, T2를 이용하여 균열깊이 d를 추정한다.

답 T법/BS법/Tc – To법

250

가스농도를 측정해야 하는 경우 3가지 쓰시오.

해 가스의 농도를 측정하는 사람을 지명하고 다음 각 목의 경우에 그로 하여금 해당 가스의 농도를 측정하도록 할 것
가. 매일 작업을 시작하기 전
나. 가스의 누출이 의심되는 경우
다. 가스가 발생하거나 정체할 위험이 있는 장소가 있는 경우
라. 장시간 작업을 계속하는 경우(이 경우 4시간마다 가스 농도를 측정하도록 하여야 한다)

답 매일 작업 시작 전/가스 누출이 의심될 시/장시간 작업 계속할 시

건설안전기사 2022년

03

필답형 기출문제

잠깐! 더 효율적인 공부를 위한 링크들을 적극 이용하세요~!

직8딴 홈페이지

- 출시한 책 확인 및 구매

직8딴 카카오오픈톡방

- 실시간 저자의 질문 답변
  (주7일 아침 11시~새벽 2시까지, 전화로도 함)
- 직8딴 구매자전용 복지와 혜택 획득
  (최소 달에 40만원씩 기프티콘 지급)
- 구매자들과의 소통 및 EHS 관련 정보 습득

직8딴 네이버카페

- 실시간으로 최신화되는 정오표 확인
  (정오표: 책 출시 이후 발견된 오타/오류를 모아놓은 표, 매우 중요)
- 공부에 도움되는 컬러버전 그림 및 사진 습득
- 직8딴 구매자전용 복지와 혜택 획득

직8딴 유튜브

- 저자 직접 강의 시청 가능
- 공부 팁 및 암기법 획득
- 국가기술자격증 관련 정보 획득

1회 기출문제

001

이동식 크레인 사용하는 작업할 때 작업시작 전 점검사항 3개 쓰시오.

📋 권과방지장치 기능/와이어로프 통하는 곳 상태/클러치 기능

002

발파작업 시 관리감독자 유해위험 방지업무 4가지 쓰시오.

📋 1. 점화신호 하는 일
　2. 점화하는 사람 정하는 일
　3. 보호구 착용 상황 감시하는 일
　4. 점화순서에 대하여 지시하는 일

003

차량계 건설기계를 사용하는 작업 시 작성하는 작업계획서 포함사항 3가지 쓰시오.

📋 운행경로/작업방법/사용하는 차량계 건설기계 종류

004

사다리식 통로 설치기준이다. 빈칸을 채우시오.

> 1. 사다리 상단은 걸쳐놓은 지점으로부터 (A)cm 이상 올라가도록 할 것
> 2. 사다리식 통로 길이가 10m 이상인 경우 (B)m 이내마다 계단참을 설치할 것
> 3. 사다리식 통로의 기울기는 (C)도 이하로 할 것
> 4. 발판과 벽과의 사이는 (D)cm 이상의 간격을 유지할 것

📋 A: 60   B: 5   C: 75   D: 15

005

크레인 사용해 근로자를 운반하거나 근로자를 달아 올린 상태에서 작업에 종사시켜서는 안 된다. 다만, 추락 위험을 방지하기 위해 조치를 한 경우에는 그러하지 아니하다. 해당되는 조치사항 3가지 쓰시오.

📋 1. 안전대 설치할 것
   2. 하강 시 동력하강방법으로 할 것
   3. 탑승설비 떨어지지 않도록 필요한 조치할 것

006

달비계 또는 높이 5m 이상의 비계 조립, 해체 및 변경 작업 시 준수사항 4가지 쓰시오.

📋 1. 조립 등 절차를 근로자에게 주지시킬 것
   2. 날씨가 몹시 나쁜 경우 작업 중지시킬 것
   3. 근로자가 관리감독자 지휘에 따라 작업할 것
   4. 공구 등을 오르내리는 경우 달줄 사용하게 할 것

007

알맞은 보호구 이름을 쓰시오.

> 1. 물체가 떨어지거나 날아올 위험 또는 근로자가 추락할 위험 있는 작업
> 2. 높이 또는 깊이 2미터 이상의 추락할 위험이 있는 장소에서 하는 작업
> 3. 물체의 낙하, 충격, 끼임, 감전 또는 정전기의 대전에 의한 위험이 있는 작업
> 4. 물체가 흩날릴 위험이 있는 작업

🔑 1. 안전모 2. 안전대 3. 안전화 4. 보안경

008

히빙 현상의 방지책 4가지 쓰시오.

🔑 1. 웰포인트 공법 병행
2. 시트파일 근입심도 검토
3. 흙막이벽 근입 깊이 증가
4. 흙막이벽 배면지반 상재하중 감소

009

건설공사에서 콘크리트 구조물 시공에 사용되는 외부 비계 종류 5가지 쓰시오.

🔑 달비계/말비계/강관비계/달대비계/걸침비계

010

하인리히의 재해 예방대책 5단계를 순서대로 쓰시오.

🔑 조직→사실 발견→분석평가→시정책 선정→시정책 적용

011

빈칸을 채우시오.

> 순간풍속이 초당 (A)m를 초과하는 바람이 불어올 경우 옥외에 설치되어 있는 주행크레인에 대해 이탈방지장치를 가동시키는 등 이탈방지조치를 해야 한다.

圄 A : 30

012

가설통로 설치 시 준수사항 5개 쓰시오.

圄 1. 견고한 구조로 할 것
　2. 경사 30도 이하로 할 것
　3. 추락 위험있는 장소에 안전난간 설치할 것
　4. 경사 15도 초과 시 미끄러지지 않는 구조로 할 것
　5. 건설공사에 사용하는 높이 8m 이상 비계다리에는 7m 이내마다 계단참 설치할 것

013

안전보건개선 계획서 제출에 관한 내용이다. 빈칸을 채우시오.

> 1. 안전보건개선 계획서를 제출해야 하는 사업주는 안전보건개선계획서 수립, 시행명령을 받은 날부터 (A) 이내에 관할 지방고용노동관서의 장에게 해당 계획서를 제출(전자문서로 제출하는 것을 포함)해야 한다.
> 2. 안전보건 개선계획서에는 시설, (B), (C), 산업재해예방 및 작업환경의 개선을 위해 필요한 사항이 포함되어야 한다.

圄 A : 60일　B : 안전보건관리체제　C : 안전보건교육

014

※ 1문제는 법개정으로 삭제되었습니다.

2회 기출문제

001

종합재해지수를 구하시오.

- 근로자: 250명
- 일일 8시간 연간 300일 근무
- 출근율: 80%
- 휴업일수: 100일
- 시간 외 작업시간 합계: 10,000시간
- 연간 10건의 재해 발생
- 지각 및 조퇴시간 합계: 1,000시간

해 종합재해지수 $= \sqrt{\text{도수율} \cdot \text{강도율}} = \sqrt{20.45 \cdot 0.168} = 1.85$

$$\text{도수율} = \frac{\text{재해건수}}{\text{연근로시간수}} \cdot 10^6 = \frac{10}{250 \cdot 8 \cdot 300 \cdot 0.8 + 10,000 - 1,000} \cdot 10^6 = 20.45$$

$$\text{강도율} = \frac{\text{총요양근로손실일수}}{\text{연근로시간수}} \cdot 10^3 = \frac{100 \cdot \dfrac{300}{365}}{250 \cdot 8 \cdot 300 \cdot 0.8 + 10,000 - 1,000} \cdot 10^3$$
$$= 0.168$$

답 종합재해지수: 1.85

002

산업안전보건관리비를 계상하시오.

- 터널신설 공사
- 총 공사원가: 100억 원
- 재료비와 직접노무비 합: 55억

해 터널신설 공사 = 중건설 공사

구분 공사 종류	대상액 5억원 미만인 경우 적용 비율(%)	대상액 5억원 이상 50억원 미만인 경우		대상액 50억원 이상인 경우 적용 비율(%)	보건관리자 선임 대상 건설공사의 적용비율(%)
		적용비율(%)	기초액		
건축공사	3.11%	2.28%	4,325,000원	2.37%	2.64%
토목공사	3.15%	2.53%	3,300,000원	2.60%	2.73%
중건설	3.64%	3.05%	2,975,000원	3.11%	3.39%
특수건설공사	2.07%	1.59%	2,450,000원	1.64%	1.78%

→ 산업안전보건관리비 = (재료비 + 직접 노무비) • 비율 = 55억 • 0.0311 = 171,050,000원

답 산업안전보건관리비: 171,050,000원

003

지게차의 작업시작 전 점검사항 4가지 쓰시오.

📖 바퀴 이상 유무/전조등 기능 이상 유무/제동장치 기능 이상 유무/하역장치 기능 이상 유무

004

발파작업 시 관리감독자 유해위험 방지업무 4가지 쓰시오.

📖 1. 점화신호 하는 일
   2. 점화하는 사람 정하는 일
   3. 보호구 착용 상황 감시하는 일
   4. 점화순서에 대하여 지시하는 일

005

안전관리자 자격 2가지와 공사금액 1,000억원의 건설업에서 선임해야 하는 최소 안전관리자 수를 구하시오.

📖 안전관리자 자격 : 건설안전산업기사 이상의 자격을 취득한 사람/산업안전산업기사 이상의 자격을 취득한 사람

   최소 안전관리자 수 : 2명

006

가스농도를 측정해야 하는 경우 3가지 쓰시오.

📖 매일 작업 시작 전/가스 누출이 의심될 시/장시간 작업 계속할 시

007

계단의 설치기준이다. 빈칸을 채우시오.

> 1. 높이 (A) 이상인 계단의 개방된 측면에 안전난간을 설치한다.
> 2. 계단 및 계단참 강도는 (B) 이상이어야 하며 안전율은 (C) 이상으로 해야 한다.
> 3. 계단 폭은 (D) 이상으로 한다.

📋 A: 1m   B: 500kg/m²   C: 4   D: 1m

008

산업안전보건법에 의한 사업 내 안전보건교육의 교육시간이다. 빈칸을 채우시오.

> 1. 사무직 근로자의 정기교육: 매반기 (A)시간 이상
> 2. 일용직 근로자의 채용 시 교육: (B)시간 이상
> 3. 건설업 기초안전보건교육: (C)시간 이상

📋 A: 6   B: 1   C: 4

009

비가 올 경우를 대비해 빗물 등의 침투에 의한 붕괴재해를 예방하기 위해 필요한 조치사항 2가지 쓰시오.

📋 측구 설치/굴착경사면에 비닐 덮기

010

다음 공법의 이름 쓰시오.

> 연약지반에 구조물을 구축할 시 그 지반에 흙 쌓기 등으로 미리 재하를 하여 압밀침하를 일으켜 안정 시킨 후 흙 쌓기를 제거하고 구조물을 축조하는 방법

답 프리로딩 공법

011

건물 등 해체공법 중 유압력에 의한 해체공법 종류 3가지 쓰시오.

답 재키공법/압쇄기공법/대형브레이커공법

012

흙의 동결현상 방지책 4가지 쓰시오.

답 1. 배수층 설치
2. 단열재료 삽입
3. 모관수 상승을 차단하는 층을 둬 동상 방지
4. 모래 자갈과 같은 미동결성 재료를 사용해 동상 방지

013

히빙 현상의 정의와 발생원인 3가지를 쓰시오.

답 정의 : 연약한 점토지반을 굴착할 때 굴착배면의 토사중량이 굴착저면 이하의 지반지지력보다 클 때
발생하는 현상
발생원인 : 흙막이 내외부 중량차/흙막이벽 근입깊이 부족/흙막이벽 배면지반 상재하중 증가

014

하인리히의 산업재해 예방 4원칙을 쓰시오.

🔳 원인계기 원칙/손실우연 원칙/대책선정 원칙/예방가능 원칙

3회 기출문제

001

안전보건관리비를 계상하시오.

- 건축공사
- 예정 가격 내역서상 재료비: 170억 원
- 예정 가격 내역서상 직접노무비: 85억 원
- 사업주가 제공한 재료비 45억 원에서 산업안전보건관리비 산출

📖 발주자가 도급계약 체결을 위한 원가계산에 의한 예정가격을 작성하거나, 자기공사자가 건설공사 사업 계획을 수립할 때에는 다음 각 호에 따라 산정한 금액 이상의 산업안전보건관리비를 계상하여야 한다. 다만, 발주자가 재료를 제공하거나 일부 물품이 완제품의 형태로 제작·납품되는 경우에는 해당 재료비 또는 완제품 가액을 대상액에 포함하여 산출한 산업안전보건관리비와 해당 재료비 또는 완제품 가액을 대상액에서 제외하고 산출한 산업안전보건관리비의 1.2배에 해당하는 값을 비교하여 그 중 작은 값 이상의 금액으로 계상한다.
대상액 = 직접재료비 + 간접재료비 + 직접노무비 = 재료비 + 직접노무비 + 관급재료비 = 170 + 85 + 45
= 300억

구분 / 공사 종류	대상액 5억원 미만인 경우 적용 비율(%)	대상액 5억원 이상 50억원 미만인 경우		대상액 50억원 이상인 경우 적용 비율(%)	보건관리자 선임 대상 건설공사의 적용비율(%)
		적용비율(%)	기초액		
건축공사	3.11%	2.28%	4,325,000원	2.37%	2.64%
토목공사	3.15%	2.53%	3,300,000원	2.60%	2.73%
중건설	3.64%	3.05%	2,975,000원	3.11%	3.39%
특수건설공사	2.07%	1.59%	2,450,000원	1.64%	1.78%

해당 재료비 또는 완제품 가액을 대상액에 포함하여 산출한 안전보건관리비
→ (재료비 + 직접노무비 + 관급재료비) • 요율 + 기초액
= (170억 + 85억 + 45억) • 0.0237 + 0 = 711,000,000원

해당 재료비 또는 완제품 가액을 대상액에서 제외하고 산출한 산업안전보건관리비의 1.2배에 해당하는 값
→ {(재료비 + 직접노무비) • 요율 + 기초액} • 1.2
{(170억 + 85억) • 0.0237 + 0} • 1.2 = 725,220,000원

비교하여 그 중 작은 값 이상의 금액으로 계상한다.
→ 711,000,000원 < 725,220,000원

📋 산업안전보건관리비: 711,000,000원

002

비, 눈, 그 밖의 기상상태의 악화로 작업을 중지시킨 후 또는 비계를 조립·해체하거나 변경한 후에 그 비계에서 작업을 하는 경우 작업시작 전 점검사항 4가지 쓰시오.

🖉 기둥 침하 상태/로프 부착 상태/발판재료 부착 상태/손잡이 탈락 여부

003

계단의 설치기준이다. 빈칸을 채우시오.

> 1. 높이(A) 이상인 계단의 개방된 측면에 안전난간을 설치한다.
> 2. 계단 및 계단참 강도는(B) 이상이어야 하며 안전율은(C) 이상으로 해야 한다.
> 5. 높이가 3m 초과하는 계단에는 높이(D) 이내마다 너비(E) 이상의 계단참을 설치해야 한다.

🖉 A: 1m B: 500kg/m² C: 4 D: 3m E: 1.2m

004

크레인 사용해 근로자를 운반하거나 근로자를 달아 올린 상태에서 작업에 종사시켜서는 안 된다. 다만, 추락 위험을 방지하기 위해 조치를 한 경우에는 그러하지 아니하다. 해당되는 조치사항 3가지 쓰시오.

🖉 1. 안전대 설치할 것
   2. 하강 시 동력하강방법으로 할 것
   3. 탑승설비 떨어지지 않도록 필요한 조치할 것

005

작업 중 물체가 떨어지거나 날아올 위험을 방지하기 위한 조치사항 3가지 쓰시오.

📋 보호구 착용/출입금지구역 설정/낙하물 방지망 설치

006

공사용 가설도로 설치 시 준수사항 3가지 쓰시오.

📋 배수시설 설치할 것/도로는 견고하게 설치할 것/차량 속도제한 표지 부착할 것

007

도로터널 제1종 시설물의 종류 3가지 쓰시오.

📋 3차로 이상 터널/연장 1km 이상 터널/터널구간 연장 500미터 이상 지하차도

008

히빙 현상의 방지책 5가지 쓰시오.

📋 1. 웰포인트 공법 병행
  2. 시트파일 근입심도 검토
  3. 흙막이벽 근입 깊이 증가
  4. 흙막이벽 배면지반 상재하중 감소
  5. 굴착저면에 토사 등 인공중력 증가

009

시멘트 품질시험의 종류 5가지 쓰시오.

🖪 분말도/안정도/수화열/응결시간/압축강도

010

구조물 해체 공사 시 해체 작업용 기계, 기구 종류 5가지 쓰시오.

🖪 압쇄기/팽창제/절단톱/절단줄톱/화염방사기

011

양중기(= 크레인/곤돌라/리프트/승강기)에 설치하는 방호장치 4가지 쓰시오.

🖪 제동장치/비상정지장치/권과방지장치/과부하방지장치

012

공사진척에 따른 안전관리비 사용기준이다. 빈칸을 채우시오.

공정률	50% 이상 70% 미만	70% 이상 90% 미만	90% 이상
사용기준	(A)	(B)	(C)

🖪 A : 50% 이상 B : 70% 이상 C : 90% 이상

013

달비계에 이용되는 작업용 섬유로프나 안전대 섬유벨트의 사용금지기준 3가지 쓰시오.

🔲 꼬임 끊어진 것/심하게 부식된 것/작업높이보다 길이 짧은 것

014

※ 1문제는 법개정으로 삭제되었습니다.

MEMO

건설안전기사 2023년

04

필답형 기출문제

잠깐! 더 효율적인 공부를 위한 링크들을 적극 이용하세요~!

직8딴 홈페이지
- 출시한 책 확인 및 구매

직8딴 카카오오픈톡방
- 실시간 저자의 질문 답변
(주7일 아침 11시~새벽 2시까지, 전화로도 함)
- 직8딴 구매자전용 복지와 혜택 획득
(최소 달에 40만원씩 기프티콘 지급)
- 구매자들과의 소통 및 EHS 관련 정보 습득

직8딴 네이버카페
- 실시간으로 최신화되는 정오표 확인
(정오표: 책 출시 이후 발견된 오타/오류를 모아놓은 표, 매우 중요)
- 공부에 도움되는 컬러버전 그림 및 사진 습득
- 직8딴 구매자전용 복지와 혜택 획득

직8딴 유튜브
- 저자 직접 강의 시청 가능
- 공부 팁 및 암기법 획득
- 국가기술자격증 관련 정보 획득

1회 기출문제

001

종합재해지수를 구하시오.

> - 근로자 : 450명   - 일일 8시간 연간 280일 근무   - 연간 10건의 재해 발생   - 휴업일수 : 160일

해 종합재해지수 $= \sqrt{도수율 \cdot 강도율} = \sqrt{9.921 \cdot 0.122} = 1.1$

$$도수율 = \frac{재해건수}{연근로시간수} \cdot 10^6 = \frac{10}{450 \cdot 8 \cdot 280} \cdot 10^6 = 9.921$$

$$강도율 = \frac{총요양근로손실일수}{연근로시간수} \cdot 10^3 = \frac{160 \cdot \dfrac{280}{365}}{450 \cdot 8 \cdot 280} \cdot 10^3 = 0.122$$

답 종합재해지수 : 1.1

002

항타기 조립하거나 해체하는 경우 사업주가 점검해야 할 점검사항 4가지 쓰시오.

답 1. 본체 강도 적합 여부
2. 본체 연결부 손상 유무
3. 본체에 심한 손상 여부
4. 리더 버팀방법 이상 유무

003

구축물 또는 시설물의 안전성 평가를 실시해야 하는 경우 3가지 쓰시오.

🖹 1. 구축물등에 지진 등으로 균열 등이 발생했을 경우
　2. 화재 등으로 구축물 내력이 심하게 저하됐을 경우
　3. 구축물이 그 자체 무게로 붕괴 위험이 있을 경우

004

굴착작업 시에 작업계획서 포함사항과 사전조사 내용 각 3가지씩 쓰시오.

🖹 작업계획서 포함사항 : 굴착방법/신호방법/장비 사용계획
　사전조사 내용 : 지층 상태/동결 상태/매설물 상태

005

계단의 설치기준이다. 빈칸을 채우시오.

> 1. 높이 (　A　) 이상인 계단의 개방된 측면에 안전난간을 설치한다.
> 2. 계단 및 계단참 강도는 (　B　) 이상이어야 하며 안전율은 (　C　) 이상으로 해야 한다.
> 3. 계단 폭은 (　D　) 이상으로 한다.

🖹 A : 1m　B : 500kg/m²　C : 4　D : 1m

006

산업안전보건법에 의한 사업 내 안전보건교육의 교육시간이다. 빈칸을 채우시오.

> 4. 2m 이상인 구축물 파쇄작업에서 하는 일용직 근로자의 특별교육 : (A)시간 이상
> 5. 일용근로자 및 근로계약기간이 1주일 이하인 기간제근로자를 제외한 근로자의 작업내용 변경 시
>   교육 : (B)시간 이상
> 6. 일용근로자의 작업내용 변경 시 교육 : (C)시간 이상

🖺 A : 2 B : 2 C : 1

007

터널 지보공을 설치 시 정기적으로 봐야 할 점검사항 3가지 쓰시오.

🖺 기둥 침하 유무/부재 손상 유무/부재 긴압 정도

008

사업주가 시스템 비계를 사용해 비계를 구성하는 경우 준수사항이다. 빈칸을 채우시오.

> 1. 수직재·수평재·(A)를 견고하게 연결하는 구조가 되도록 할 것
> 2. 비계 밑단의 수직재와 (B)은 밀착되도록 설치하고, 수직재와 (B)의 연결부의 겹침길이
>   는 (B) 전체길이의 (C)이 되도록 할 것

🖺 A : 가새재 B : 받침철물 C : 3분의 1 이상

009

안전대 종류 2가지와 사용구분 1가지 쓰시오.

🖺 종류 : 벨트식/안전그네식 사용구분 : 1개 걸이용

010

보일링 현상의 정의와 방지책 3가지 쓰시오.

🖹 정의 : 사질토지반 굴착 시 굴착부와 지하수위차가 있을 때 수두 차에 의하여 삼투압이 생겨 흙막이벽
　　　근입부분을 침식하는 동시에 모래가 액상화되어 솟아오르는 현상

방지책
1. 흙막이벽 근입깊이 증가
2. 흙막이벽 배면 지반 지하수위 저하
3. 흙막이벽 배면 지반 그라우팅 실시

011

작업 현장에서 실시하는 TBM의 내용이다. 빈칸을 채우시오.

1. 소요시간은 (A)분이 적당하다.
2. 인원은 (B)명 이하로 구성한다.
3. 진행과정은 이렇다.

제 1단계	도입
제 2단계	(C)
제 3단계	작업지시
제 4단계	(D)
제 5단계	확인

🖹 A : 10　B : 10　C : 점검정비　D : 위험예측

012

권상용 와이어로프의 사용금지 기준 3가지 쓰시오.

🖹 꼬인 것/이음매 있는 것/심하게 변형된 것

013

해당하는 안전보건표지의 명칭을 쓰시오.

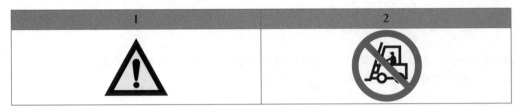

1	2

답 1. 위험장소경고   2. 차량통행금지

014

지반 굴착 시 굴착면 기울기 기준이다. 빈칸을 채우시오.

지반 종류	굴착면 기울기
모래	(A)
연암 및 풍화암	(B)
경암	(C)
그 밖의 흙	(D)

답 A: 1:1.8   B: 1:1   C: 1:0.5   D: 1:1.2

2회 기출문제

001

크레인의 작업시작 전 점검사항 3가지 쓰시오.

📋 권과방지장치 기능/주행로 상측 레일 상태/와이어로프 통하는 곳 상태

002

강관비계 구조에 관한 내용이다. 빈칸을 채우시오.

> 1. 비계기둥 간격은 띠장 방향에서는 (A)m, 장선 방향에서는 (B)m 이하로 할 것
> 2. 띠장 간격은 (C)m 이하로 설치할 것
> 3. 비계기둥 간 적재하중은 (D)을 초과하지 말 것
> 4. 비계기둥의 제일 윗부분으로부터 (E)m 되는 지점 밑 부분의 비계기둥은 (F)개의 강관으로 묶어 세울 것

📋 A: 1.85   B: 1.5   C: 2   D: 400kg   E: 31   F: 2

003

작업발판의 설치기준이다. 빈칸을 채우시오.

> 1. 비계의 높이가 2m 이상인 장소에 설치하는 작업발판의 폭은 (A)cm 이상으로 하고, 발판 재료 간의 틈은 (B)cm 이하로 할 것
> 2. 작업발판 재료는 뒤집히거나 떨어지지 아니하도록 (C) 이상의 지지물에 연결하거나 고정시킬 것
> 3. 선박 및 보트 건조작업에서 선박블록 또는 엔진실 등의 좁은 작업공간에 작업발판을 설치하는 경우 작업발판의 폭을 (D)cm 이상으로 할 수 있고, 걸침 비계 경우 발판 재료 간의 틈을 3cm 이하로 유지하기 곤란하면 (E)cm 이하로 할 수 있다.

📋 A: 40   B: 3   C: 2   D: 30   E: 5

004

근로자가 지붕 위에서 작업을 할 때에 추락하거나 넘어질 위험이 있는 경우 사업주의 조치사항 3가지 쓰시오.

📋 1. 지붕 가장자리에 안전난간 설치할 것
   2. 채광창에 견고한 구조의 덮개 설치할 것
   3. 슬레이트로 덮은 지붕에 폭 30cm 이상의 발판 설치할 것

005

흙막이 지보공을 설치 시 정기적으로 봐야 할 점검사항 3가지 쓰시오.

📋 침하 정도/부재 손상 유무/버팀대 긴압 정도

006

가설통로 설치 시 준수사항이다. 빈칸을 채우시오.

> 1. 경사가 (　A　)도를 초과하는 때에는 미끄러지지 아니하는 구조일 것
> 2. 길이가 15m 이상인 수직갱에는 (　B　)m 이내마다 계단참을 설치할 것
> 3. 높이 8m 이상인 비계다리에는 (　C　)m 이내마다 계단참을 설치할 것
> 4. 경사 (　D　)도 이하일 것

📋 A : 15   B : 10   C : 7   D : 30

007

토목공사 다짐기계에 따른 다짐공법 3가지 쓰시오.

📋 동다짐공법/폭파다짐공법/진동다짐공법

008

산업안전보건법에 의한 안전인증 대상 안전모 종류 및 사용 구분에 따른 용도를 쓰시오.

🗒 1. AB : 물체 낙하, 비래, 추락에 의한 위험 방지
   2. AE : 물체 낙하, 비래에 의한 위험 방지와 머리부위 감전에 의한 위험 방지
   3. ABE : 물체 낙하, 비래, 추락에 의한 위험 방지와 머리부위 감전에 의한 위험 방지

009

콘크리트 타설 시 거푸집의 측압에 영향을 미치는 요인 4가지 쓰시오.

🗒 철근량/슬럼프/타설속도/타설높이

010

방진마스크의 포집효율을 쓰시오.

여과재 분진 등 포집효율	형태 및 등급		염화나트륨(NaCl) 및 파라핀 오일(Paraffin oil) 시험(%)
	분리식	특급	(A)
		1급	(B)
		2급	(C)

🗒 A : 99.95 이상   B : 94 이상   C : 80 이상

011

굴착지반의 이상현상 중 히빙과 보일링의 원인이 되는 지반의 종류를 쓰시오.

🗒 히빙 : 연약한 점토지반   보일링 : 사질토지반

012

산업안전보건법에 의해 자율안전확인 대상 기계, 기구 4가지 쓰시오

답 혼합기/파쇄기/인쇄기/컨베이어

013

승강기 종류 4가지 쓰시오.

답 승객용 엘리베이터/화물용 엘리베이터/승객화물용 엘리베이터/소형화물용 엘리베이터

014

산업재해통계지표의 계산 공식을 쓰시오.

1. 휴업재해율   2. 도수율   3. 강도율

답 1. $\dfrac{\text{휴업재해자수}}{\text{임금근로자수}} \cdot 100$ 2. $\dfrac{\text{재해건수}}{\text{연근로시간수}} \cdot 10^6$ 3. $\dfrac{\text{총요양근로손실일수}}{\text{연근로시간수}} \cdot 10^3$

3회 기출문제

001

Safe − T − Score를 구하고, 판정결과를 쓰시오.

> • 근로자: 400명   • 1일 8시간 연간 250일 근무   • 과거 빈도율: 120   • 현재 빈도율: 100

해 $Safe - T - Score = \dfrac{\text{현재 도수율} - \text{과거 도수율}}{\sqrt{\dfrac{\text{과거 도수율}}{\text{총 근로시간수}} \cdot 10^6}} = \dfrac{100 - 120}{\sqrt{\dfrac{120}{400 \cdot 8 \cdot 250} \cdot 10^6}} = -1.63$

심각성 여부

+ 2 이상 → 과거보다 심각함!

− 2 초과 + 2 미만 → 과거에 비해 심각한 차이 없음

− 2 이하 → 과거보다 안 심각함!

답 Safe‑T‑Score: −1.63   판정결과: 과거에 비해 심각한 차이 없음

002

연간 상시근로자수 2,000명인 기업에서 사망자 3명이 발생했다. 사고 사망만인율(‰)을 구하시오.

해 사망만인율 $= \dfrac{\text{사망자수}}{\text{산재보험적용근로자수}} \cdot 10^4 = \dfrac{3}{2,000} \cdot 10^4 = 15‰$

답 사망만인율: 15‰

003

명예산업안전감독관이 수행해야 할 직무 4가지 쓰시오.

답 1. 작업환경측정 시의 참석

2. 산업재해 예방정책 개선 건의

3. 사업장에서 하는 자체점검 참여

4. 근로자에 대한 안전수칙 준수 지도

004

굴착면 높이 2m 이상 되는 암석 굴착작업 시 실시하는 특별교육내용 4가지 쓰시오

🔲 안전기준/신호방법/대피 요령/방호물 설치

005

달비계 또는 높이 5m 이상의 비계 조립, 해체 및 변경 작업 시 준수사항 4가지 쓰시오.

🔲 1. 조립 등 절차를 근로자에게 주지시킬 것
2. 날씨가 몹시 나쁜 경우 작업 중지시킬 것
3. 근로자가 관리감독자 지휘에 따라 작업할 것
4. 공구 등을 오르내리는 경우 달줄 사용하게 할 것

006

콘크리트 타설작업을 위한 콘크리트 펌프카를 사용 시 사업주의 준수사항 3가지 쓰시오.

🔲 1. 난간에서 작업할 시 안전난간 설치할 것
2. 작업 시작 전 콘크리트 타설장비 점검할 것
3. 붐 조정 시 주변 전선에 의한 위험 예방할 것

007

사질토 지반의 개량공법 5가지 쓰시오.

🔲 동다짐공법/폭파다짐공법/진동다짐공법/전기충격공법/약액주입공법

008

건설현장에서 사용하는 작업발판 일체형 거푸집 종류 4개 쓰시오.

🔁 갱 폼/슬립 폼/클라이밍 폼/터널 라이닝 폼

009

다음 설명에 해당하는 거푸집의 부재 명칭을 쓰시오.

1. 거푸집의 일부로서 콘크리트에 직접 접하는 목재나 금속 등 판류
2. 타설 된 콘크리트가 소정의 강도를 얻을 때까지 거푸집 및 장선·멍에를 적정 위치에 유지시키고, 상부하중을 지지하는 부재

🔁 1. 거푸집 널   2. 동바리

010

하인리히의 재해 예방대책 5단계를 순서대로 쓰시오.

🔁 조직→사실 발견→분석평가→시정책 선정→시정책 적용

011

무재해운동의 3요소를 쓰시오.

🔁 최고 경영자 경영자세/소집단 자주활동 활성화/라인 관리자에 의한 안전보건 추진

012

다음 물음에 답하시오.

> 근로자가 작업발판 위에서 전기용접 작업하다가 바닥으로 떨어져 부상을 당했다.
> 1. 재해 발생형태   2. 기인물   3. 가해물

🔒 1. 떨어짐   2. 작업발판   3. 바닥

013

철근 정착 방법 2가지 설명하시오.

🔒 갈고리에 의한 방법 : 철근 끝을 표준 갈고리로 만들어 정착시킴
매입 길이에 의한 방법 : 철근을 콘크리트 내부에 충분한 길이로 묻어 콘크리트 내 부착으로 정착시킴

014

초음파를 이용하여 콘크리트의 균열깊이를 평가하는 방법을 3가지 쓰시오.

🔒 T법/BS법/Tc-To법

건설안전기사 2024년

05

필답형 기출문제

잠깐! 더 효율적인 공부를 위한 링크들을 적극 이용하세요~!

직8딴 홈페이지

- 출시한 책 확인 및 구매

직8딴 카카오오픈톡방

- 실시간 저자의 질문 답변
(주7일 아침 11시~새벽 2시까지, 전화로도 함)
- 직8딴 구매자전용 복지와 혜택 획득
(최소 달에 40만원씩 기프티콘 지급)
- 구매자들과의 소통 및 EHS 관련 정보 습득

직8딴 네이버카페

- 실시간으로 최신화되는 정오표 확인
(정오표: 책 출시 이후 발견된 오타/오류를 모아놓은 표, 매우 중요)
- 공부에 도움되는 컬러버전 그림 및 사진 습득
- 직8딴 구매자전용 복지와 혜택 획득

직8딴 유튜브

- 저자 직접 강의 시청 가능
- 공부 팁 및 암기법 획득
- 국가기술자격증 관련 정보 획득

1회 기출문제

001

누전에 의한 감전 위험을 방지하기 위해 감전 방지용 누전차단기를 설치해야 하는 기계, 기구 2가지 쓰시오.

📝 1. 대지전압 150V 초과하는 휴대형 전기기계
　　2. 철골 위 등 도전성 높은 장소에서 사용하는 휴대형 전기기계

002

해당하는 안전보건표지의 명칭을 쓰시오.

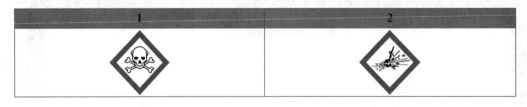

1	2

📝 1. 급성독성물질경고　2. 폭발성물질경고

003

산업안전보건법에 의해 안전보건진단을 받아 안전보건개선계획을 수립, 제출하도록 명할 수 있는 사업장 종류 3가지 쓰시오.

📝 1. 누출 사고 등으로 사업장 주변까지 피해가 확산된 사업장
　　2. 산업재해율이 같은 업종 평균 산업재해율의 2배 이상인 사업장
　　3. 사업주가 필요한 안전조치를 이행하지 않아 중대재해 발생한 사업장

004

가설통로 설치 시 준수사항 3가지 쓰시오.

📋 1. 견고한 구조로 할 것
　2. 경사 30도 이하로 할 것
　3. 추락 위험있는 장소에 안전난간 설치할 것

005

산업안전보건관리비를 계상하시오.

> • 수자원시설 공사(댐)　　• 재료비와 직접노무비 합 : 40억

📋 수자원시설 공사(댐) = 중건설 공사

구분 공사 종류	대상액 5억원 미만인 경우 적용 비율(%)	대상액 5억원 이상 50억원 미만인 경우		대상액 50억원 이상인 경우 적용 비율(%)	보건관리자 선임 대상 건설공사의 적용비율(%)
		적용비율(%)	기초액		
건축공사	3.11%	2.28%	4,325,000원	2.37%	2.64%
토목공사	3.15%	2.53%	3,300,000원	2.60%	2.73%
중건설	3.64%	3.05%	2,975,000원	3.11%	3.39%
특수건설공사	2.07%	1.59%	2,450,000원	1.64%	1.78%

→ 산업안전보건관리비 = (재료비 + 직접노무비) • 비율 + 기초액 = 40억 • 0.0305 + 2,975,000
= 124,975,000원

📋 산업안전보건관리비 : 124,975,000원

006

콘크리트 파쇄용 화약류 취급 시 준수사항 2가지 쓰시오.

📋 시공순서는 화약취급절차에 의한다./파편에 대한 예방대책 수립해야 한다.

007

흙막이 공법을 흙막이 지지방식과 구조방식에 따라 분류할 때 종류를 각각 3가지씩 쓰시오.

📋 지지방식에 의한 분류 : 자립식 공법/어스앵커 공법/버팀대식 공법 (수평/경사)
구조방식에 의한 분류 : C.I.P 공법/S.C.W 공법/H-Pile 공법

008

다음 물음에 답하시오.

> 1. 훅이나 그 밖의 달기구 등을 사용하여 화물을 권상 및 횡행 또는 권상동작만을 하여 양중하는 것
> 2. 달기발판 또는 운반구, 승강장치, 그 밖의 장치 및 이들에 부속된 기계부품에 의하여 구성되고, 와이어로프 또는 달기강선에 의하여 달기발판 또는 운반구가 전용 승강장치에 의하여 오르내리는 설비
> 3. 리프트 종류 3가지

📋 1. 호이스트 2. 곤돌라 3. 건설용 리프트/산업용 리프트/자동차정비용 리프트

009

차량계 하역운반기계 이용해 화물 적재 시 조치사항 3가지 쓰시오.

📋 1. 운전자 시야 가리지 말 것
2. 최대적재량 초과하지 말 것
3. 하중이 한쪽으로 치우치지 말 것

010

비탈면 보호공법 종류 4가지 쓰시오.

📋 배수공/돌쌓기공/식생구멍공/뿜어붙이기공

011

가설구조물의 구조적 특징 3가지 쓰시오.

🖥 단면에 결함이 있기 쉬움/부재결합 불완전할 수 있음/연결재가 적은 구조로 되기 쉬움

012

인간의 적응기제 중 방어기제와 도피기제 예 3가지씩 쓰시오.

🖥 방어기제 : 보상/승화/투사　도피기제 : 고립/퇴행/억압

013

PS(프리스트레스) 콘크리트에서 응력 도입 즉시 응력 저하가 발생되는 원인 3가지 쓰시오.

🖥 정착장치 활동/콘크리트 탄성수축/시스와 PS강재 마찰

014

이동식 크레인의 종류 3가지 쓰시오.

🖥 트럭 크레인/트럭 탑재형/크롤러 크레인

2회 기출문제

001

산업재해보상보험 총 보상액이 10억원이었다. 하인리히 방식으로 총 손실비용과 직접 손실비용, 간접 손실비용을 구하시오.

해 총 손실비용 = 직접비 + 간접비(= 4 · 직접비) = 10 + 4 · 10 = 50억원
산업재해보상보험 총 보상액 = 직접 손실비용 = 10억원
간접 손실비용 = 40억원

답 총 손실비용 : 50억원   직접 손실비용 : 10억원   간접 손실비용 : 40억원

002

산업안전보건위원회 구성원 자격 4가지 쓰시오.

답 안전관리자/보건관리자/산업보건의/근로자 대표

003

중대재해 종류 2가지와 발생 시 보고해야 하는 사항 2가지 쓰시오.

답 종류 : 사망자 1명 이상 발생한 재해/직업성 질병자가 동시에 10명 이상 발생한 재해
보고사항 : 조치 및 전망/발생 개요 및 피해 상황

004

사다리식 통로 설치기준이다. 빈칸을 채우시오.

> 1. 사다리 상단은 걸쳐놓은 지점으로부터 (A)cm 이상 올라가도록 할 것
> 2. 사다리식 통로 길이가 10m 이상인 경우 (B)m 이내마다 계단참을 설치할 것
> 3. 사다리식 통로의 기울기는 (C)도 이하로 할 것
> 4. 발판과 벽과의 사이는 (D)cm 이상의 간격을 유지할 것

📝 A : 60   B : 5   C : 75   D : 15

005

크레인 사용해 근로자를 운반하거나 근로자를 달아 올린 상태에서 작업에 종사시켜서는 안된다. 다만, 추락 위험을 방지하기 위해 조치를 한 경우에는 그러하지 아니하다. 해당되는 조치사항 3가지 쓰시오.

📝 1. 안전대 설치할 것
   2. 하강 시 동력하강방법으로 할 것
   3. 탑승설비 떨어지지 않도록 필요한 조치할 것

006

철골공사 중 추락방지를 위한 설비 5가지 쓰시오.

📝 비계/난간/울타리/안전대/추락방지용 방망

007

차량계 하역운반기계의 운전자가 운전위치를 이탈 시 조치사항 2가지 쓰시오.

📝 포크 등을 지면에 내려둘 것/갑작스러운 이동 방지하기 위한 조치할 것

008

콘크리트 타설작업 시 준수사항 3가지 쓰시오.

🖭 1. 편심 발생하지 않도록 골고루 분산해 타설할 것
2. 거푸집 붕괴 위험 발생 우려 시 충분한 보강조치할 것
3. 콘크리트 양생기간 준수해 거푸집 및 동바리 해체할 것

009

시설물의 안전 및 유지관리에 관한 특별법상 정밀안전진단의 정의를 쓰시오.

🖭 시설물의 물리적 결함을 발견하고 적절한 조치를 하기 위해 결함 원인 등을 조사해 보수 등의 방법을 제시하는 행위

010

재해 분석법 중 통계적 원인분석법 2가지 쓰시오.

🖭 관리도/파레토도

011

안전보건개선 계획 수립에 관한 내용이다. 빈칸을 채우시오.

> 사업주는 안전보건개선계획을 수립할 때에는 (　A　)의 심의를 거쳐야 한다. 다만, (　A　)가 설치되어 있지 아니한 사업장의 경우에는 (　B　)의 의견을 들어야 한다.

🖭 A : 산업안전보건위원회　　B : 근로자 대표

012

달비계에 사용할 수 없는 권상용 와이어로프의 사용금지 기준 3가지 쓰시오.

🔟 꼬인 것/이음매 있는 것/심하게 변형된 것

013

철골작업 중지해야 하는 기상조건 3가지 쓰시오.

🔟 1. 풍속 10m/s 이상   2. 강우량 1mm/h 이상   3. 강설량 1cm/h 이상

014

다음 물음에 답하시오.

1. 훅이나 그 밖의 달기구 등을 사용하여 화물을 권상 및 횡행 또는 권상동작만을 하여 양중하는 것
2. 주행레일 중심 간의 거리
3. 수직면에서 지브 각(angle)의 변화
4. 크레인, 이동식 크레인 등이 들어 올릴 수 있는 최대하중에서 훅, 크래브 또는 버킷 등 달기 기구의 중량에 상당하는 하중을 뺀 하중

🔟 1. 호이스트   2. 스팬   3. 기복   4. 정격하중

3회 기출문제

001

강도율을 구하시오.

- 근로자: 100명
- 연간 재해건수: 5건
- 사망: 1명
- 신체장애14급: 2명
- 가료(치료): 30일 2명
- 1일 8시간 연간 300일 근무

해 $강도율 = \dfrac{총요양근로손실일수}{연근로시간수} \cdot 10^3 = \dfrac{7,500 + (50 \cdot 2) + (30 \cdot 2 \cdot \frac{300}{365})}{100 \cdot 8 \cdot 300} \cdot 10^3 = 31.87$

가료란 '병이나 상처 따위를 잘 다스려 낫게 함' 뜻이며 사망/영구 전노동 불능상해/영구 일부노동 불능상해에 해당되지 않아 장해등급에 미포함된다. 그리하여 휴업일수과 같게 취급한다.

답 강도율: 31.87

002

공기압축기 가동 시 작업시작 전 점검사항 4가지 쓰시오.

답 윤활유 상태/회전부 덮개/언로드 밸브 기능/드레인 밸브 조작

003

도급인은 관계수급인 근로자가 도급인의 사업장에서 작업 시 안전보건에 관한 조치사항을 이행해야 한다. 이 경우 도급인의 이행사항 2가지 쓰시오.

답 작업장 순회점검/근로자에게 하는 안전보건교육 실시 확인

004

강관비계의 조립 간격이다. 빈칸을 채우시오.

비계 종류		수직방향	수평방향
강관비계	단관비계	(A)m	(B)m
	틀비계(높이 5m 미만 제외)	(C)m	(D)m
인장재와 압축재로 구성된 경우 인장재와 압축재의 간격			(E)m 이내

🔖 A : 5 B : 5 C : 6 D : 8 E : 1

005

일용직 근로자를 대상으로 하는 건설업 기초안전보건 교육내용과 시간 3가지 쓰시오.

🔖 건설공사 종류 및 시공 절차(1시간)/산업재해 유형별 위험요일(2시간)/안전보건관리체제 현황(1시간)

006

크레인 사용해 근로자를 운반하거나 근로자를 달아 올린 상태에서 작업에 종사시켜서는 안 된다. 다만, 추락 위험을 방지하기 위해 조치를 한 경우에는 그러하지 아니하다. 해당되는 조치사항 3가지 쓰시오.

🔖 1. 안전대 설치할 것
  2. 하강 시 동력하강방법으로 할 것
  3. 탑승설비 떨어지지 않도록 필요한 조치할 것

007

토석붕괴의 외적원인 4가지 쓰시오.

🔖 사면 경사 증가/성토 높이 증가/구조물 하중작용/공사에 의한 진동 증가

008

해당하는 공법의 명칭을 쓰시오.

> 1. 흙막이벽 등의 배면을 원통형으로 굴착한 후 인장재와 그라우트를 주입시켜 형성한 앵커체에 긴장력을 주어 흙막이 벽을 지지하는 공법
> 2. 지하의 굴착과 병행하여 지상의 기둥, 보 등의 구조물을 축조하며 지하 연속벽을 흙막이 벽으로 하여 굴착하는 공법

🅰 1. 어스앵커 공법　2. 탑다운 공법

009

수직재, 수평재, 가새재 등의 부재를 공장에서 제작하여 현장에서 조립하여 사용하는 가설 구조물의 명칭을 쓰시오.

🅰 시스템 비계

010

다음 규모에서 선임해야 하는 안전관리자 수를 쓰시오.

> 1. 총공사금액 800억원 이상 1,500억원 미만인 건설업
> 2. 총공사금액 2,200억원 이상 3,000억원 미만인 건설업
> 3. 총공사금액 7.200억원 이상 8,500억원 미만인 건설업

🅰 1. 2명 이상　2. 4명 이상　3. 9명 이상

011

산업안전보건법에 의해 사업장의 안전보건을 유지하기 위해 작성해야 하는 안전보건관리 규정의 작성 및 변경에 관한 내용이다. 빈칸을 채우시오.

> 1. 안전보건관리규정을 작성하는 건설업은 상시근로자 (A)명 이상을 사용하는 사업이다.
> 2. 사업주는 안전보건관리규정을 변경하여야 할 사유가 발생한 날부터 (B)일 이내에 안전보건관리규정을 변경해야 한다.

📋 A: 100   B: 30

012

산업안전보건관리비에 대한 내용이다. 빈칸을 채우시오.

> 1. (A)이란 관련 규정에서 정하는 공사원가계산서 구성항목 중 직접재료비, 간접재료비와 직접노무비를 합한 금액을 말한다.
> 2. (B)란 건설공사의 시공을 주도하여 총괄·관리하는 자(발주자로부터 건설공사를 최초로 도급받은 수급인은 제외한다)를 말한다.

📋 A: 산업안전보건관리비 대상액   B: 자기공사자

013

사고 사망만인율 계산 공식의 상시근로자수 산출 공식을 쓰시오.

📋 $상시근로자\ 수 = \dfrac{연간국내공사실적액 \times 노무비율}{건설업\ 월평균임금 \times 12}$

014

산업안전보건법 시행령상 안전보건총괄책임자의 직무 3가지 쓰시오.

🖪 작업중지/위험성평가 실시/안전인증대상기계등 사용 여부 확인

작업 서술형
(기출중복문제 소거 정리)

잠깐! 더 효율적인 공부를 위한 링크들을 적극 이용하세요~!

직8딴 홈페이지

- 출시한 책 확인 및 구매

직8딴 카카오오픈톡방

- 실시간 저자의 질문 답변
(주7일 아침 11시~새벽 2시까지, 전화로도 함)
- 직8딴 구매자전용 복지와 혜택 획득
(최소 달에 40만원씩 기프티콘 지급)
- 구매자들과의 소통 및 EHS 관련 정보 습득

직8딴 네이버카페

- 실시간으로 최신화되는 정오표 확인
(정오표: 책 출시 이후 발견된 오타/오류를 모아놓은 표, 매우 중요)
- 공부에 도움되는 컬러버전 그림 및 사진 습득
- 직8딴 구매자전용 복지와 혜택 획득

직8딴 유튜브

- 저자 직접 강의 시청 가능
- 공부 팁 및 암기법 획득
- 국가기술자격증 관련 정보 획득

작업형 공부관련 팁!

📎 모든 문제는 다 컴퓨터를 통해 영상으로 나옵니다.

문제에는

1. 영상봐야 맞는 문제(위험요소 찾는 것, 해당 부위나 장비명)
2. 영상보지 않아도 되는 문제(보호구 종류나 법령 문제)
3. 영상보면 틀리는 문제(영상은 사고영상이나 법령을 묻는 문제)

이렇게 있으니까 항상 문제를 먼저 읽고 법령인지 잘 파악하세요(사업주가 ~ ~ ~ 이러면 법령문제!)

📎 영상설명글 있는 문제는 가볍게 봐주세요.

그냥 '아 이런 상황에서는 이런 답변이 가능하구나~ ~' 이렇게,,,

왜냐면 실제 영상에서는 변수가 많습니다,,, 기출문제는 복원이에요 복원

우리의 기억으로 만든 것들,,, 매우 불완전하죠,,

그러니 영상설명글이 있는 문제는 가볍게 보시고, 그 외 문제들에 공부시간 투자를 더 해주시면 됩니다!

📎 책에는 필수불가결한 사진/그림 만 있어요.

만약 공부에 필요한 사진과 그림을 보고 싶으시다면!

1. 직8딴 강의를 통해 관련 사진을 보시면 됩니다!
2. 직8딴 네이버카페 교육자료 코너에 들어가서 관련 사진을 보시면 됩니다!

📎 컴퓨터로 보는 것이고, 영상 나온다하니 생소하겠지만 불안해하지 마세요.

시험이든 무엇을 하든 간에 항상 자신감이 중요해요!!

즉 우리 심리상태가 매우 중요한 것이죠!!

작업형! 별 것 없습니다!!!!! 그저 컴퓨터로 영상이 나오고 종이에 답을 적는 것뿐!

그러니 너무 불안해 하거나 걱정하지 마세요~!

001 ☆

물질안전보건자료대상물질을 취급하는 작업공정별로 고용노동부령으로 정하는 바에 따라 물질안전보건자료대상물질의 관리 요령을 게시하여야 한다. 이때 관리 요령에 포함되어야 할 사항 4가지 쓰시오.

해 사업주는 물질안전보건자료대상물질을 취급하는 작업공정별로 고용노동부령으로 정하는 바에 따라 물질안전보건자료대상물질의 관리 요령을 게시하여야 한다.
작업공정별 관리 요령에 포함되어야 할 사항은 다음 각 호와 같다.
1. 제품명
2. 건강 및 환경에 대한 유해성, 물리적 위험성
3. 안전 및 보건상의 취급주의 사항
4. 적절한 보호구
5. 응급조치 요령 및 사고 시 대처방법

답 제품명/적절 보호구/응급조치 요령/안전보건상 취급주의 사항

002 ☆☆☆☆☆☆☆

철근을 인력으로 운반할 때 준수사항을 3가지만 쓰시오.

해 인력으로 철근을 운반할 때에는 다음 각목의 사항을 준수하여야 한다.
가. 1인당 무게는 25킬로그램 정도가 적절하며, 무리한 운반을 삼가하여야 한다.
나. 2인 이상이 1조가 되어 어깨메기로 하여 운반하는 등 안전을 도모하여야 한다.
다. 긴 철근을 부득이 한 사람이 운반할 때에는 한쪽을 어깨에 메고 한쪽 끝을 끌면서 운반하여야 한다.
라. 운반할 때에는 양끝을 묶어 운반하여야 한다.
마. 내려놓을 때는 천천히 내려놓고 던지지 않아야 한다.
바. 공동 작업을 할 때에는 신호에 따라 작업을 하여야 한다.

답 1. 운반 시 양 끝을 묶어 운반한다.
2. 내려놓을 시 천천히 내려놓는다.
3. 공동 작업 시 신호에 따라 작업한다.

003 ★

동바리를 조립하는 경우에는 하중의 지지상태를 유지할 수 있도록 준수해야 할 준수사항 3가지 쓰시오.

🔠 사업주는 동바리를 조립하는 경우에는 하중의 지지상태를 유지할 수 있도록 다음 각 호의 사항을 준수해야 한다.
1. 받침목이나 깔판의 사용, 콘크리트 타설, 말뚝박기 등 동바리의 침하를 방지하기 위한 조치를 할 것
2. 동바리의 상하 고정 및 미끄러짐 방지 조치를 할 것
3. 상부·하부의 동바리가 동일 수직선상에 위치하도록 하여 깔판·받침목에 고정시킬 것
4. 개구부 상부에 동바리를 설치하는 경우에는 상부하중을 견딜 수 있는 견고한 받침대를 설치할 것
5. U헤드 등의 단판이 없는 동바리의 상단에 멍에 등을 올릴 경우에는 해당 상단에 U헤드 등의 단판을 설치하고, 멍에 등이 전도되거나 이탈되지 않도록 고정시킬 것
6. 동바리의 이음은 같은 품질의 재료를 사용할 것
7. 강재의 접속부 및 교차부는 볼트·클램프 등 전용철물을 사용하여 단단히 연결할 것
8. 거푸집의 형상에 따른 부득이한 경우를 제외하고는 깔판이나 받침목은 2단 이상 끼우지 않도록 할 것
9. 깔판이나 받침목을 이어서 사용하는 경우에는 그 깔판·받침목을 단단히 연결할 것

🔡 1. 동바리 상하 고정 조치할 것
2. 동바리 이음은 같은 품질 재료 사용할 것
3. 깔판 사용 등 동바리 침하 방지 조치할 것

004 ☆☆☆☆☆☆

동바리로 사용하는 파이프 서포트 조립 시 준수사항 3가지 쓰시오.

🔠 사업주는 동바리를 조립할 때 동바리의 유형별로 다음 각 호의 구분에 따른 각 목의 사항을 준수해야 한다.
1. 동바리로 사용하는 파이프 서포트의 경우
   가. 파이프 서포트를 3개 이상 이어서 사용하지 않도록 할 것
   나. 파이프 서포트를 이어서 사용하는 경우에는 4개 이상의 볼트 또는 전용철물을 사용하여 이을 것
   다. 높이가 3.5미터를 초과하는 경우에는 높이 2미터 이내마다 수평연결재를 2개 방향으로 만들고 수평연결재의 변위를 방지할 것
2. 동바리로 사용하는 조립강주의 경우: 조립강주의 높이가 4미터를 초과하는 경우에는 높이 4미터 이내마다 수평연결재를 2개 방향으로 설치하고 수평연결재 변위를 방지할 것

🔡 1. 파이프 서포트 3개 이상 이어서 사용말 것
2. 파이프 서포트를 이어서 사용할 시 4개 이상의 볼트 사용해 이을 것
3. 높이 3.5m 초과 시 높이 2m 이내마다 수평연결재를 2개 방향으로 만들 것

005 ☆☆

동바리 조립 시 준수사항이다. 빈칸을 채우시오.

> 1. 동바리로 사용하는 파이프 서포트의 경우
>   가. 파이프 서포트를 (A) 이상 이어서 사용하지 않도록 할 것
>   나. 파이프 서포트를 이어서 사용하는 경우에는 (B) 이상의 볼트 또는 전용철물을 사용하여 이을 것
>   다. 높이가 (C)를 초과하는 경우에는 높이 (D) 이내마다 수평연결재를 (E) 방향으로 만들고 수평연결재의 변위를 방지할 것
> 2. 동바리로 사용하는 조립강주의 경우
>   조립강주의 높이가 (F)를 초과하는 경우에는 높이 4미터 이내마다 수평연결재를 (G) 방향으로 설치하고 수평연결재의 변위를 방지할 것

🄷 윗 해설 참조

🄰 A : 3개 B : 4개 C : 3.5m D : 2m E : 2개 F : 4m G : 2개

006 ☆☆☆☆

기둥·보·벽체·슬래브 등의 거푸집동바리등을 조립하거나 해체하는 작업을 하는 경우 준수사항 3가지 쓰시오.

🄷 사업주는 기둥·보·벽체·슬래브 등의 거푸집 및 동바리를 조립하거나 해체하는 작업을 하는 경우에는 다음 각 호의 사항을 준수해야 한다.
  1. 해당 작업을 하는 구역에는 관계 근로자가 아닌 사람의 출입을 금지할 것
  2. 비, 눈, 그 밖의 기상상태 불안정으로 날씨가 몹시 나쁜 경우에는 그 작업을 중지할 것
  3. 재료, 기구 또는 공구 등을 올리거나 내리는 경우에는 근로자로 하여금 달줄·달포대 등을 사용하도록 할 것
  4. 낙하·충격에 의한 돌발적 재해를 방지하기 위하여 버팀목을 설치하고 거푸집 및 동바리를 인양장비에 매단 후에 작업을 하도록 하는 등 필요한 조치를 할 것

🄰 1. 작업구역에 관계자 외 출입 금지할 것
  2. 날씨가 몹시 나쁜 경우 작업 중지할 것
  3. 공구 등을 오르내리는 경우 달줄 사용할 것

007   ☆☆

거푸집 및 동바리에 사용하는 깔판, 깔목 사용에 대한 조치사항 2가지 쓰시오.(= 경사면 하부에
거푸집 동바리 조립 시 준수사항)

해 경사면 하부에 조립하는 거푸집 동바리는 다음 사항을 준수하여야 한다.
    가. 거푸집의 형상에 따른 부득이한 경우를 제외하고는 깔판·깔목 등을 2단 이상 끼우지 않도록 할 것
    나. 깔판·깔목 등을 이어서 사용하는 경우에는 깔판·깔목은 단단히 연결할 것
    다. 경사면에 설치하는 동바리는 연직도를 유지하도록 깔판·깔목 등으로 고정할 것
    라. 연직하게 설치되는 동바리는 경사면방향 분력으로 인하여 미끄러짐 및 전도가 발생할 수 있으므로 모든
        동바리에 가새를 설치하는 등 안전조치할 것
답 1. 깔판 등을 이어서 사용 시 단단히 연결할 것
    2. 연직하게 설치되는 동바리는 모든 동바리에 가새 설치할 것

008   ☆☆☆☆

거푸집 동바리가 원인불명으로 붕괴사고가 발생했다. 사고원인으로 들 수 있는 경우 3가지 쓰시오.

답 지반 침하/받침철물 불량/수평연결재 불량

009　　　　　　　　　　　　　　　　　　　　　　　　☆☆☆☆☆☆☆☆

달비계 또는 높이 5m 이상의 비계 조립, 해체 및 변경 작업 시 준수사항 4가지 쓰시오.

해 사업주는 달비계 또는 높이 5미터 이상의 비계를 조립·해체하거나 변경하는 작업을 하는 경우 다음 각 호의
　사항을 준수하여야 한다.
　　1. 근로자가 관리감독자의 지휘에 따라 작업하도록 할 것
　　2. 조립·해체 또는 변경의 시기·범위 및 절차를 그 작업에 종사하는 근로자에게 주지시킬 것
　　3. 조립·해체 또는 변경 작업구역에는 해당 작업에 종사하는 근로자가 아닌 사람의 출입을 금지하고 그 내용
　　　을 보기 쉬운 장소에 게시할 것
　　4. 비, 눈, 그 밖의 기상상태의 불안정으로 날씨가 몹시 나쁜 경우에는 그 작업을 중지시킬 것
　　5. 비계재료의 연결·해체작업을 하는 경우에는 폭 20센티미터 이상의 발판을 설치하고 근로자로 하여금 안
　　　전대를 사용하도록 하는 등 추락을 방지하기 위한 조치를 할 것
　　6. 재료·기구 또는 공구 등을 올리거나 내리는 경우에는 근로자가 달줄 또는 달포대 등을 사용하게 할 것
답 1. 조립 등 절차를 근로자에게 주지시킬 것
　2. 날씨가 몹시 나쁜 경우 작업 중지시킬 것
　3. 근로자가 관리감독자 지휘에 따라 작업할 것
　4. 공구 등을 오르내리는 경우 달줄 사용하게 할 것

010　　　　　　　　　　　　　　　　　　　　　　　　　　　　☆☆

철골보를 설치하고 인양 와이어로프 해체할 때 준수사항 2가지 쓰시오.

해 인양 와이어 로프를 해체할 때에는 안전대를 사용하여 보 위를 이동하여야 하며 안전대를 설치할 구명줄은
　보의 설치와 동시에 기둥 간에 설치하도록 해야 한다.
답 안전대 사용해 보 위를 이동/안전대 설치할 구명줄은 보의 설치와 동시에 기둥 간에 설치

011 ☆

교량의 설치·해체 또는 변경작업을 하는 경우 사업주의 준수사항 3가지 쓰시오.

해 교량의 설치·해체 또는 변경작업을 하는 경우에는 다음 각 호의 사항을 준수하여야 한다.
1. 작업을 하는 구역에는 관계 근로자가 아닌 사람의 출입을 금지할 것
2. 재료, 기구 또는 공구 등을 올리거나 내릴 경우에는 근로자로 하여금 달줄, 달포대 등을 사용하도록 할 것
3. 중량물 부재를 크레인 등으로 인양하는 경우에는 부재에 인양용 고리를 견고하게 설치하고, 인양용 로프는 부재에 두 군데 이상 결속하여 인양하여야 하며, 중량물이 안전하게 거치되기 전까지는 걸이로프를 해제시키지 아니할 것
4. 자재나 부재의 낙하·전도 또는 붕괴 등에 의하여 근로자에게 위험을 미칠 우려가 있을 경우에는 출입금지구역의 설정, 자재 또는 가설시설의 좌굴(挫屈) 또는 변형 방지를 위한 보강재 부착 등의 조치를 할 것

답 1. 공구 오르내릴 경우 달포대 사용할 것
2. 작업구역에 관계자 외 출입 금지할 것
3. 부재 붕괴에 의해 근로자에게 위험 우려 있을 시 출입금지구역 설정할 것

012 ☆☆☆☆

다음 물음에 답하시오.

1. 재료, 기구 또는 공구 등을 올리거나 내리는 경우 준수사항 1가지
2. 자재나 부재의 낙하·전도 또는 붕괴 등에 의하여 근로자에게 위험을 미칠 우려가 있을 경우 준수사항 1가지
3. 중량물 부재를 크레인 등으로 인양하는 경우 준수사항 1가지

해 윗 해설 참조
답 1. 달줄 사용   2. 출입금지구역 설정   3. 부재에 인양용 고리를 견고하게 설치

013   ☆☆☆☆☆☆☆

발파작업에 종사하는 근로자의 준수사항 3가지 쓰시오.

해 사업주는 발파작업에 종사하는 근로자에게 다음 각 호의 사항을 준수하도록 하여야 한다.
1. 얼어붙은 다이나마이트는 화기에 접근시키거나 그 밖의 고열물에 직접 접촉시키는 등 위험한 방법으로 융해되지 않도록 할 것
2. 화약이나 폭약을 장전하는 경우에는 그 부근에서 화기를 사용하거나 흡연을 하지 않도록 할 것
3. 장전구는 마찰·충격·정전기 등에 의한 폭발의 위험이 없는 안전한 것을 사용할 것
4. 발파공 충진재료는 점토·모래 등 발화성 또는 인화성의 위험이 없는 재료를 사용할 것
5. 점화 후 장전된 화약류가 폭발하지 아니한 경우 또는 장전된 화약류의 폭발 여부를 확인하기 곤란한 경우에는 다음 각 목의 사항을 따를 것
   가. 전기뇌관에 의한 경우에는 발파모선을 점화기에서 떼어 그 끝을 단락시켜 놓는 등 재점화되지 않도록 조치하고 그 때부터 5분 이상 경과한 후가 아니면 화약류의 장전장소에 접근시키지 않도록 할 것
   나. 전기뇌관 외의 것에 의한 경우에는 점화한 때부터 15분 이상 경과한 후가 아니면 화약류의 장전장소에 접근시키지 않도록 할 것
6. 전기뇌관에 의한 발파의 경우 점화하기 전에 화약류를 장전한 장소로부터 30미터 이상 떨어진 안전한 장소에서 전선에 대하여 저항측정 및 도통(導通)시험을 할 것

답 1. 화약 장전 시 부근에서 화기 사용하지 말 것
   2. 장전구는 마찰에 의한 폭발 위험 없는 안전한 것 사용할 것
   3. 발파공 충진재료는 모래 등 인화성 위험 없는 재료 사용할 것

014 ☆☆

장약을 할 때 준수사항 3가지 쓰시오.

📄 장약을 할 때는 다음 각 호의 사항을 준수하여야 한다.
1. 장약작업 장소 인근에서는 화기사용 및 흡연을 하지 않도록 할 것
2. 장약작업 장소 인근에서는 전기용접 작업이나 동력을 사용하는 기계를 사용하지 않을 것
3. 장약작업을 하는 근로자가 안전모 등 적절한 보호구를 착용하도록 할 것
4. 기존의 발파에 사용된 발파공에는 장약하지 않도록 할 것
5. 약포는 1개씩 손을 사용하여 신중하게 장약봉으로 넣고, 약포 간에 간격이 없도록 그때마다 구멍길이의 차를 측정하면서 장약을 수행하도록 할 것
6. 장약봉은 곧바르고 견고하며, 마찰·충격·정전기 등에 대하여 안전한 부도체(플라스틱, 나무 등)를 사용하여 약포 지름보다 약간 굵고, 적당한 길이로 하고, 개수는 충분히 준비하게 할 것
7. 장약은 뇌관의 관체, 각선, 연결장치 등이 충격 또는 손상되지 않도록 주의하며, 각선의 길이는 결선작업을 고려하여 충분한 길이의 것을 사용하게 할 것
8. 초유폭약을 장약하는 경우 다음 각 목의 사항을 따를 것
   가. 장약 중에 흡습 또는 이물의 혼입을 방지하기 위한 조치를 강구할 것
   나. 갱내에서는 가스 등의 환기에 유의하고, 통기가 나쁜 장소에서는 사용하지 말 것
   다. 폭약을 장약한 후에는 신속하게 기폭할 것
9. 낙석 또는 붕락의 위험이 있는 뜬돌(부석) 등의 유무를 확인하고, 이를 제거하는 등 안전조치 후 작업하도록 할 것
10. 장약작업 중에는 관계 근로자가 아닌 사람의 출입을 금지할 것

📝 1. 장약작업 중 관계자 외 출입 금지할 것
2. 장약작업 장소 인근에서 흡연하지 말 것
3. 장약작업 장소 인근에서 전기용접하지 말 것

015 ☆☆☆

철골기둥을 앵커볼트에 고정시킬 때 준수사항 3가지 쓰시오.

해 1. 앵커 볼트에 고정시키는 작업은 다음 각 목의 순서에 따라야 한다.
  가. 기둥 인양은 고정시킬 바로 위에서 일단 멈춘 다음 손이 닿을 위치까지 내리도록 한다.
  나. 앵커 볼트의 바로 위까지 흔들림이 없도록 유도하면서 방향을 확인하고 천천히 내려야 한다.
  다. 기둥 베이스 구멍을 통해 앵커 볼트를 보면서 정확히 유도하고, 볼트가 손상되지 않도록 조심스럽게 제자리에 위치시켜야 한다. 이때 손, 발이 끼지 않도록 주의한다.
  라. 바른 위치에 잘 들어갔는지 확인하고 앵커 볼트 전체의 균형을 유지하면서 확실히 조여야 한다.
  마. 인양 와이어 로우프를 제거하기 위하여 기둥 위로 올라갈 때 또는 기둥에서 내려올 때는 기둥의 트랩을 이용하여야 한다.
  바. 인양 와이어 로우프를 풀어 제거할 때에는 안전대를 사용해야 하며 샤클핀이 빠져 떨어지는 일등이 발생하지 않도록 주의해야 한다.

답 1. 기둥 베이스 구멍을 통해 앵커 볼트를 보면서 정확히 유도한다.
  2. 인양 와이어로프를 제거하기 위해 기둥 위로 올라갈 때 기둥 트랩을 이용한다.
  3. 기둥 인양은 고정시킬 바로 위에서 일단 멈춘 다음 손이 닿을 위치까지 내리도록 한다.

016 ☆

사업주가 고소작업대를 설치할 때 설치기준 3가지 쓰시오.

해 사업주는 고소작업대를 설치하는 경우에는 다음 각 호에 해당하는 것을 설치하여야 한다.
  1. 작업대를 와이어로프 또는 체인으로 올리거나 내릴 경우에는 와이어로프 또는 체인이 끊어져 작업대가 떨어지지 아니하는 구조여야 하며, 와이어로프 또는 체인의 안전율은 5 이상일 것
  2. 작업대를 유압에 의해 올리거나 내릴 경우에는 작업대를 일정한 위치에 유지할 수 있는 장치를 갖추고 압력의 이상저하를 방지할 수 있는 구조일 것
  3. 권과방지장치를 갖추거나 압력의 이상상승을 방지할 수 있는 구조일 것
  4. 붐의 최대 지면경사각을 초과 운전하여 전도되지 않도록 할 것
  5. 작업대에 정격하중(안전율 5 이상)을 표시할 것
  6. 작업대에 끼임·충돌 등 재해를 예방하기 위한 가드 또는 과상승방지장치를 설치할 것
  7. 조작반의 스위치는 눈으로 확인할 수 있도록 명칭 및 방향표시를 유지할 것

답 1. 권과방지장치 갖출 것
  2. 작업대에 정격하중(안전율 5 이상)을 표시할 것
  3. 붐의 최대 지면경사각을 초과 운전하여 전도되지 않도록 할 것

017 ☆☆☆

사업주가 고소작업대를 사용해 작업하는 경우의 준수사항 3가지 쓰시오.

🖼 사업주는 고소작업대를 사용하는 경우에는 다음 각 호의 사항을 준수하여야 한다.
1. 작업자가 안전모·안전대 등의 보호구를 착용하도록 할 것
2. 관계자가 아닌 사람이 작업구역에 들어오는 것을 방지하기 위하여 필요한 조치를 할 것
3. 안전한 작업을 위하여 적정수준의 조도를 유지할 것
4. 전로(電路)에 근접하여 작업을 하는 경우에는 작업감시자를 배치하는 등 감전사고를 방지하기 위하여 필요한 조치를 할 것
5. 작업대를 정기적으로 점검하고 붐·작업대 등 각 부위의 이상 유무를 확인할 것
6. 전환스위치는 다른 물체를 이용하여 고정하지 말 것
7. 작업대는 정격하중을 초과하여 물건을 싣거나 탑승하지 말 것
8. 작업대의 붐대를 상승시킨 상태에서 탑승자는 작업대를 벗어나지 말 것. 다만, 작업대에 안전대 부착설비를 설치하고 안전대를 연결하였을 때에는 그러하지 아니하다.

📋 안전모 등 보호구 착용할 것/적정수준의 조도 유지할 것/작업대를 정기적으로 점검할 것

018 ☆

크레인 사용해 근로자를 운반하거나 근로자를 달아 올린 상태에서 작업에 종사시켜서는 안 된다. 다만, 추락 위험을 방지하기 위해 조치를 한 경우에는 그러하지 아니하다. 해당되는 조치사항 3가지 쓰시오.

🖼 사업주는 크레인을 사용하여 근로자를 운반하거나 근로자를 달아 올린 상태에서 작업에 종사시켜서는 아니 된다. 다만, 크레인에 전용 탑승설비를 설치하고 추락 위험을 방지하기 위하여 다음 각 호의 조치를 한 경우에는 그러하지 아니하다.
1. 탑승설비가 뒤집히거나 떨어지지 않도록 필요한 조치를 할 것
2. 안전대나 구명줄을 설치하고, 안전난간을 설치할 수 있는 구조인 경우에는 안전난간을 설치할 것
3. 탑승설비를 하강시킬 때에는 동력하강방법으로 할 것

📋 1. 안전대 설치할 것
2. 하강 시 동력하강방법으로 할 것
3. 탑승설비 떨어지지 않도록 필요한 조치할 것

019
★☆☆☆☆☆☆☆

콘크리트 타설작업을 위한 콘크리트 펌프카를 사용 시 사업주의 준수사항 3가지 쓰시오.

📰 사업주는 콘크리트 타설작업을 하기 위하여 콘크리트 플레이싱 붐(placing boom), 콘크리트 분배기, 콘크리트 펌프카 등(이하 이 조에서 "콘크리트타설장비"라 한다)을 사용하는 경우에는 다음 각 호의 사항을 준수해야 한다.

1. 작업 시작하기 전에 콘크리트 타설장비를 점검하고 이상을 발견하였으면 즉시 보수할 것
2. 건축물의 난간 등에서 작업하는 근로자가 호스의 요동·선회로 인하여 추락하는 위험을 방지하기 위하여 안전난간 설치 등 필요한 조치를 할 것
3. 콘크리트 타설장비의 붐을 조정하는 경우에는 주변의 전선 등에 의한 위험을 예방하기 위한 적절한 조치를 할 것
4. 작업 중에 지반의 침하나 아웃트리거 등 콘크리트 타설장비 지지구조물의 손상 등에 의하여 콘크리트 타설장비가 넘어질 우려가 있는 경우에는 이를 방지하기 위한 적절한 조치를 할 것

💬 1. 난간에서 작업할 시 안전난간 설치할 것
2. 작업 시작 전 콘크리트 타설장비 점검할 것
3. 붐 조정 시 주변 전선에 의한 위험 예방할 것

020
☆☆☆☆

펌프카를 이용한 콘크리트 타설 작업 시 빈번하게 발생하는 사고유형 4가지와 사고예방 대책 4가지 쓰시오.

💬 – 사고유형
　　근로자 추락/펌프카 전도/근로자와 호스 충돌/주변 전선에 의한 감전
　– 사고예방 대책
　　1) 호스 확실히 붙잡고 타설
　　2) 추락 방지 위해 안전난간 설치
　　3) 전도 방지 위해 아웃트리거 설치
　　4) 주변 가공전선로와 이격거리 준수

021   ☆☆☆☆

콘크리트 타설작업 시 준수사항 3가지 쓰시오.

🔲 사업주는 콘크리트 타설작업을 하는 경우에는 다음 각 호의 사항을 준수해야 한다.
  1. 당일의 작업을 시작하기 전에 해당 작업에 관한 거푸집 및 동바리의 변형·변위 및 지반의 침하 유무 등을 점검하고 이상이 있으면 보수할 것
  2. 작업 중에는 감시자를 배치하는 등의 방법으로 거푸집 및 동바리의 변형·변위 및 침하 유무 등을 확인해야 하며, 이상이 있으면 작업을 중지하고 근로자를 대피시킬 것
  3. 콘크리트 타설작업 시 거푸집 붕괴의 위험이 발생할 우려가 있으면 충분한 보강조치를 할 것
  4. 설계도서상의 콘크리트 양생기간을 준수하여 거푸집 및 동바리를 해체할 것
  5. 콘크리트를 타설하는 경우에는 편심이 발생하지 않도록 골고루 분산하여 타설할 것

🔲 1. 편심 발생하지 않도록 골고루 분산해 타설할 것
  2. 거푸집 붕괴 위험 발생 우려 시 충분한 보강조치할 것
  3. 콘크리트 양생기간 준수해 거푸집 및 동바리 해체할 것

022   ☆

콘크리트 타설작업 시 당일 작업시작 전 점검하고 이상 발견 시 보수할 사항 3가지 쓰시오

🔲 윗 해설 참조
🔲 거푸집 변형/동바리 변형/지반 침하 유무

023 ☆☆☆

산업안전보건법령상 크레인을 사용해 작업하는 경우 근로자에게 준수하도록 해야 할 조치사항 3가지를 쓰시오.

해 사업주는 크레인을 사용하여 작업을 하는 경우 다음 각 호의 조치를 준수하고, 그 작업에 종사하는 관계 근로자가 그 조치를 준수하도록 하여야 한다.
1. 인양할 하물(荷物)을 바닥에서 끌어당기거나 밀어내는 작업을 하지 아니할 것
2. 유류드럼이나 가스통 등 운반 도중에 떨어져 폭발하거나 누출될 가능성이 있는 위험물 용기는 보관함(또는 보관고)에 담아 안전하게 매달아 운반할 것
3. 고정된 물체를 직접 분리·제거하는 작업을 하지 아니할 것
4. 미리 근로자의 출입을 통제하여 인양 중인 하물이 작업자의 머리 위로 통과하지 않도록 할 것
5. 인양할 하물이 보이지 아니하는 경우에는 어떠한 동작도 하지 아니할 것(신호하는 사람에 의하여 작업을 하는 경우는 제외한다)

답 1. 고정된 물체를 직접 분리하는 작업하지 말 것
2. 인양할 하물을 바닥에서 밀어내는 작업하지 말 것
3. 인양할 하물이 보이지 않는 경우 어떠한 동작도 하지 말 것

024 ☆

굴착기를 사용하여 인양작업 시 사업주 준수사항 3가지 쓰시오.

해 사업주는 굴착기를 사용하여 인양작업하는 경우에는 다음 각 호의 사항을 준수해야 한다.
1. 굴착기 제조사에서 정한 작업설명서에 따라 인양할 것
2. 사람을 지정하여 인양작업을 신호하게 할 것
3. 인양물과 근로자가 접촉할 우려가 있는 장소에 근로자의 출입을 금지시킬 것
4. 지반의 침하 우려가 없고 평평한 장소에서 작업할 것
5. 인양 대상 화물의 무게는 정격하중을 넘지 않을 것

답 1. 사람 지정해 인양작업 신호하게 할 것
2. 인양 대상 화물 무게는 정격하중 넘지 않을 것
3. 지반 침하 우려 없고 평평한 장소에서 작업할 것

025

☆☆☆☆

운반하역 표준안전 작업지침상 걸이작업을 하는 경우 준수사항 3가지 쓰시오.

🅗 걸이 작업은 다음 각 호의 사항을 준수하여야 한다.
1. 와이어로프 등은 크레인의 후크 중심에 걸어야 한다.
2. 인양 물체의 안정을 위하여 2줄 걸이 이상을 사용하여야 한다.
3. 밑에 있는 물체를 걸고자 할 때에는 위의 물체를 제거한 후에 행하여야 한다.
4. 매다는 각도는 60도 이내로 하여야 한다.
5. 근로자를 매달린 물체위에 탑승시키지 않아야 한다.

🅣 1. 2줄 걸이 이상을 사용할 것
2. 매다는 각도는 60도 이내로 할 것
3. 와이어로프는 크레인 후크 중심에 걸 것

026

☆

드럼통 등 구를 위험이 있는 중량물을 보관하거나 작업 중 구를 위험이 있는 중량물을 취급하는 경우 사업주의 준수사항 2가지 쓰시오.

🅗 사업주는 드럼통 등 구를 위험이 있는 중량물을 보관하거나 작업 중 구를 위험이 있는 중량물을 취급하는 경우에는 다음 각 호의 사항을 준수해야 한다.
1. 구름멈춤대, 쐐기 등을 이용하여 중량물의 동요나 이동을 조절할 것
2. 중량물이 구를 위험이 있는 방향 앞의 일정거리 이내로는 근로자의 출입을 제한할 것. 다만, 중량물을 보관하거나 작업 중인 장소가 경사면인 경우에는 경사면 아래로는 근로자의 출입을 제한해야 한다.

🅣 1. 쐐기 이용해 중량물 이동 조절할 것
2. 중량물이 구를 위험이 있는 방향 앞의 일정거리 이내로는 근로자 출입을 제한할 것

027 ☆☆☆

누전차단기 접속 시 준수사항이다. 빈칸을 채우시오.

> 전기기계·기구에 설치되어 있는 누전차단기는 정격감도전류가 (A) 이하이고 작동시간은
> (B) 이내일 것. 다만, 정격전부하전류가 50암페어 이상인 전기기계·기구에 접속되는 누전차단기
> 는 오작동을 방지하기 위하여 정격감도전류는 200밀리암페어 이하로, 작동시간은 0.1초 이내로 할
> 수 있다.

🔲 전기기계·기구에 설치되어 있는 누전차단기는 정격감도전류가 30밀리암페어 이하이고 작동시간은 0.03초
이내일 것. 다만, 정격전부하전류가 50암페어 이상인 전기기계·기구에 접속되는 누전차단기는 오작동을 방
지하기 위하여 정격감도전류는 200밀리암페어 이하로, 작동시간은 0.1초 이내로 할 수 있다.

🔳 A : 30mA   B : 0.03초

028 ☆☆

강관비계 조립 시 준수사항 3가지 쓰시오.

🔲 사업주는 강관비계를 조립하는 경우에 다음 각 호의 사항을 준수해야 한다.
   1. 비계기둥에는 미끄러지거나 침하하는 것을 방지하기 위하여 밑받침철물을 사용하거나 깔판·받침목 등을
      사용하여 밑둥잡이를 설치하는 등의 조치를 할 것
   2. 강관의 접속부 또는 교차부(交叉部)는 적합한 부속철물을 사용하여 접속하거나 단단히 묶을 것
   3. 교차 가새로 보강할 것
   4. 외줄비계·쌍줄비계 또는 돌출비계에 대해서는 다음 각 목에서 정하는 바에 따라 벽이음 및 버팀을 설치할
      것. 다만, 창틀의 부착 또는 벽면의 완성 등의 작업을 위하여 벽이음 또는 버팀을 제거하는 경우, 그 밖에
      작업의 필요상 부득이한 경우로서 해당 벽이음 또는 버팀 대신 비계기둥 또는 띠장에 사재(斜材)를
      설치하는 등 비계가 넘어지는 것을 방지하기 위한 조치를 한 경우에는 그러하지 아니하다.
      가. 강관비계의 조립 간격은 별표 5의 기준에 적합하도록 할 것
      나. 강관·통나무 등의 재료를 사용하여 견고한 것으로 할 것
      다. 인장재(引張材)와 압축재로 구성된 경우에는 인장재와 압축재의 간격을 1미터 이내로 할 것
   5. 가공전로(架空電路)에 근접하여 비계를 설치하는 경우에는 가공전로를 이설(移設)하거나 가공전로에
      절연용 방호구를 장착하는 등 가공전로와의 접촉을 방지하기 위한 조치를 할 것

🔳 1. 교차 가새로 보강할 것
   2. 강관 접속부는 적합한 부속철물 사용해 접속할 것
   3. 비계기둥에는 미끄러지는 것 방지하기 위해 밑받침철물 사용할 것

029

☆☆☆

시스템 비계 조립 작업 시 준수사항 3가지 쓰시오.

🔲 사업주는 시스템 비계를 조립 작업하는 경우 다음 각 호의 사항을 준수하여야 한다.
1. 비계 기둥의 밑둥에는 밑받침 철물을 사용하여야 하며, 밑받침에 고저차가 있는 경우에는 조절형 밑받침 철물을 사용하여 시스템 비계가 항상 수평 및 수직을 유지하도록 할 것
2. 경사진 바닥에 설치하는 경우에는 피벗형 받침 철물 또는 쐐기 등을 사용하여 밑받침 철물의 바닥면이 수평을 유지하도록 할 것
3. 가공전로에 근접하여 비계를 설치하는 경우에는 가공전로를 이설하거나 가공전로에 절연용 방호구를 설치하는 등 가공전로와의 접촉을 방지하기 위하여 필요한 조치를 할 것
4. 비계 내에서 근로자가 상하 또는 좌우로 이동하는 경우에는 반드시 지정된 통로를 이용하도록 주지시킬 것
5. 비계 작업 근로자는 같은 수직면상의 위와 아래 동시 작업을 금지할 것
6. 작업발판에는 제조사가 정한 최대적재하중을 초과하여 적재해서는 아니 되며, 최대적재하중이 표기된 표지판을 부착하고 근로자에게 주지시키도록 할 것

🔲 1. 비계 기둥의 밑둥에는 밑받침 철물을 사용할 것
2. 경사진 바닥에 설치 시 쐐기 등을 사용해 수평 유지할 것
3. 비계 작업 근로자는 같은 수직면상의 위와 아래 동시 작업 금지할 것

030 ☆☆☆☆☆☆☆☆

시스템 비계 관련 내용이다. 빈칸을 채우시오.

> 1. 수직재, 수평재, (A)를 견고하게 연결하는 구조가 되도록 할 것
> 2. 비계 밑단의 수직재와 (B)은 밀착되도록 설치하고, 수직재와 받침철물 연결부의 겹침길이는 받침철물 전체길이의 (C) 이상 되도록 할 것
> 3. 가공전로에 근접해 비계를 설치 시 가공전로를 이설하거나 가공전로에 (D)를 설치하는 등 가공 전로와의 접촉을 방지하기 위해 필요한 조치를 할 것
> 4. 밑받침 철물을 사용해야 하며 고저차 있는 경우 (E)을 사용하여 수평, 수직을 유지하도록 할 것
> 5. 경사진 바닥에 설치하는 경우 (F) 또는 (G) 등을 사용해 바닥면이 수평 유지하도록 할 것

🔐 윗 해설 참조

— 사업주는 시스템 비계를 사용하여 비계를 구성하는 경우에 다음 각 호의 사항을 준수하여야 한다.
  1. 수직재·수평재·가새재를 견고하게 연결하는 구조가 되도록 할 것
  2. 비계 밑단의 수직재와 받침철물은 밀착되도록 설치하고, 수직재와 받침철물의 연결부의 겹침길이는 받침철물 전체길이의 3분의 1 이상이 되도록 할 것
  3. 수평재는 수직재와 직각으로 설치하여야 하며, 체결 후 흔들림이 없도록 견고하게 설치할 것
  4. 수직재와 수직재의 연결철물은 이탈되지 않도록 견고한 구조로 할 것
  5. 벽 연결재의 설치간격은 제조사가 정한 기준에 따라 설치할 것

📝 A: 가새재   B: 받침철물   C: $\frac{1}{3}$ D: 절연용 방호구   E: 조절형 밑받침 철물   F: 피벗형 받침 철물

G: 쐐기

031 ☆☆☆☆☆☆☆☆

잠함, 피트, 우물통의 내부에서 굴착작업을 하는 경우, 사업주의 준수사항 3개 쓰시오.

🔐 — 사업주는 잠함, 우물통, 수직갱, 그 밖에 이와 유사한 건설물 또는 설비(이하 "잠함 등"이라 한다)의 내부에서 굴착작업을 하는 경우에 다음 각 호의 사항을 준수하여야 한다.
  1. 산소 결핍 우려가 있는 경우에는 산소의 농도를 측정하는 사람을 지명하여 측정하도록 할 것
  2. 근로자가 안전하게 오르내리기 위한 설비를 설치할 것
  3. 굴착 깊이가 20미터를 초과하는 경우에는 해당 작업장소와 외부와의 연락을 위한 통신설비 등을 설치할 것
— 사업주는 제1항제1호에 따른 측정 결과 산소 결핍이 인정되거나 굴착 깊이가 20미터를 초과하는 경우에는 송기(送氣)를 위한 설비를 설치해 필요한 양의 공기를 공급해야 한다.

📝 1. 안전하게 오르내리기 위한 설비 설치할 것
  2. 산소 결핍 우려 시 산소농도 측정자 지명해 측정할 것
  3. 굴착 깊이 20m 초과 시 외부와의 연락을 위한 통신설비 설치할 것

032   ☆☆☆☆☆

잠함, 피트, 우물통의 내부에서 굴착작업을 하는 경우 산소 결핍 우려 시 대책 1가지, 산소 결핍 인정 시 대책 1가지 쓰시오.

🔲 윗 해설 참조

🔳 산소 결핍 우려 시 대책 : 산소농도 측정자 지명해 측정할 것
    산소 결핍 인정 시 대책 : 송기 위한 설비 설치

033   ★☆☆

작업발판 및 통로의 끝이나 개구부로서 근로자가 추락할 위험이 있는 장소에서 작업 시 추락을 방지하기 위한 조치사항(= 방지책) 3가지 쓰시오.(= 승강기 피트홀에서 작업 시 추락방지 조치사항)

🔲 사업주는 작업발판 및 통로의 끝이나 개구부로서 근로자가 추락할 위험이 있는 장소에는 안전난간, 울타리, 수직형 추락방망 또는 덮개 등(이하 이 조에서 "난간등"이라 한다)의 방호 조치를 충분한 강도를 가진 구조로 튼튼하게 설치하여야 하며, 덮개를 설치하는 경우에는 뒤집히거나 떨어지지 않도록 설치하여야 한다.

🔳 덮개 설치/울타리 설치/안전난간 설치

034   ☆☆☆☆☆☆☆

차량계 하역운반기계의 운전자가 운전위치를 이탈 시 조치사항 3가지 쓰시오.

🔲 사업주는 차량계 하역운반기계등, 차량계 건설기계의 운전자가 운전위치를 이탈하는 경우 해당 운전자에게 다음 각 호의 사항을 준수하도록 하여야 한다.
   1. 포크, 버킷, 디퍼 등의 장치를 가장 낮은 위치 또는 지면에 내려둘 것
   2. 원동기를 정지시키고 브레이크를 확실히 거는 등 차량계 하역운반기계등, 차량계 건설기계의 갑작스러운 이동을 방지하기 위한 조치를 할 것
   3. 운전석을 이탈하는 경우에는 시동키를 운전대에서 분리시킬 것. 다만, 운전석에 잠금장치를 하는 등 운전자가 아닌 사람이 운전하지 못하도록 조치한 경우는 그러하지 아니하다.

🔳 1. 포크 등을 지면에 내려둘 것
   2. 갑작스러운 이동 방지하기 위한 조치할 것
   3. 운전석 이탈 시 시동키를 운전대에서 분리시킬 것

035　☆☆☆☆☆☆☆☆

거푸집 동바리 침하를 방지하기 위한 조치사항 3가지 쓰시오.

해 받침목이나 깔판의 사용, 콘크리트 타설, 말뚝박기 등 동바리의 침하를 방지하기 위한 조치를 할 것

답 깔판 사용/말뚝 박기/콘크리트 타설

036　★

굴착작업 시 토사등의 붕괴 또는 낙하에 의하여 근로자에게 위험을 미칠 우려가 있는 경우 해야
할 조치사항 2가지 쓰시오.

해 사업주는 굴착작업 시 토사등의 붕괴 또는 낙하에 의하여 근로자에게 위험을 미칠 우려가 있는 경우에는
미리 흙막이 지보공의 설치, 방호망의 설치 및 근로자의 출입 금지 등 그 위험을 방지하기 위하여 필요한
조치를 해야 한다.

답 방호망 설치/흙막이 지보공 설치

037　☆☆

크레인 해체작업 시 안전 조치사항 3가지 쓰시오.

해 사업주는 크레인의 설치·조립·수리·점검 또는 해체 작업을 하는 경우 다음 각 호의 조치를 하여야 한다.
　1. 작업순서를 정하고 그 순서에 따라 작업을 할 것
　2. 작업을 할 구역에 관계 근로자가 아닌 사람의 출입을 금지하고 그 취지를 보기 쉬운 곳에 표시할 것
　3. 비, 눈, 그 밖에 기상상태의 불안정으로 날씨가 몹시 나쁜 경우에는 그 작업을 중지시킬 것
　4. 작업장소는 안전한 작업이 이루어질 수 있도록 충분한 공간을 확보하고 장애물이 없도록 할 것
　5. 들어올리거나 내리는 기자재는 균형을 유지하면서 작업을 하도록 할 것
　6. 크레인의 성능, 사용조건 등에 따라 충분한 응력(應力)을 갖는 구조로 기초를 설치하고 침하 등이 일어나
　　지 않도록 할 것
　7. 규격품인 조립용 볼트를 사용하고 대칭되는 곳을 차례로 결합하고 분해할 것

답 1. 날씨 몹시 나쁜 경우 작업 중지시킬 것
　2. 작업순서 정하고 그 순서에 따라 작업할 것
　3. 들어올리거나 내리는 기자재는 균형 유지하면서 작업할 것

038 ☆☆☆☆☆☆☆☆☆

동력을 사용하는 항타기 또는 항발기에 대하여 무너짐을 방지하기 위한 조치사항 3가지 쓰시오.

해 사업주는 동력을 사용하는 항타기 또는 항발기에 대하여 무너짐을 방지하기 위하여 다음 각 호의 사항을 준수해야 한다.

1. 연약한 지반에 설치하는 경우에는 아웃트리거·받침 등 지지구조물의 침하를 방지하기 위하여 깔판· 받침목 등을 사용할 것
2. 시설 또는 가설물 등에 설치하는 경우에는 그 내력을 확인하고 내력이 부족하면 그 내력을 보강할 것
3. 아웃트리거·받침 등 지지구조물이 미끄러질 우려가 있는 경우에는 말뚝 또는 쐐기 등을 사용하여 해당 지지구조물을 고정시킬 것
4. 궤도 또는 차로 이동하는 항타기 또는 항발기에 대해서는 불시에 이동하는 것을 방지하기 위하여 레일 클램프(rail clamp) 및 쐐기 등으로 고정시킬 것
5. 상단 부분은 버팀대·버팀줄로 고정하여 안정시키고, 그 하단 부분은 견고한 버팀·말뚝 또는 철골 등으로 고정시킬 것

답 1. 불시에 이동하는 것을 방지하기 위해 쐐기로 고정시킬 것
   2. 시설에 설치 시 내력 확인하고 부족하면 그 내력 보강할 것
   3. 연약 지반 설치 시 지지구조물 침하 방지를 위해 깔판 사용할 것

039 ☆☆☆☆

항타기 및 항발기의 무너짐를 방지하기 위한 조치사항이다. 빈칸을 채우시오.

> 1. 연약한 지반에 설치하는 경우에는 아웃트리거·받침 등 지지구조물의 침하를 방지하기 위하여 (A) 등을 사용할 것
> 2. 아웃트리거·받침 등 지지구조물이 미끄러질 우려가 있는 경우에는 (B) 등을 사용하여 해당 지지구조물을 고정시킬 것
> 3. 궤도 또는 차로 이동하는 항타기 또는 항발기에 대해서는 불시에 이동하는 것을 방지하기 위하여 (C) 등으로 고정시킬 것

해 윗 해설 참조
답 A : 깔판, 받침목   B : 말뚝, 쐐기   C : 레일 클램프, 쐐기

040   ☆

절토작업 시 상하 동시작업은 금지해야 하나 부득이한 경우 필요한 조치를 실시하고 작업하도록
되어있다. 이때의 조치사항 3가지 쓰시오.

圖 절토시에는 다음 각 호의 사항을 준수하여야 한다.
  상·하부 동시작업은 금지하여야 하나 부득이한 경우 다음 각 목의 조치를 실시한 후 작업하여야 한다.
  가. 견고한 낙하물 방호시설 설치
  나. 부석 제거
  다. 작업장소에 불필요한 기계 등의 방치 금지
  라. 신호수 및 담당자 배치
圖 부석 제거/신호수 배치/견고한 낙하물 방호시설 설치

041   ★☆☆☆

차량계 건설기계 작업 시 넘어지거나 굴러떨어짐으로써 근로자가 위험해질 우려가 있는 경우
사업주의 조치사항 3가지 쓰시오.

圖 사업주는 차량계 건설기계를 사용하는 작업할 때에 그 기계가 넘어지거나 굴러떨어짐으로써 근로자가 위험
  해질 우려가 있는 경우에는 유도하는 사람을 배치하고 지반의 부동침하 방지, 갓길의 붕괴 방지 및 도로 폭의
  유지 등 필요한 조치를 하여야 한다.
圖 유도자 배치/도로 폭 유지/갓길 붕괴방지

042   ☆☆

차량계 하역운반기계등을 사용하여 작업을 하는 경우 하역 또는 운반 중인 화물이나 그 차량계
하역운반기계등에 접촉되어 근로자가 위험해질 우려가 있는 장소에서의 위험 방지 조치사항
2가지 쓰시오.

圖 – 사업주는 차량계 하역운반기계등을 사용하여 작업을 하는 경우에 하역 또는 운반 중인 화물이나 그 차량
  계 하역운반기계등에 접촉되어 근로자가 위험해질 우려가 있는 장소에는 근로자를 출입시켜서는 아니 된
  다. 다만, 작업지휘자 또는 유도자를 배치하고 그 차량계 하역운반기계등을 유도하는 경우에는 그러하지
  아니하다.
  – 차량계 하역운반기계등의 운전자는 제1항 단서의 작업지휘자 또는 유도자가 유도하는 대로 따라야 한다.
圖 근로자 출입금지/유도자가 유도하는 대로 작업

043 ☆

차량계 건설기계를 이송하기 위해 자주 또는 견인에 의해 화물자동차 등에 싣거나 내리는 작업을 할 때에 발판, 성토 등을 사용하는 경우에는 해당 차량계 건설기계의 전도 또는 굴러떨어짐에 의한 위험을 방지하기 위해 지켜야 하는 준수사항 2가지 쓰시오.

해 사업주는 차량계 건설기계를 이송하기 위해 자주 또는 견인에 의해 화물자동차 등에 싣거나 내리는 작업을 할 때에 발판·성토 등을 사용하는 경우에는 해당 차량계 건설기계의 전도 또는 굴러 떨어짐에 의한 위험을 방지하기 위해 다음 각 호의 사항을 준수해야 한다.
1. 싣거나 내리는 작업은 평탄하고 견고한 장소에서 할 것
2. 발판을 사용하는 경우에는 충분한 길이·폭 및 강도를 가진 것을 사용하고 적당한 경사를 유지하기 위하여 견고하게 설치할 것
3. 자루·가설대 등을 사용하는 경우에는 충분한 폭 및 강도와 적당한 경사를 확보할 것

답 가설대 사용 시 충분한 폭 확보할 것/싣거나 내리는 작업은 평탄, 견고한 장소에서 할 것

044 ☆

지게차가 하물을 들어올리는 작업을 할 때 내용이다. 빈칸을 찾으시오.

> 1. 지상에서 5센티미터 이상 (A) 이하의 지점까지 들어올린 후 일단 정지해야 한다.
> 2. 하물의 안전상태, 포크에 대한 편심하중 및 그 밖에 이상이 없는가를 확인해야 한다.
> 3. 마스트는 뒷쪽으로 경사를 주어야 한다.
> 4. 지상에서 (B)의 높이까지 들어올려야 한다.
> 5. 들어올린 상태로 출발, 주행하여야 한다.

해 하물을 들어올리는 작업을 할 때에는 다음 각 호의 사항을 준수하여야 한다.
1. 지상에서 5센티미터 이상 10센티미터 이하의 지점까지 들어올린 후 일단 정지해야 한다.
2. 하물의 안전상태, 포크에 대한 편심하중 및 그 밖에 이상이 없는가를 확인하여야 한다.
3. 마스트는 뒷쪽으로 경사를 주어야 한다.
4. 지상에서 10센티미터 이상 30센티미터 이하의 높이까지 들어올려야 한다.
5. 들어올린 상태로 출발, 주행하여야 한다.

답 A : 10cm   B : 10cm 이상 30cm 이하

045 ☆☆

차량계 하역운반기계에 화물 적재 시 준수사항 3가지 쓰시오.

해 사업주는 차량계 하역운반기계등에 화물을 적재하는 경우에 다음 각 호의 사항을 준수하여야 한다.
   1. 하중이 한쪽으로 치우치지 않도록 적재할 것
   2. 구내운반차 또는 화물자동차의 경우 화물의 붕괴 또는 낙하에 의한 위험을 방지하기 위하여 화물에 로프를 거는 등 필요한 조치를 할 것
   3. 운전자의 시야를 가리지 않도록 화물을 적재할 것
   4. 화물을 적재하는 경우에는 최대적재량을 초과해서는 아니 된다.

답 1. 운전자 시야 가리지 말 것
   2. 하중이 한쪽으로 치우치지 말 것
   3. 화물자동차 경우 화물에 로프를 거는 조치할 것

046 ☆

굴착작업 전에 기계의 정비상태를 정비기록표 등에 의해 확인하고 점검해야 할 사항 3가지 쓰시오.

해 작업전에 기계의 정비상태를 정비기록표 등에 의해 확인하고 다음 각 목의 사항을 점검하여야 한다.
   가. 낙석, 낙하물 등의 위험이 예상되는 작업시 견고한 헤드가드 설치상태
   나. 브레이크 및 클러치의 작동상태
   다. 타이어 및 궤도차륜 상태
   라. 경보장치 작동상태
   마. 부속장치의 상태

답 타이어 상태/부속장치 상태/클러치 작동상태

047 ☆☆☆

건설현장의 폭설, 한파로 인한 결빙 시 조치사항 3가지 쓰시오.(= 동절기 도로의 조치사항)

📖 동절기 폭설, 결빙 시 안전조치사항
1. 가설계단, 작업발판, 개구부 주위 및 근로자 주 통로에는 눈과 결빙으로 인한 넘어짐, 떨어짐의 우려가 있으므로 작업 전 점검을 실시하여 결빙부위 및 눈을 신속히 제거하거나 모래, 부직포 등을 이용하여 미끄럼 방지조치를 실시하여야 한다.
2. 현장 내 가설도로에는 차량계 건설기계의 미끄럼 방지를 위하여 모래함이나 염화칼슘 등을 비치하고 근로자 주 통행로와 구별되도록 한다.
3. 대설주의보, 대설경보 등의 특보 발령 시 눈이 계속 쌓여 이로 인한 하중 증가로 가설구조물 등이 무너질 위험이 있는 곳이 있는지 사전에 파악하고, 무너짐 위험구간에는 지속적으로 쌓인 눈을 제거하고, 하부에 근로자의 통행을 금지한다.
4. 현장 내 처마 부위 또는 흙막이 지보공 등에 고드름이 발생할 경우 고드름의 낙하로 인한 재해를 예방하기 위하여 고드름을 제거하거나 접근금지 구역을 설정하는 등의 조치를 하여야 한다.
5. 철골작업의 경우 강설량이 시간당 1cm 이상인 경우 작업을 중지하여야 하며, 작업을 다시 시작하기 전에 철골계단 단부 등 개구부 주변에서 결빙으로 인해 넘어짐, 떨어짐의 위험이 있는지를 확인하고, 결빙 부위 제거 및 안전난간 설치 등 넘어짐, 떨어짐 방지 조치를 실시하여야 한다.

📋 가설도로에 염화칼슘 비치
모래 이용해 미끄럼 방지조치
무너짐 위험구간에 쌓인 눈 제거

048 ☆

사업주는 근로자가 밀폐공간에서 작업을 시작하기 전 안전한 상태에서 작업할 수 있도록 확인해야 할 사항 4가지 쓰시오.

해 사업주는 근로자가 밀폐공간에서 작업을 시작하기 전에 다음 각 호의 사항을 확인하여 근로자가 안전한 상태에서 작업하도록 하여야 한다.
  1. 작업 일시, 기간, 장소 및 내용 등 작업 정보
  2. 관리감독자, 근로자, 감시인 등 작업자 정보
  3. 산소 및 유해가스 농도의 측정결과 및 후속조치 사항
  4. 작업 중 불활성가스 또는 유해가스의 누출·유입·발생 가능성 검토 및 후속조치 사항
  5. 작업 시 착용하여야 할 보호구의 종류
  6. 비상연락체계

답 1. 비상연락체계
  2. 작업 일시 등 작업 정보
  3. 관리감독자 등 작업자 정보
  4. 작업 시 착용하여야 할 보호구 종류

049 ☆☆

밀폐작업 시 조치사항 4가지와 산소결핍의 기준을 쓰시오.

해 "산소결핍"이란 공기 중의 산소농도가 18퍼센트 미만인 상태를 말한다.

답 - 조치사항: 감시인 배치/산소농도 측정/송기마스크 착용/관계자 외 출입금지
  - 산소결핍 기준: 산소농도 18% 미만

050 ☆☆☆☆☆

밀폐공간 작업 시 산소와 이산화탄소, 일산화탄소, 황화수소의 적정 수준을 쓰시오.

해 "적정공기"란 산소농도의 범위가 18퍼센트 이상 23.5퍼센트 미만, 이산화탄소의 농도가 1.5퍼센트 미만, 일산화탄소의 농도가 30피피엠 미만, 황화수소의 농도가 10피피엠 미만인 수준의 공기를 말한다.

답 산소: 18% 이상 23.5% 미만   이산화탄소: 1.5% 미만   일산화탄소: 30ppm 미만
  황화수소: 10ppm 미만

051 ☆

가스농도를 측정해야 하는 경우 3가지 쓰시오.

해 가스의 농도를 측정하는 사람을 지명하고 다음 각 목의 경우에 그로 하여금 해당 가스의 농도를 측정하도록 할 것
   가. 매일 작업을 시작하기 전
   나. 가스의 누출이 의심되는 경우
   다. 가스가 발생하거나 정체할 위험이 있는 장소가 있는 경우
   라. 장시간 작업을 계속하는 경우(이 경우 4시간마다 가스 농도를 측정하도록 하여야 한다)
답 매일 작업 시작 전/가스 누출이 의심될 시/장시간 작업 계속할 시

052 ☆☆☆

근로자가 충전전로를 취급하거나 그 인근에서 작업하는 경우 조치사항(= 안전대책) 3가지 쓰시오.

해 사업주는 근로자가 충전전로를 취급하거나 그 인근에서 작업하는 경우에는 다음 각 호의 조치를 하여야 한다.
  1. 충전전로를 정전시키는 경우에는 법에 따른 조치를 할 것
  2. 충전전로를 방호, 차폐하거나 절연 등의 조치를 하는 경우에는 근로자의 신체가 전로와 직접 접촉하거나 도전재료, 공구 또는 기기를 통하여 간접 접촉되지 않도록 할 것
  3. 충전전로를 취급하는 근로자에게 그 작업에 적합한 절연용 보호구를 착용시킬 것
  4. 충전전로에 근접한 장소에서 전기작업을 하는 경우에는 해당 전압에 적합한 절연용 방호구를 설치할 것. 다만, 저압인 경우에는 해당 전기작업자가 절연용 보호구를 착용하되, 충전전로에 접촉할 우려가 없는 경우에는 절연용 방호구를 설치하지 아니할 수 있다.
  5. 고압 및 특별고압의 전로에서 전기작업을 하는 근로자에게 활선작업용 기구 및 장치를 사용하도록 할 것
  6. 근로자가 절연용 방호구의 설치·해체작업을 하는 경우에는 절연용 보호구를 착용하거나 활선작업용 기구 및 장치를 사용하도록 할 것
  7. 유자격자가 아닌 근로자가 충전전로 인근의 높은 곳에서 작업할 때에 근로자의 몸 또는 긴 도전성 물체가 방호되지 않은 충전전로에서 대지전압이 50킬로볼트 이하인 경우에는 300센티미터 이내로, 대지전압이 50킬로볼트를 넘는 경우에는 10킬로볼트당 10센티미터씩 더한 거리 이내로 각각 접근할 수 없도록 할 것
  8. 유자격자가 충전전로 인근에서 작업하는 경우에는 다음 각 목의 경우를 제외하고는 노출 충전부에 표에 제시된 접근한계거리 이내로 접근하거나 절연 손잡이가 없는 도전체에 접근할 수 없도록 할 것
   가. 근로자가 노출 충전부로부터 절연된 경우 또는 해당 전압에 적합한 절연장갑을 착용한 경우
   나. 노출 충전부가 다른 전위를 갖는 도전체 또는 근로자와 절연된 경우
   다. 근로자가 다른 전위를 갖는 모든 도전체로부터 절연된 경우
답 1. 적합한 절연용 방호구 설치할 것
   2. 작업에 적합한 절연용 보호구 착용시킬 것
   3. 고압 전로에서 전기작업 하는 근로자에게 활선작업용 기구 사용하도록 할 것

053 ☆

다음 빈칸을 채우시오.

> 사업주는 근로자가 충전전로를 취급하거나 그 인근에서 작업하는 경우에는 다음 각 호의 조치를 하여야 한다.
> 1. 유자격자가 아닌 근로자가 충전전로 인근의 높은 곳에서 작업할 때에 근로자의 몸 또는 긴 도전성 물체가 방호되지 않은 충전전로에서 대지전압이 (A) 이하인 경우에는 (B) 이내로, 대지전압이 (A)를 넘는 경우에는 (C)당 (D)씩 더한 거리 이내로 각각 접근할 수 없도록 할 것

🔲 윗 해설 참조

🔲 A: 50kV B: 300cm C: 10kV D: 10cm

054 ★☆☆

산업안전보건기준에 관한 규칙상 근로자가 작업이나 통행 등으로 인해 전기기계, 기구 등 또는 전류 등의 충전부분에 접촉하거나 접근함으로써 감전위험이 있는 충전부분에 대한 감전방지대책 4개 쓰시오.

🔲 사업주는 근로자가 작업이나 통행 등으로 인하여 전기기계, 기구 [전동기·변압기·접속기·개폐기·분전반(分電盤)·배전반(配電盤) 등 전기를 통하는 기계·기구, 그 밖의 설비 중 배선 및 이동전선 외의 것을 말한다. 이하 같다)] 또는 전로 등의 충전부분(전열기의 발열체 부분, 저항접속기의 전극 부분 등 전기기계·기구의 사용 목적에 따라 노출이 불가피한 충전부분은 제외한다. 이하 같다)에 접촉(충전부분과 연결된 도전체와의 접촉을 포함한다. 이하 이 장에서 같다)하거나 접근함으로써 감전 위험이 있는 충전부분에 대하여 감전을 방지하기 위하여 다음 각 호의 방법 중 하나 이상의 방법으로 방호하여야 한다.
> 1. 충전부가 노출되지 않도록 폐쇄형 외함(外函)이 있는 구조로 할 것
> 2. 충전부에 충분한 절연효과가 있는 방호망이나 절연덮개를 설치할 것
> 3. 충전부는 내구성이 있는 절연물로 완전히 덮어 감쌀 것
> 4. 발전소·변전소 및 개폐소 등 구획되어 있는 장소로서 관계 근로자가 아닌 사람의 출입이 금지되는 장소에 충전부 설치하고, 위험표시 등의 방법으로 방호 강화할 것
> 5. 전주 위 및 철탑 위 등 격리되어 있는 장소로서 관계 근로자가 아닌 사람이 접근할 우려가 없는 장소에 충전부를 설치할 것

🔲 1. 폐쇄형 외함구조로 할 것
  2. 충분한 절연효과 있는 절연덮개 설치
  3. 내구성 있는 절연물로 완전히 덮어 감쌀 것
  4. 철탑 위 등 관계 근로자가 아닌 사람이 접근할 우려가 없는 장소에 설치할 것

055 ☆

해체공사 작업계획서의 포함사항 4가지 쓰시오.

해 작업계획서 내용

10. 건물 등의 해체작업	1. 해체의 방법 및 해체 순서도면 2. 가설설비·방호설비·환기설비 및 살수·방화설비 등의 방법 3. 사업장 내 연락방법 4. 해체물의 처분계획 5. 해체작업용 기계·기구 등의 작업계획서 6. 해체작업용 화약류 등의 사용계획서 7. 그 밖에 안전·보건에 관련된 사항

답 해체방법/방호설비 방법/해체물 처분계획/사업장 내 연락방법

056 ☆☆☆☆

교량작업 시 작업계획서 내용 5가지 쓰시오.

해 작업계획서 내용

8. 교량작업	1. 작업 방법 및 순서 2. 부재(部材)의 낙하·전도 또는 붕괴를 방지하기 위한 방법 3. 작업에 종사하는 근로자의 추락 위험을 방지하기 위한 안전조치 방법 4. 공사에 사용되는 가설 철구조물 등의 설치·사용·해체 시 안전성 검토 방법 5. 사용하는 기계 등의 종류 및 성능, 작업방법 6. 작업지휘자 배치계획 7. 그 밖에 안전·보건에 관련된 사항

답 1. 작업 방법
2. 사용 기계 종류
3. 부재 낙하 방지 방법
4. 작업지휘자 배치계획
5. 근로자 추락 방지위한 안전조치 방법

057 ☆☆☆☆☆☆☆☆☆☆

터널 굴착작업 시 작업계획서 포함사항 3가지 쓰시오.

해

7. 터널 굴착작업	1. 굴착의 방법 2. 터널지보공 및 복공(覆工)의 시공방법과 용수(湧水)의 처리방법 3. 환기 또는 조명시설을 설치할 때에는 그 방법

답 굴착방법/용수 처리방법/환기시설 설치방법

058 ☆☆☆☆

산업안전보건법에 따라 굴착면 높이가 2m 이상이 되는 지반의 굴착작업을 하는 경우 작업장의 지형, 지반 및 지층 상태 등에 대한 사전조사 후 작성하여야 하는 작업계획서에 들어갈 포함사항 3개 쓰시오.

해 작업계획서 내용

6. 굴착작업	1. 굴착방법 및 순서, 토사 반출 방법 2. 필요한 인원 및 장비 사용계획 3. 매설물 등에 대한 이설·보호대책 4. 사업장 내 연락방법 및 신호방법 5. 흙막이 지보공 설치방법 및 계측계획 6. 작업지휘자의 배치계획 7. 그 밖에 안전·보건에 관련된 사항

답 굴착방법/장비 사용계획/매설물 보호대책

059 ☆☆☆☆☆

차량계 건설기계를 사용하는 작업 시 작성하는 작업계획서 포함사항 3가지 쓰시오.

해

3. 차량계 건설기계를 사용하는 작업	가. 사용하는 차량계 건설기계의 종류 및 성능
	나. 차량계 건설기계의 운행경로
	다. 차량계 건설기계에 의한 작업방법

답 운행경로/작업방법/사용하는 차량계 건설기계 종류

060 ☆

타워크레인 조립, 해체 작업계획서의 포함사항 4가지 쓰시오.

해

1. 타워크레인을 설치·조립·해체하는 작업	가. 타워크레인의 종류 및 형식
	나. 설치·조립 및 해체순서
	다. 작업도구·장비·가설설비(假設設備) 및 방호설비
	라. 작업인원의 구성 및 작업근로자의 역할 범위
	마. 제142조에 따른 지지 방법

답 해체순서/방호설비/작업인원 구성/타워크레인 종류

061   ☆☆

뿜어붙이기 콘크리트 작업 시 작성하는 작업계획서 포함사항 3가지 쓰시오.

해 사업주는 뿜어붙이기 콘크리트(= 숏크리트) 작업시에는 사전에 작업계획을 수립 후 실시하여야 한다. 작업
계획에는 최소한 다음 각 호의 사항이 포함되어야 한다.
1. 사용목적 및 투입장비
2. 건식공법, 습식공법 등 공법의 선택
3. 노즐의 분사출력기준
4. 압송거리
5. 분진방지대책
6. 재료의 혼입기준
7. 리바운드 방지대책
8. 작업의 안전수칙
답 사용목적/압송거리/분진방지대책

062   ☆☆☆☆

근로자가 상시 분진작업에 관련된 업무를 하는 경우에 사업주가 근로자에게 알려야 하는 사항
3가지 쓰시오.

해 사업주는 근로자가 상시 분진작업에 관련된 업무를 하는 경우에 다음 각 호의 사항을 근로자에게 알려야 한다.
1. 분진의 유해성과 노출경로
2. 분진의 발산 방지와 작업장의 환기 방법
3. 작업장 및 개인위생 관리
4. 호흡용 보호구의 사용 방법
5. 분진에 관련된 질병 예방 방법
답 분진 유해성/개인위생 관리/작업장 환기 방법

063   ☆

정기안전점검 결과 건설공사의 물리적·기능적 결함 등이 발견되어 보수·보강 등의 조치를 위하
여 필요한 경우 실시하는 것을 쓰시오.

해 정기안전점검 결과 건설공사의 물리적·기능적 결함 등이 발견되어 보수·보강 등의 조치를 위하여 필요한 경
우에는 정밀안전점검을 할 것
답 정밀안전점검

064 ☆

굴착기의 안전점검사항 3가지 쓰시오.

해

구분	점검사항	비고
1. 안전장치 설치 및 작동상태	퀵커플러 안전핀 체결여부 확인	
	전조등 및 후진경보장치, 후면, 협착방지봉, 전후방 경고음, 후방카메라 등 작동상태	
	소화기 및 고임목 구비·사용상태	
2. 장비 이상 유무 확인	장비 외관 및 누수·누유 상태 확인	
	운전자의 시야확보	
	붐(암)유압장치, 선회장치 등의 이상 유·무	
	무한궤도 트랙, 슈 등의 이상 유·무	
	타이어 손상·마모 상태 확인	
	운전석 조작장치 및 제동장치 이상 유·무	
3. 예방정비 유무	– 장비의 일일 점검 및 예방 정비 실시여부	
	장비의 수리·점검사항 등 이력관리 상태	
4. 운전 자격 적정 여부	운전원 면허 자격 여부 (3톤미만 : 소형건설기계조종교육이수, 3톤이상 : 건설기계조종사면허)	
5. 작업계획서	작업장의 지형, 지반 등 사전조사 여부	
	작업계획서 작성 적정여부	
6. 안전작업을 위한 준수사항	정기검사 실시여부(3톤 이상)	
	유도자 및 신호수 배치(작업지휘자) 유무 확인	
	상·하 동시작업 금지	
	버킷에 근로자 탑승금지	
	노폭의 유지, 노견(굴착면, 경사면 포함) 무너짐 방지 및 지반 침하 방지조치	
	운전원이 운전석 이탈 시 버킷을 지상에 내려놓기	
	운반 및 하역작업 사용금지	

답 작업계획서/예방정비 유무/운전 자격 적정 여부

065 ☆☆☆☆

자동경보장치에 대하여 당일 작업 시작 전 점검사항 3가지 쓰시오.

解 사업주는 자동경보장치에 대하여 당일 작업 시작 전 다음 각 호의 사항을 점검하고 이상을 발견하면 즉시 보수하여야 한다.
1. 계기의 이상 유무
2. 검지부의 이상 유무
3. 경보장치의 작동상태

答 계기 이상 유무/검지부 이상 유무/경보장치 작동상태

066 ☆

화물자동차 사용 작업 시 작업시작 전 점검사항 3가지 쓰시오.

解

12. 화물자동차를 사용하는 작업을 하게 할 때	가. 제동장치 및 조종장치의 기능 나. 하역장치 및 유압장치의 기능 다. 바퀴의 이상 유무

答 제동장치 기능/하역장치 기능/바퀴 이상 유무

067 ☆☆

터널 공사관련 문제이다. 물음에 답하시오.

> 1. 버력처리 장비 선정 시 고려사항 3가지
> 2. 차량계 운반장비 작업시작 전 점검사항 3가지

해 − 버력처리 장비는 다음 각목의 사항을 고려하여 선정하고 사토장거리, 운행속도 등의 작업 계획을 수립한
후 작업하여야 한다.
　가. 굴착단면의 크기 및 단위발파 버력의 물량
　나. 터널의 경사도
　다. 굴착방식
　라. 버력의 상상 및 함수비
　마. 운반 통로의 노면상태

　버력: 광산·탄광 등에서 갱도굴진·채광·채탄·선광·선탄 과정에서 선별되는 무가치한 암석 덩어리·암석
　　　　조각·슬라임(암석 등의 미세입자) 등의 총칭. 폐석(廢石)

　− 차량계 운반장비는 작업시작전 다음 각 목의 사항을 점검하고 이상이 발견된 때에는 즉시 보수 기타 필요
한 조치를 하여야 한다.
　가. 제동장치 및 조절장치 기능의 이상 유무
　나. 하역장치 및 유압장치 기능의 이상 유무
　다. 차륜의 이상 유무
　라. 경광, 경음장치의 이상 유무

답 1. 굴착방식/터널 경사도/굴착단면 크기
　2. 차륜 이상 유무/경광 이상 유무/유압장치 기능 이상 유무

068 ☆☆☆

채석작업 시 지반 붕괴 또는 토석 낙하로 인한 위험을 방지하기 위해 당일 작업시작 전 점검사항
2가지 쓰시오.

해 사업주는 채석작업을 하는 경우 지반의 붕괴 또는 토사등의 낙하로 인하여 근로자에게 발생할 우려가 있는
위험을 방지하기 위하여 다음 각 호의 조치를 해야 한다.
　1. 점검자를 지명하고 당일 작업 시작 전에 작업 장소 및 그 주변 지반의 부석과 균열의 유무와 상태,
함수·용수 및 동결상태의 변화를 점검할 것

답 작업 장소 부석과 균열 유무/용수 및 동결상태 변화

069　☆☆☆☆☆☆☆

흙막이 지보공을 설치 시 정기적으로 봐야 할 점검사항 3가지 쓰시오.

해 사업주는 흙막이 지보공을 설치하였을 때에는 정기적으로 다음 각 호의 사항을 점검하고 이상을 발견하면 즉시 보수하여야 한다.
1. 부재의 손상·변형·부식·변위 및 탈락의 유무와 상태
2. 버팀대의 긴압(緊壓)의 정도
3. 부재의 접속부·부착부 및 교차부의 상태
4. 침하의 정도

답 침하 정도/부재 손상 유무/버팀대 긴압 정도

070　☆

흙막이 지보공 조립 시 안전사항 2가지 쓰시오.

해 사업주는 흙막이 지보공을 조립하는 경우 미리 조립도를 작성하여 그 조립도에 따라 조립하도록 하여야 한다. 조립도는 흙막이판·말뚝·버팀대 및 띠장 등 부재의 배치·치수·재질 및 설치방법과 순서가 명시되어야 한다.

답 조립도는 부재 설치방법 명시/조립 시 미리 조립도 작성해 조립도에 따라 조립

071　☆

강아치 지보공 조립 시 사업주의 조치사항 4가지 쓰시오.

해 강(鋼)아치 지보공의 조립은 다음 각 목의 사항을 따를 것
가. 조립간격은 조립도에 따를 것
나. 주재가 아치작용을 충분히 할 수 있도록 쐐기를 박는 등 필요한 조치를 할 것
다. 연결볼트 및 띠장 등을 사용하여 주재 상호간을 튼튼하게 연결할 것
라. 터널 등의 출입구 부분에는 받침대를 설치할 것
마. 낙하물이 근로자에게 위험을 미칠 우려가 있는 경우에는 널판 등을 설치할 것

답 1. 조립 간격은 조립도에 따를 것
2. 터널 출입구 부분에 받침대 설치할 것
3. 띠장 사용해 주재 상호간 튼튼히 연결할 것
4. 낙하물이 근로자에게 위험을 미칠 우려 있을 시 널판 설치할 것

072 ☆☆☆☆☆☆☆☆☆

굴착면의 높이가 2미터 이상이 되는 지반의 굴착작업 시 사전조사 내용 3가지 쓰시오.

6. 굴착작업	가. 형상·지질 및 지층의 상태 나. 균열·함수(含水)·용수 및 동결의 유무 또는 상태 다. 매설물 등의 유무 또는 상태 라. 지반의 지하수위 상태

답 지층 상태/동결 상태/매설물 상태

073 ☆☆

경사면의 안정성 검토를 위한 조사사항 3가지 쓰시오.

해 경사면의 안정성을 확인하기 위하여 다음 각 호의 사항을 검토하여야 한다.
1. 지질조사: 층별 또는 경사면의 구성 토질구조
2. 토질시험: 최적함수비, 삼축압축강도, 전단시험, 점착도 등의 시험
3. 사면붕괴 이론적 분석: 원호활절법, 유한요소법 해석
4. 과거의 붕괴된 사례 유무
5. 토층의 방향과 경사면의 상호관련성
6. 단층, 파쇄대의 방향 및 폭
7. 풍화의 정도
8. 용수의 상황
답 풍화 정도/용수 상황/단층 방향

074 ☆

터널공사 NATM 경우 굴착지반의 거동, 지보공 부재 변위, 응력 변화 등에 대한 정밀 측정을 통해 계측관리를 해 줘야 한다. 이때의 측정사항을 3가지 쓰시오.

해 터널 계측은 굴착지반의 거동, 지보공 부재의 변위, 응력의 변화 등에 대한 정밀 측정을 실시하므로서 시공의 안전성을 사전에 확보하고 설계시의 조사치와 비교분석하여 현장조건에 적정하도록 수정, 보완하는데 그 목적이 있으며 다음 각 호를 기준으로 한다.
1. 터널내 육안조사
2. 내공변위 측정
3. 천단침하 측정
4. 록 볼트 인발시험
5. 지표면 침하측정
6. 지중변위 측정
7. 지중침하 측정
8. 지중수평변위 측정
9. 지하수위 측정
10. 록 볼트 축력측정
11. 뿜어붙이기 콘크리트 응력측정
12. 터널내 탄성파 속도 측정
13. 주변 구조물의 변형상태 조사

답 천단침하 측정/지중침하 측정/지표면침하 측정

075 ☆☆

터널공사 시 작업 면에 적합한 조도기준을 쓰시오.

> 1. 터널중간 구간   2. 터널 입출구, 수직구 구간   3. 막장 구간

해 작업면에 대한 조도 기준

작업기준	기준
막장구간	70Lux 이상
터널중간구간	50Lux 이상
터널 출입구, 수직구 구간	30Lux 이상

답 1. 50Lux 이상   2. 30Lux 이상   3. 70Lux 이상

076 ★☆☆

조명은 근로자들의 작업환경의 측면에서 중요한 안전요소이다. 산업안전보건기준에 관한 규칙에서 규정하는 다음의 작업장소의 조도기준을 쓰시오.

1. 초정밀 작업: (A)lux 이상	2. 정밀 작업: (B)lux 이상
3. 보통 작업: (C)lux 이상	4. 그 밖의 작업: (D)lux 이상

해 사업주는 근로자가 상시 작업하는 장소의 작업면 조도(照度)를 다음 각 호의 기준에 맞도록 하여야 한다. 다만, 갱내(坑內) 작업장과 감광재료(感光材料)를 취급하는 작업장은 그러하지 아니하다.
1. 초정밀작업: 750럭스(lux) 이상   2. 정밀작업: 300럭스 이상
3. 보통작업: 150럭스 이상   4. 그 밖의 작업: 75럭스 이상

답 A: 750   B: 300   C: 150   D: 75

077 ☆☆

작업장 조도기준 중 자재를 보관하는 창고에 적합한 조도기준을 쓰시오.

해 사업주는 근로자가 상시 작업하는 장소의 작업면 조도(照度)를 다음 각 호의 기준에 맞도록 하여야 한다. 다만, 갱내(坑內) 작업장과 감광재료(感光材料)를 취급하는 작업장은 그러하지 아니하다.
1. 초정밀작업: 750럭스(lux) 이상
2. 정밀작업: 300럭스 이상
3. 보통작업: 150럭스 이상
4. 그 밖의 작업: 75럭스 이상

답 75Lux 이상

078 ☆

콘크리트 옹벽 구조물을 시공할 때 검토해야 할 안정조건 3개 쓰시오.

해 옹벽의 안정조건

1. 활동에 대한 안전율은 1.5(지진시 토압에 대해서는 1.2) 이상으로 한다. 다만, 옹벽 전면 흙에 의한 수동토압을 활동저항력에 포함할 경우의 안전율은 2.0 이상으로 한다. 옹벽 저판의 깊이는 동결심도 보다 깊어야 하며 최소한 1m 이상으로 한다.

2. 전도 및 지지력에 대한 안정조건을 만족하지만 활동에 대하여 불안정할 경우 활동방지벽 등을 설치할 수 있다.

3. 전도에 대한 저항모멘트는 토압에 의한 전도모멘트의 2.0배 이상으로 한다. 작용하중의 합력이 저판폭의 중앙 1/3(암반인 경우 1/2, 지진시 토압에 대해서는 2/3) 이내에 있다면 전도에 대한 안정성 검토는 생략할 수 있다.

4. 기초지반에 작용하는 최대압축응력은 기초지반의 허용지지력 이하가 되도록 한다.

답 활동/전도/지지력

079

★☆☆☆☆☆☆☆☆

작업장에 계단, 계단참 설치 시 사업주의 준수사항이다. 빈칸을 채우시오.

> 1. 사업주는 근로자가 안전하게 통행할 수 있도록 통로에 (A)의 채광 또는 조명시설을 하여야 한다. 다만, 갱도 또는 상시 통행을 하지 아니하는 지하실 등을 통행하는 근로자에게 휴대용 조명기구를 사용하도록 한 경우에는 그러하지 아니하다.
> 2. 사업주는 통로면으로부터 높이 (B) 이내에는 장애물이 없도록 하여야 한다. 다만, 부득이하게 통로면으로부터 높이 (B) 이내에 장애물을 설치할 수밖에 없거나 통로면으로부터 높이 (B) 이내의 장애물을 제거하는 것이 곤란하다고 고용노동부장관이 인정하는 경우에는 근로자에게 발생할 수 있는 부상 등의 위험을 방지하기 위한 안전 조치를 하여야 한다.
> 3. 사업주는 계단을 설치하는 경우 바닥면으로부터 높이 (C) 이내의 공간에 장애물이 없도록 하여야 한다. 다만, 급유용·보수용·비상용 계단 및 나선형 계단인 경우에는 그러하지 아니하다.
> 4. 사업주는 높이가 3미터를 초과하는 계단에 높이 3미터 이내마다 진행방향으로 길이 (D) 이상의 계단참을 설치해야 한다.
> 5. 사업주는 계단 및 계단참을 설치하는 경우 매제곱미터당 (E) 이상의 하중에 견딜 수 있는 강도를 가진 구조로 설치하여야 하며, 안전율은 (F) 이상으로 하여야 한다.

해 – 사업주는 근로자가 안전하게 통행할 수 있도록 통로에 75럭스 이상의 채광 또는 조명시설을 하여야 한다. 다만, 갱도 또는 상시 통행을 하지 아니하는 지하실 등을 통행하는 근로자에게 휴대용 조명기구를 사용하도록 한 경우에는 그러하지 아니하다.

– 사업주는 통로면으로부터 높이 2미터 이내에는 장애물이 없도록 하여야 한다. 다만, 부득이하게 통로면으로부터 높이 2미터 이내에 장애물을 설치할 수밖에 없거나 통로면으로부터 높이 2미터 이내의 장애물을 제거하는 것이 곤란하다고 고용노동부장관이 인정하는 경우에는 근로자에게 발생할 수 있는 부상 등의 위험을 방지하기 위한 안전 조치를 하여야 한다.

– 사업주는 계단을 설치하는 경우 바닥면으로부터 높이 2미터 이내의 공간에 장애물이 없도록 하여야 한다. 다만, 급유용·보수용·비상용 계단 및 나선형 계단인 경우에는 그러하지 아니하다.

– 사업주는 높이가 3미터를 초과하는 계단에 높이 3미터 이내마다 진행방향으로 길이 1.2미터 이상의 계단참을 설치해야 한다.

– 사업주는 계단 및 계단참을 설치하는 경우 매제곱미터당 500킬로그램 이상의 하중에 견딜 수 있는 강도를 가진 구조로 설치하여야 하며, 안전율[안전의 정도를 표시하는 것으로서 재료의 파괴응력도(破壞應力度)와 허용응력도(許容應力度)의 비율을 말한다]은 4 이상으로 하여야 한다.

답 A : 75Lux 이상   B : 2m   C : 2m   D : 1.2m   E : 500kg   F : 4

080

☆☆☆☆☆☆☆

가설통로 설치 시 준수사항 4개 쓰시오.

웹 사업주는 가설통로를 설치하는 경우 다음 각 호의 사항을 준수하여야 한다.
1. 견고한 구조로 할 것
2. 경사는 30도 이하로 할 것. 다만, 계단을 설치하거나 높이 2미터 미만의 가설통로로서 튼튼한 손잡이 설치한 경우에는 그러하지 아니하다.
3. 경사가 15도를 초과하는 경우에는 미끄러지지 아니하는 구조로 할 것
4. 추락할 위험이 있는 장소에는 안전난간을 설치할 것. 다만, 작업상 부득이한 경우에는 필요한 부분만 임시로 해체할 수 있다.
5. 수직갱에 가설된 통로의 길이가 15미터 이상인 경우에는 10미터 이내마다 계단참을 설치할 것
6. 건설공사에 사용하는 높이 8미터 이상 비계다리에는 7미터 이내마다 계단참 설치할 것

답 1. 견고한 구조로 할 것
2. 경사 30도 이하로 할 것
3. 추락 위험있는 장소에 안전난간 설치할 것
4. 경사 15도 초과 시 미끄러지지 않는 구조로 할 것

081

☆☆☆☆☆☆☆

가설통로와 관련된 내용이다, 빈칸을 채우시오.

1. 경사는 (A) 이하로 할 것. 다만, 계단을 설치하거나 높이 (B) 미만의 가설통로로서 튼튼한 손잡이를 설치한 경우에는 그러하지 아니하다.
2. 경사가 (C)를 초과하는 경우에는 미끄러지지 아니하는 구조로 할 것
3. 수직갱에 가설된 통로의 길이가 (D) 이상인 경우에는 (E) 이내마다 계단참을 설치할 것
4. 건설공사에 사용하는 높이 8미터 이상인 비계다리에는 (F) 이내마다 계단참을 설치할 것

웹 윗 해설 참조
답 A : 30도   B : 2m   C : 15도   D : 15m   E : 10m   F : 7m

082 ☆

가설통로와 관련된 내용이다, 빈칸을 채우시오.

> - 수직갱에 가설된 통로의 길이가 (A) 이상인 경우에는 (B) 이내마다 계단참을 설치할 것
> - 수직갱에 가설된 통로의 길이가 38m인 경우에는 계단참은 최소 (C)개 설치할 것

🔲 윗 해설 참조
　계단참 설치 위치: 15/25/35m

📋 A : 15m　B : 10m　C : 3

083 ☆

가설공사 시 경사로 설치나 사용할 때 준수사항 4가지 쓰시오.

🔲 사업주는 경사로를 설치, 사용함에 있어서 다음 각 호의 사항을 준수하여야 한다.
　1. 시공하중 또는 폭풍, 진동 등 외력에 대하여 안전하도록 설계하여야 한다.
　2. 경사로는 항상 정비하고 안전통로를 확보하여야 한다.
　3. 비탈면의 경사각은 30도 이내로 하고 미끄럼막이 간격은 다음 표에 의한다.

경사각	14도	17도	19도 20분	22도	24도 15분	27도	29도	30도
미끄럼막이 간격(cm)	47	45	43	40	37	35	33	30

　4. 경사로의 폭은 최소 90센티미터 이상이어야 한다.
　5. 높이 7미터 이내마다 계단참을 설치하여야 한다.
　6. 추락방지용 안전난간을 설치하여야 한다.
　7. 목재는 미송, 육송 또는 그 이상의 재질을 가진 것이어야 한다.
　8. 경사로 지지기둥은 3미터 이내마다 설치하여야 한다.
　9. 발판은 폭 40센티미터 이상으로 하고, 틈은 3센티미터 이내로 설치하여야 한다.
　10. 발판이 이탈하거나 한쪽 끝을 밟으면 다른쪽이 들리지 않게 장선에 결속하여야 한다.
　11. 결속용 못이나 철선이 발에 걸리지 않아야 한다.

📋 1. 철선이 발에 걸리지 말 것
　2. 추락방지용 안전난간 설치할 것
　3. 경사로 폭은 최소 90cm 이상일 것
　4. 외력에 대하여 안전하도록 설계할 것

084 ☆☆

꽂음 접속기의 설치, 사용 시의 준수사항 3가지 쓰시오.

해 사업주는 꽂음접속기를 설치하거나 사용하는 경우에는 다음 각 호의 사항을 준수해야 한다.
1. 서로 다른 전압의 꽂음 접속기는 서로 접속되지 아니한 구조의 것을 사용할 것
2. 습윤한 장소에 사용되는 꽂음 접속기는 방수형 등 그 장소에 적합한 것을 사용할 것
3. 근로자가 해당 꽂음 접속기를 접속시킬 경우에는 땀 등으로 젖은 손으로 취급하지 않도록 할 것
4. 해당 꽂음 접속기에 잠금장치가 있는 경우에는 접속 후 잠그고 사용할 것

답 1. 습윤 장소에 사용되는 꽂음 접속기는 방수형을 사용할 것
2. 꽂음 접속기 접속시킬 시 땀으로 젖은 손으로 취급하지 말 것
3. 꽂음 접속기에 잠금장치 있는 경우 접속 후 잠그고 사용할 것

085 ☆

이동식 금속재 사다리의 제작 시 필요사항이다. 빈칸을 채우시오.

1. 사다리 디딤대의 수직 간격은 (A) 사이, 사다리 폭은 30cm 이상이어야 한다.
2. 사다리의 길이는 (B)가 되어야 한다.

해 이동식 금속재 사다리의 제작 시 필요사항
1. 금속 자재는 시험 요구사항에 따라 충분한 강도를 가져야 하고 부식방지 처리가 되어야 한다.
2. 사다리 디딤대의 수직 간격은 25 ~ 35cm 사이, 사다리 폭은 30cm 이상이어야 한다.
3. 사다리 디딤대는 전도방지를 위해 표면을 주름지게 하거나, 오톨도톨하게 하고, 필요할 경우에는 미끄럼 방지물질로 도장되어야 한다.
4. 사다리의 길이는 6m 이하가 되어야 한다.
5. 디딤대는 편평하고 수평을 이루어야 한다.
6. 사다리의 버팀대 아래쪽에 마찰력이 큰 재질의 미끄럼방지장치를 설치하여야 한다.

답 A: 25 ~ 35cm   B: 6m 이하

086

☆☆☆☆☆☆☆

사다리식 통로 설치기준이다. 빈칸을 채우시오.

> 1. 고정식 사다리식 통로 기울기는 (A)도 이하로 하고, 그 높이가 (B)m 이상이고, 등받이울이 있어도 근로자 이동에 지장이 없는 경우에는 바닥으로부터 높이가 (C)m 되는 지점부터 등받이울을 설치할 것
> 2. 사다리식 통로 길이가 (D)m 이상인 경우 (E)m 이내마다 계단참 설치할 것
> 3. 옥외용 사다리 전면의 사방 (F)cm 이내에는 장애물이 없어야 한다.
> 4. 발판과 벽과의 사이는 (G)cm 이상의 간격을 유지할 것
> 5. 사다리의 상단은 걸쳐놓은 지점으로부터 (H)cm 이상 올라가도록 할 것
> 6. 폭은 (I)cm 이상으로 할 것

해 – 사업주는 사다리식 통로 등을 설치하는 경우 다음 각 호의 사항을 준수하여야 한다.
  1. 견고한 구조로 할 것
  2. 심한 손상·부식 등이 없는 재료를 사용할 것
  3. 발판의 간격은 일정하게 할 것
  4. 발판과 벽과의 사이는 15센티미터 이상의 간격을 유지할 것
  5. 폭은 30센티미터 이상으로 할 것
  6. 사다리가 넘어지거나 미끄러지는 것을 방지하기 위한 조치를 할 것
  7. 사다리의 상단은 걸쳐놓은 지점으로부터 60센티미터 이상 올라가도록 할 것
  8. 사다리식 통로의 길이가 10미터 이상인 경우에는 5미터 이내마다 계단참을 설치할 것
  9. 사다리식 통로의 기울기는 75도 이하로 할 것. 다만, 고정식 사다리식 통로의 기울기는 90도 이하로 하고, 그 높이가 7미터 이상인 경우에는 다음 각 목의 구분에 따른 조치를 할 것
    가. 등받이울이 있어도 근로자 이동에 지장이 없는 경우: 바닥으로부터 높이가 2.5미터 되는 지점부터 등받이울을 설치할 것
    나. 등받이울이 있으면 근로자가 이동이 곤란한 경우: 한국산업표준에서 정하는 기준에 적합한 개인용 추락 방지 시스템을 설치하고 근로자로 하여금 한국산업표준에서 정하는 기준에 적합한 전신안전대를 사용하도록 할 것
  10. 접이식 사다리 기둥은 사용 시 접혀지거나 펼쳐지지 않도록 철물 등을 사용하여 견고하게 조치할 것
  – 옥외용 사다리는 철재를 원칙으로 하며, 길이가 10미터 이상인 때에는 5미터 이내의 간격으로 계단참을 두어야 하고 사다리 전면의 사방 75센티미터 이내에 장애물이 없어야 한다.

답 A: 90 B: 7 C: 2.5 D: 10 E: 5 F: 75 G: 15 H: 60 I: 30

087 ☆

높이가 7m 이상이고, 등받이울이 있어도 근로자 이동에 지장이 없는 사다리식 통로 경우 바닥으로부터 높이가 몇m 되는 지점부터 등받이울을 설치해야 하는지 쓰시오.

🔲 윗 해설 참조

🔖 2.5m

088 ☆☆☆

낙하물 방지망 또는 방호선반 설치기준 2가지 쓰시오.

🔲 낙하물 방지망 또는 방호선반을 설치하는 경우에는 다음 각 호의 사항을 준수해야 한다.
   1. 높이 10미터 이내마다 설치하고, 내민 길이는 벽면으로부터 2미터 이상으로 할 것
   2. 수평면과의 각도는 20도 이상 30도 이하를 유지할 것

🔖 1. 수평면과의 각도 20도 이상 30도 이하 유지
   2. 높이 10m 이내마다 설치하고, 내민 길이 벽면으로부터 2m 이상

089 ☆☆☆☆☆☆☆☆☆

다음은 낙하물방지망 또는 방호선반을 설치하는 경우이다. 빈칸을 채우시오.

> 1. 높이 (　A　)m 이내마다 설치하고 내민 길이는 벽면으로부터 (　B　)m 이상으로 할 것
> 2. 수평면과의 각도는 (　C　)도 이상 (　D　)도 이하를 유지할 것

🔲 윗 해설 참조

🔖 A : 10　B : 2　C : 20　D : 30

090　☆☆☆☆☆☆☆☆☆

추락방호망 설치 시 사업주의 준수사항 3가지 쓰시오.

🔲 사업주는 제1항에 따른 작업발판을 설치하기 곤란한 경우 다음 각 호의 기준에 맞는 추락방호망을 설치해야 한다. 다만, 추락방호망을 설치하기 곤란한 경우에는 근로자에게 안전대를 착용하도록 하는 등 추락위험을 방지하기 위해 필요한 조치를 해야 한다.
1. 추락방호망의 설치위치는 가능하면 작업면으로부터 가까운 지점에 설치하여야 하며, 작업면으로부터 망의 설치지점까지의 수직거리는 10미터를 초과하지 아니할 것
2. 추락방호망은 수평으로 설치하고, 망의 처짐은 짧은 변 길이의 12퍼센트 이상이 되도록 할 것
3. 건축물 등의 바깥쪽으로 설치하는 경우 추락방호망의 내민 길이는 벽면으로부터 3미터 이상 되도록 할 것. 다만, 그물코가 20밀리미터 이하인 추락방호망을 사용한 경우에는 법에 따른 낙하물 방지망을 설치한 것으로 본다.

🔲 1. 망 처짐은 짧은 변 길이의 12% 이상이 되도록 할 것
2. 작업면으로부터 망 설치지점까지의 수직거리는 10m 초과하지 말 것
3. 건축물 바깥쪽으로 설치 시 내민 길이는 벽면으로부터 3m 이상 되도록 할 것

091　☆☆☆

추락방호망의 설치기준이다. 빈칸을 채우시오.

1. 추락방호망의 설치위치는 가능하면 작업면으로부터 가까운 지점에 설치하여야 하며, 작업면으로부터 망의 설치지점까지의 수직거리는 (A)를 초과하지 아니할 것
2. 추락방호망은 수평으로 설치하고, 망의 처짐은 짧은 변 길이의 (B) 이상이 되도록 할 것
3. 건축물 등의 바깥쪽으로 설치하는 경우 추락방호망의 내민 길이는 벽면으로부터 (C) 이상 되도록 할 것. 다만, 그물코가 20밀리미터 이하인 추락방호망을 사용한 경우에는 법에 따른 낙하물 방지망을 설치한 것으로 본다

🔲 윗 해설 참조
🔲 A : 10m　B : 12%　C : 3m

092 ☆☆☆☆

추락방호망에 해야 할 표시사항 4가지 쓰시오.

🔲 방망에는 보기 쉬운 곳에 다음 각 호의 사항을 표시하여야 한다.
1. 제조자명
2. 제조연월
3. 재봉치수
4. 그물코
5. 신품인 때의 방망의 강도

🔲 그물코/제조자명/제조연월/재봉치수

093 ☆☆☆

말비계 설치기준(구조)이다. 빈칸을 채우시오.

1. 말비계 높이가 (A)m 초과 시 작업발판 폭 (B)cm 이상으로 할 것
2. 지주부재와 수평면과의 기울기를 (C)도 이하로 하고 지주부재와 지주부재 사이를 고정시키는 보조부재 설치할 것
3. 지주부재 하단에는 (D)를 하고, 양측 끝부분에 올라서서 작업하지 말 것

🔲 사업주는 말비계를 조립하여 사용하는 경우에 다음 각 호의 사항을 준수하여야 한다.
1. 지주부재(支柱部材)의 하단에는 미끄럼 방지장치를 하고, 근로자가 양측 끝부분에 올라서서 작업하지 않도록 할 것
2. 지주부재와 수평면의 기울기를 75도 이하로 하고, 지주부재와 지주부재 사이를 고정시키는 보조부재를 설치할 것
3. 말비계의 높이가 2미터를 초과하는 경우에는 작업발판의 폭을 40센티미터 이상으로 할 것

🔲 A : 2 B : 40 C : 75 D : 미끄럼 방지장치

094 ★☆☆☆

이동식 비계를 조립하여 작업을 하는 경우 사업주의 준수사항 3가지 쓰시오.

해 사업주는 이동식비계를 조립하여 작업을 하는 경우에는 다음 각 호의 사항을 준수해야 한다.
  1. 이동식 비계의 바퀴에는 뜻밖의 갑작스러운 이동 또는 전도를 방지하기 위하여 브레이크·쐐기 등으로 바퀴를 고정시킨 다음 비계의 일부를 견고한 시설물에 고정하거나 아웃트리거를 설치하는 등 필요한 조치를 할 것
  2. 승강용 사다리는 견고하게 설치할 것
  3. 비계의 최상부에서 작업을 하는 경우에는 안전난간을 설치할 것
  4. 작업발판은 항상 수평을 유지하고 작업발판 위에서 안전난간을 딛고 작업을 하거나 받침대 또는 사다리를 사용하여 작업하지 않도록 할 것
  5. 작업발판의 최대적재하중은 250킬로그램을 초과하지 않도록 할 것
답 1. 작업발판 항상 수평 유지
  2. 승강용 사다리 견고하게 설치할 것
  3. 비계 최상부 작업 시 안전난간 설치할 것

095 ☆☆

이동식 비계 설치기준이다. 빈칸을 채우시오.

1. 이동식 비계의 바퀴에는 뜻밖의 갑작스러운 이동 또는 전도를 방지하기 위하여 (A)등으로 바퀴를 고정시킨 다음 비계의 일부를 견고한 시설물에 고정하거나 (B)를 설치하는 등 필요한 조치를 할 것
2. 승강용 사다리는 견고하게 설치할 것
3. 비계의 최상부에서 작업을 하는 경우에는 (C)을 설치할 것
4. 작업발판은 항상 수평을 유지하고 작업발판 위에서 안전난간을 딛고 작업을 하거나 받침대 또는 사다리를 사용하여 작업하지 않도록 할 것
5. 작업발판의 최대적재하중은 (D)을 초과하지 않도록 할 것

해 윗 해설 참조
답 A : 브레이크·쐐기 B : 아웃트리거 C : 안전난간 D : 250kg

096

☆☆☆☆☆☆☆☆☆

이동식 비계 바퀴에 갑작스러운 이동 또는 전도를 방지하기 위한 조치사항 2가지와 작업발판의 최대적재하중(kg)을 쓰시오.

해 윗 해설 참조

답 조치사항 : 아웃트리거 설치/쐐기로 바퀴 고정   최대적재하중 : 250kg

097

☆☆☆☆☆☆☆☆☆

강관비계 구조에 관한 내용이다. 빈칸을 채우시오.

> 1. 비계기둥 간격은 띠장 방향에서는 (A)m, 장선 방향에서는 (B)m 이하로 할 것
> 2. 띠장 간격은 (C)m 이하로 설치할 것
> 3. 비계기둥 간 적재하중은 (D)을 초과하지 말 것
> 4. 비계기둥의 제일 윗부분으로부터 (E)m 되는 지점 밑 부분의 비계기둥은 (F)개의 강관으로 묶어 세울 것

해 사업주는 강관을 사용하여 비계를 구성하는 경우 다음 각 호의 사항을 준수해야 한다.
  1. 비계기둥의 간격은 띠장 방향에서는 1.85미터 이하, 장선(長線) 방향에서는 1.5미터 이하로 할 것. 다만, 다음 각 목의 어느 하나에 해당하는 작업의 경우에는 안전성에 대한 구조검토를 실시하고 조립도를 작성하면 띠장 방향 및 장선 방향으로 각각 2.7미터 이하로 할 수 있다.
    가. 선박 및 보트 건조작업
    나. 그 밖에 장비 반입·반출을 위하여 공간 등을 확보할 필요가 있는 등 작업의 성질상 비계기둥 간격에 관한 기준을 준수하기 곤란한 작업
  2. 띠장 간격은 2.0미터 이하로 할 것. 다만, 작업의 성질상 이를 준수하기가 곤란하여 쌍기둥틀 등에 의하여 해당 부분을 보강한 경우에는 그러하지 아니하다.
  3. 비계기둥의 제일 윗부분으로부터 31미터되는 지점 밑부분의 비계기둥은 2개의 강관으로 묶어 세울 것. 다만, 브라켓(bracket, 까치발) 등으로 보강하여 2개의 강관으로 묶을 경우 이상의 강도가 유지되는 경우에는 그러하지 아니하다.
  4. 비계기둥 간의 적재하중은 400킬로그램을 초과하지 않도록 할 것

답 A : 1.85   B : 1.5   C : 2   D : 400kg   E : 31   F : 2

098 ☆

강관비계이다, A와 B의 길이를 쓰고, 비계기둥 간 최대 적재하중 기준을 쓰시오.

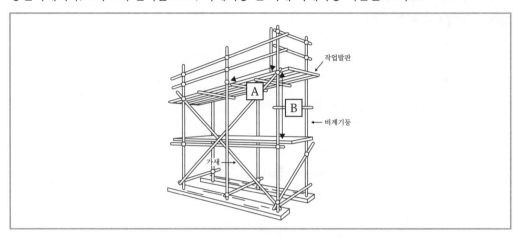

해 − 비계기둥의 간격은 띠장 방향에서는 1.85미터 이하, 장선(長線) 방향에서는 1.5미터 이하로 할 것
　− 띠장 간격은 2.0미터 이하로 할 것. 다만, 작업의 성질상 이를 준수하기가 곤란하여 쌍기둥틀 등에 의하여 해당 부분을 보강한 경우에는 그러하지 아니하다.
　− 비계기둥 간의 적재하중은 400킬로그램을 초과하지 않도록 할 것

답 A : 1.85m 이하　B : 2m 이하　비계기둥 간 최대 적재하중 기준 : 400kg

099 ☆

강관틀 비계 구성요소이다, 명칭을 쓰시오.

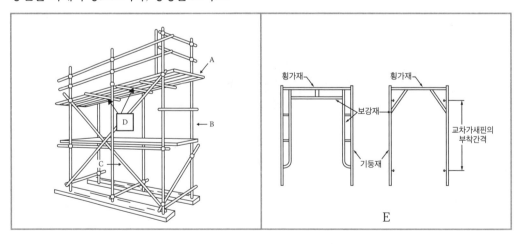

답 A : 작업발판　B : 비계기둥　C : 교차가새　D : 수평재　E : 주틀

100　　　　　　　　　　　　　　　　　　　　　　　　　　　　　　　☆☆

강관틀비계를 조립하여 사용하는 경우 사업주 준수사항 3가지 쓰시오.

해 사업주는 강관틀 비계를 조립하여 사용하는 경우 다음 각 호의 사항을 준수하여야 한다.

1. 비계기둥의 밑둥에는 밑받침 철물을 사용하여야 하며 밑받침에 고저차(高低差)가 있는 경우에는 조절형 밑받침철물을 사용하여 각각의 강관틀비계가 항상 수평 및 수직을 유지하도록 할 것
2. 높이가 20미터를 초과하거나 중량물의 적재를 수반하는 작업을 할 경우에는 주틀 간의 간격을 1.8미터 이하로 할 것
3. 주틀 간에 교차 가새를 설치하고 최상층 및 5층 이내마다 수평재를 설치할 것
4. 수직방향으로 6미터, 수평방향으로 8미터 이내마다 벽이음을 할 것
5. 길이가 띠장 방향으로 4미터 이하이고 높이가 10미터를 초과하는 경우에는 10미터 이내 마다 띠장 방향으로 버팀기둥을 설치할 것

답 1. 비계기둥 밑둥에 밑받침 철물 사용할 것
2. 높이 20m 초과 시 주틀 간 간격 1.8m 이하로 할 것
3. 수직방향으로 6m, 수평방향으로 8m 이내마다 벽이음 할 것

101　　　　　　　　　　　　　　　　　　　　　　　　　　　　　　☆☆☆

강관틀 비계 조립해 사용할 시 준수사항이다. 빈칸을 채우시오.

> 1. 높이가 20m 초과하거나 중량물 적재 수반할 경우 주틀 간격 (　A　)m 이하로 할 것
> 2. 주틀 간에 (　B　)를 설치하고 최상층 및 (　C　) 이내마다 수평재 설치할 것
> 3. 수직방향으로 (　D　)m, 수평방향으로 (　E　)m 이내마다 벽이음을 할 것

해 윗 해설 참조
답 A: 1.8　B: 교차 가새　C: 5층　D: 6　E: 8

102 ☆☆

통로발판을 설치하여 사용할 때 준수사항 3가지 쓰시오.

해 사업주는 통로발판을 설치하여 사용함에 있어서 다음 각 호의 사항을 준수하여야 한다
1. 근로자가 작업 및 이동하기에 충분한 넓이가 확보되어야 한다.
2. 추락의 위험이 있는 곳에는 안전난간이나 철책을 설치하여야 한다.
3. 발판을 겹쳐 이음하는 경우 장선 위에서 이음을 하고 겹침길이는 20센티미터 이상으로 하여야 한다.
4. 발판 1개에 대한 지지물은 2개 이상이어야 한다.
5. 작업발판의 최대폭은 1.6미터 이내이어야 한다.
6. 작업발판 위에는 돌출된 못, 옹이, 철선 등이 없어야 한다.
7. 비계발판의 구조에 따라 최대 적재하중을 정하고 이를 초과하지 않도록 하여야 한다.

답 1. 작업발판 최대폭은 1.6m 이내이어야 한다.
2. 추락 위험있는 곳에 안전난간 설치해야 한다.
3. 근로자 이동하기에 충분한 넓이 확보돼야 한다.

103 ☆☆

산업안전보건법령상 사업주가 비계의 높이가 2m 이상인 작업장소에 작업발판을 설치할 경우
설치기준 3가지 쓰시오.

해 사업주는 비계(달비계, 달대비계 및 말비계는 제외한다)의 높이가 2미터 이상인 작업장소에 다음 각 호의
기준에 맞는 작업발판을 설치하여야 한다.
1. 발판재료는 작업할 때의 하중을 견딜 수 있도록 견고한 것으로 할 것
2. 작업발판의 폭은 40센티미터 이상으로 하고, 발판재료 간의 틈은 3센티미터 이하로 할 것. 다만, 외줄비계
의 경우에는 고용노동부장관이 별도로 정하는 기준에 따른다.
3. 제2호에도 불구하고 선박 및 보트 건조작업의 경우 선박블록 또는 엔진실 등의 좁은 작업공간에 작업발판
을 설치하기 위하여 필요하면 작업발판의 폭을 30센티미터 이상으로 할 수 있고, 걸침비계의 경우 강관기
둥 때문에 발판재료 간의 틈을 3센티미터 이하로 유지하기 곤란하면 5센티미터 이하로 할 수 있다. 이 경
우 그 틈 사이로 물체 등이 떨어질 우려가 있는 곳에는 출입금지 등의 조치를 하여야 한다.
4. 추락의 위험이 있는 장소에는 안전난간을 설치할 것. 다만, 작업의 성질상 안전난간을 설치하는 것이 곤란
한 경우, 작업의 필요상 임시로 안전난간을 해체할 때에 추락방호망을 설치하거나 근로자로 하여금 안전
대를 사용하도록 하는 등 추락위험 방지 조치를 한 경우에는 그러하지 아니하다.
5. 작업발판의 지지물은 하중에 의하여 파괴될 우려가 없는 것을 사용할 것
6. 작업발판재료는 뒤집히거나 떨어지지 않도록 둘 이상 지지물에 연결하거나 고정시킬 것
7. 작업발판을 작업에 따라 이동시킬 경우에는 위험 방지에 필요한 조치를 할 것

답 1. 작업발판 폭은 40cm 이상으로 할 것
2. 추락 위험 장소에는 안전난간 설치할 것
3. 작업발판재료는 둘 이상 지지물에 고정시킬 것

104

안전난간 구조 및 설치기준이다. 빈칸을 채우시오.

1. 상부 난간대, 중간 난간대, (A) 및 난간기둥으로 구성할 것. 다만, 중간 난간대, 발끝막이판 및 난간기둥은 이와 비슷한 구조와 성능을 가진 것으로 대체할 수 있다.
2. 상부 난간대는 바닥면·발판 또는 경사로의 표면(이하 "바닥면등"이라 한다)으로부터 (B) 이상 지점에 설치하고, 상부 난간대를 (C) 이하에 설치하는 경우에는 중간 난간대는 상부 난간대와 바닥면등의 중간에 설치해야 하며, (C) 이상 지점에 설치하는 경우에는 중간 난간대를 (D) 이상으로 균등하게 설치하고 난간의 상하 간격은 (E) 이하가 되도록 할 것. 다만, 난간기둥 간의 간격이 25센티미터 이하인 경우에는 중간 난간대를 설치하지 않을 수 있다.
3. 발끝막이판은 바닥면등으로부터 (F) 이상의 높이를 유지할 것. 다만, 물체가 떨어지거나 날아올 위험이 없거나 그 위험을 방지할 수 있는 망을 설치하는 등 필요한 예방 조치를 한 장소는 제외한다.
4. 난간대는 지름 (G) 이상의 금속제 파이프나 그 이상의 강도가 있는 재료일 것
5. 안전난간은 구조적으로 가장 취약한 지점에서 가장 취약한 방향으로 작용하는 (H) 이상의 하중에 견딜 수 있는 튼튼한 구조일 것

해 사업주는 근로자의 추락 등의 위험을 방지하기 위하여 안전난간을 설치하는 경우 다음 각 호의 기준에 맞는 구조로 설치해야 한다.
1. 상부 난간대, 중간 난간대, **발끝막이판** 및 난간기둥으로 구성할 것. 다만, 중간 난간대, 발끝막이판 및 난간기둥은 이와 비슷한 구조와 성능을 가진 것으로 대체할 수 있다.
2. 상부 난간대는 바닥면·발판 또는 경사로의 표면(이하 "바닥면등"이라 한다)으로부터 **90센티미터** 이상 지점에 설치하고, 상부 난간대를 **120센티미터** 이하에 설치하는 경우에는 중간 난간대는 상부 난간대와 바닥면등의 중간에 설치해야 하며, **120센티미터** 이상 지점에 설치하는 경우에는 중간 난간대를 2단 이상으로 균등하게 설치하고 난간의 상하 간격은 **60센티미터** 이하가 되도록 할 것. 다만, 난간기둥 간의 간격이 25센티미터 이하인 경우에는 중간 난간대를 설치하지 않을 수 있다.
3. 발끝막이판은 바닥면등으로부터 **10센티미터** 이상의 높이를 유지할 것. 다만, 물체가 떨어지거나 날아올 위험이 없거나 그 위험을 방지할 수 있는 망을 설치하는 등 필요한 예방 조치를 한 장소는 제외한다.
4. 난간기둥은 상부 난간대와 중간 난간대를 견고하게 떠받칠 수 있도록 적정한 간격을 유지할 것
5. 상부 난간대와 중간 난간대는 난간 길이 전체에 걸쳐 바닥면등과 평행을 유지할 것
6. 난간대는 지름 2.7센티미터 이상의 금속제 파이프나 그 이상의 강도가 있는 재료일 것
7. 안전난간은 구조적으로 가장 취약한 지점에서 가장 취약한 방향으로 작용하는 100킬로그램 이상의 하중에 견딜 수 있는 튼튼한 구조일 것

답 A: 발끝막이판 B: 90cm C: 120cm D: 2단 E: 60cm F: 10cm G: 2.7cm H: 100kg

105 ☆☆☆☆

근로자의 추락 등의 위험을 방지하기 위해 설치하는 안전난간의 주요 구성요소 4개 쓰시오.

🔲 윗 해설 참조

🈺 난간기둥/상부난간대/중간난간대/발끝막이판

106 ☆

작업발판에 대한 내용이다. 물음에 답하시오.

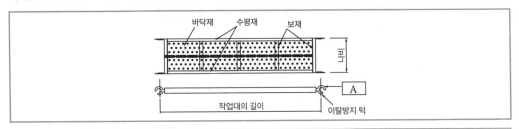

1. A 명칭과 용도	2. 작업발판 폭과 발판재료간 틈

🔲 – "걸침고리"이라 함은 수평재 또는 보재를 지지물에 고정시킬 수 있게 만들어진 갈고리형 철물을 말한다.
　　– 걸침고리는 주틀의 횡가재로부터 솟아오름을 방지하기 위한 이탈 방지 기능이 있는 구조이어야 한다.
　　– 작업발판의 폭은 40센티미터 이상으로 하고, 발판재료 간의 틈은 3센티미터 이하로 할 것.

🈺 1. 명칭 : 걸침고리　　　　　　　　　용도 : 수평재 또는 보재를 지지물에 고정시킴
　　2. 작업발판 폭 : 40cm 이상　　　　발판재료간 틈 : 3cm 이하

107 ☆

화물운반용 또는 고정용으로 사용되는 섬유로프의 사용금지 기준 2가지 쓰시오.

🔲 사업주는 다음 각 호의 어느 하나에 해당하는 섬유로프 등을 화물운반용 또는 고정용으로 사용해서는 아니
된다.
　　1. 꼬임이 끊어진 것
　　2. 심하게 손상되거나 부식된 것

🈺 꼬임 끊어진 것/심하게 부식된 것

108   ☆☆

달비계에 이용되는 작업용 섬유로프나 안전대 섬유벨트의 사용금지기준 3가지 쓰시오.

🈯 달비계에 다음 각 목의 작업용 섬유로프 또는 안전대의 섬유벨트를 사용하지 않을 것
   가. 꼬임이 끊어진 것
   나. 심하게 손상되거나 부식된 것
   다. 2개 이상의 작업용 섬유로프 또는 섬유벨트를 연결한 것
   라. 작업높이보다 길이가 짧은 것
🈺 꼬임 끊어진 것/심하게 부식된 것/작업높이보다 길이가 짧은 것

109   ☆☆☆☆☆☆☆☆

권상용 와이어로프의 사용금지 기준 4가지 쓰시오.(꼬인 것/이음매 있는 것 제외)

🈯 다음 각 목의 어느 하나에 해당하는 와이어로프를 달비계에 사용해서는 아니 된다.
   가. 이음매가 있는 것
   나. 와이어로프의 한 꼬임[(스트랜드(strand)를 말한다. 이하 같다)]에서 끊어진 소선(素線)[필러(pillar)선은
      제외한다)]의 수가 10퍼센트 이상(비자전로프의 경우에는 끊어진 소선의 수가 와이어로프 호칭지름의
      6배 길이 이내에서 4개 이상이거나 호칭지름 30배 길이 이내에서 8개 이상)인 것
   다. 지름의 감소가 공칭지름의 7퍼센트를 초과하는 것
   라. 꼬인 것
   마. 심하게 변형되거나 부식된 것
   바. 열과 전기충격에 의해 손상된 것
🈺 1. 심하게 변형된 것
   2. 전기충격에 의해 손상된 것
   3. 지름 감소가 공칭지름의 7% 초과하는 것
   4. 와이어로프 한 꼬임에서 끊어진 소선 수가 10% 이상인 것

110 ☆☆

타워크레인 와이어로프 사용기준 4가지 쓰시오.

해 와이어로프는 다음 각 호와 같아야 한다.
1. 한 가닥에서 소선(필러선을 제외한다)의 수가 10퍼센트 이상 절단되지 않을 것
2. 외부 마모에 의한 지름 감소는 호칭지름의 7퍼센트 이하일 것
3. 킹크 및 부식이 없을 것
4. 단말 고정은 손상, 풀림, 탈락 등이 없을 것
5. 급유가 적정할 것
6. 소선 및 스트랜드가 돌출되지 않을 것
7. 국부적인 지름의 증가 및 감소가 없을 것
8. 부풀거나 바구니 모양의 변형이 없을 것
9. 꺾임 등에 의한 영구변형이 없을 것
10. 와이어로프 교체 시 크레인 제작 당시 규격과 동일한 것 또는 동등급 이상으로 할 것

답 1. 부식 없을 것
2. 급유 적정할 것
3. 소선 돌출되지 않을 것
4. 단말 고정은 손상이 없을 것

111 ☆

타워크레인을 와이어로프로 지지하는 경우 준수사항이다. 빈칸을 채우시오.

> 와이어로프 설치각도는 수평면에서 (A) 이내로 하되, 지지점은 (B) 이상으로 하고, 같은 각도로 설치할 것

🔲 사업주는 타워크레인을 와이어로프로 지지하는 경우 다음 각 사항을 준수하여야 한다.
  1. 법에 따른 서면심사에 관한 서류(법에 따른 형식승인서류를 포함한다) 또는 제조사의 설치작업설명서 등에 따라 설치할 것
  2. 제1호의 서면심사 서류 등이 없거나 명확하지 아니한 경우에는 법에 따른 건축구조·건설기계·기계안전·건설안전기술사 또는 건설안전분야 산업안전지도사의 확인을 받아 설치하거나 기종별·모델별 공인된 표준방법으로 설치할 것
  3. 와이어로프를 고정하기 위한 전용 지지프레임을 사용할 것
  4. 와이어로프 설치각도는 수평면에서 60도 이내로 하되, 지지점은 4개소 이상으로 하고, 같은 각도로 설치할 것
  5. 와이어로프와 그 고정부위는 충분한 강도와 장력을 갖도록 설치하고, 와이어로프를 클립·샤클(shackle, 연결고리) 등의 고정기구를 사용하여 견고하게 고정시켜 풀리지 않도록 하며, 사용 중에는 충분한 강도와 장력을 유지하도록 할 것. 이 경우 클립·샤클 등의 고정기구는 한국산업표준 제품이거나 한국산업표준이 없는 제품의 경우에는 이에 준하는 규격을 갖춘 제품이어야 한다.
  6. 와이어로프가 가공전선(架空電線)에 근접하지 않도록 할 것

🔳 A : 60도   B : 4개소

112 ☆☆

와이어로프 최초 공칭지름이 30mm였으나 현재 20mm이다. 와이어로프 폐기여부를 판정하시오.

🔲 지름 감소가 공칭지름의 7%를 초과하는 것은 폐기대상
  $30 \cdot 0.07 = 2.1$
  현재 지름 감소 $= 30 - 20 = 10$
  $2.1 < 10$

🔳 7%를 초과하니 폐기대상

113   ☆☆☆☆☆☆☆☆

지반 굴착 시 굴착면 기울기 기준이다. 빈칸을 채우시오.

지반 종류	굴착면 기울기
모래	(A)
연암 및 풍화암	(B)
경암	(C)
그 밖의 흙	(D)

🖩 굴착면 기울기 기준

지반 종류	굴착면 기울기
모래	1 : 1.8
연암 및 풍화암	1 : 1
경암	1 : 0.5
그 밖의 흙	1 : 1.2

🗒 A : 1 : 1.8   B : 1 : 1   C : 1 : 0.5   D : 1 : 1.2

114   ☆☆☆

굴착지반이 연암일 경우 굴착면 기울기와 굴착작업시 토사등의 붕괴 또는 낙하에 의한 위험을
미리 방지하기 위한 점검사항 2가지 쓰시오.

🖩 윗 해설 참조
  사업주는 굴착작업을 할 때에 토사등의 붕괴 또는 낙하에 의한 위험을 미리 방지하기 위하여 다음 각 호의 사
  항을 점검해야 한다.
  1. 작업장소 및 그 주변의 부석·균열의 유무
  2. 함수(含水)·용수(湧水) 및 동결의 유무 또는 상태의 변화

🗒 기울기 : 1 : 1   점검사항 : 작업장소 균열 유무/동결 유무 또는 상태 변화

115 ☆

빈칸을 채우시오.

> 해당 작업, 작업장의 지형·지반 및 지층 상태 등에 대한 (A)를 하고 그 결과를 기록·보존해야 하며, 조사 결과를 고려해 (B)를 작성하고 그 계획에 따라 작업을 하도록 해야 한다.

🎯 사업주는 다음 각 호의 작업을 하는 경우 근로자의 위험을 방지하기 위하여 별표에 따라 해당 작업, 작업장의 지형·지반 및 지층 상태 등에 대한 사전조사를 하고 그 결과를 기록·보존하여야 하며, 조사결과를 고려하여 별표 구분에 따른 사항을 포함한 작업계획서를 작성하고 그 계획에 따라 작업을 하도록 하여야 한다.

📝 A : 사전조사 B : 작업계획서

116 ☆

달기 와이어로프 등의 안전계수를 쓰시오.

> 1. 근로자가 탑승하는 운반구를 지지하는 달기 와이어로프 또는 달기체인의 경우
> 2. 화물의 하중을 직접 지지하는 달기 와이어로프 또는 달기체인의 경우
> 3. 훅, 샤클, 클램프, 리프팅 빔의 경우
> 4. 그 밖의 경우

🎯 사업주는 양중기의 와이어로프 등 달기구의 안전계수(달기구 절단하중의 값을 그 달기구에 걸리는 하중의 최대값으로 나눈 값을 말한다)가 다음 각 호의 구분에 따른 기준에 맞지 아니한 경우에는 이를 사용해서는 아니 된다.
  1. 근로자가 탑승하는 운반구를 지지하는 달기와이어로프 또는 달기체인 경우: 10 이상
  2. 화물의 하중을 직접 지지하는 달기와이어로프 또는 달기체인의 경우: 5 이상
  3. 훅, 샤클, 클램프, 리프팅 빔의 경우: 3 이상
  4. 그 밖의 경우: 4 이상

📝 1. 10 이상   2. 5 이상   3. 3 이상   4. 4 이상

117 ☆

근로자가 탑승하는 운반구 지지하는 달기 와이어로프 또는 달기 체인의 안전계수를 쓰시오.

🎯 윗 해설 참조
📝 10 이상

118 ☆☆

투하설비 관련 내용이다. 빈칸을 채우시오.

> 높이가 (A) 이상인 장소로부터 물체를 투하하는 경우 적당한 (B)를 설치하거나 (C)을 배치하는 등 위험을 방지하기 위하여 필요한 조치를 하여야 한다.

📖 사업주는 높이가 3미터 이상인 장소로부터 물체를 투하하는 경우 적당한 **투하설비**를 설치하거나 **감시인**을 배치하는 등 위험을 방지하기 위하여 필요한 조치를 하여야 한다.

📋 A: 3m   B: **투하설비**   C: 감시인

119 ☆

높이 2m 이상의 장소에서 작업하는 작업자에게 지급하고 착용시키는 보호구 종류 1가지 쓰시오.

📖 작업위치의 높이가 2미터 이상일 경우에는 작업발판을 설치하거나 **안전대**를 착용하게 하는 등 위험 방지를 위하여 필요한 조치를 할 것

📋 안전대

120 ☆

작업자가 착용하고 있는 안전대의 종류와 사용구분을 쓰시오.

📋 종류: 벨트식   사용구분: U자 걸이용

121 ☆☆

감전을 방지하기 위해 착용하는 보호구 1가지 쓰시오.

🔳 절연장갑

122 ☆

추락위험 장소에서 착용해야 하는 개인용 보호구 2가지 쓰시오.

🔳 사업주는 다음 각 호의 어느 하나에 해당하는 작업을 하는 근로자에 대해서는 다음 각 호의 구분에 따라 그 작업조건에 맞는 보호구를 작업하는 근로자 수 이상으로 지급하고 착용하도록 하여야 한다.
1. 물체가 떨어지거나 날아올 위험 또는 근로자가 추락할 위험이 있는 작업: 안전모
2. 높이 또는 깊이 2미터 이상의 추락할 위험이 있는 장소에서 하는 작업: 안전대
3. 물체의 낙하·충격, 물체에의 끼임, 감전 또는 정전기 대전(帶電)에 의한 위험이 있는 작업: 안전화
4. 물체가 흩날릴 위험이 있는 작업: 보안경
5. 용접 시 불꽃이나 물체가 흩날릴 위험이 있는 작업: 보안면
6. 감전의 위험이 있는 작업: 절연용 보호구
7. 고열에 의한 화상 등의 위험이 있는 작업: 방열복
8. 선창 등에서 분진(粉塵)이 심하게 발생하는 하역작업: 방진마스크
9. 섭씨 영하18도 이하인 급냉동 어창에서 하는 하역작업: 방한모·방한복·방한화·방한장갑

🔳 안전모/안전대

123 ☆☆☆☆☆☆☆

수직방향으로 이동하는 철골부재에 설치하는 트랩(승강로)의 폭과 답단 간격, 철근직경을 쓰시오.

🔳 철골건립중 건립위치까지 작업자가 안전하게 승강할 수 있는 사다리, 계단, 외부비계, 승강용 엘리베이터 등을 설치해야 하며 건립이 실시되는 층에서는 주로 기둥을 이용하여 올라가는 경우가 많으므로 기둥 승강 설비로서 같이 기둥 제작 시 16밀리미터 철근 등을 이용하여 30센티미터 이내의 간격, 30센티미터 이상의 폭으로 트랩을 설치하여야 하며 안전대 부착설비구조를 겸용하여야 한다.

🔳 폭: 30cm 이상   답단 간격: 30cm 이내   철근직경: 16mm

124 ☆

다음 암반의 숏크리트 최소 두께를 쓰시오.

> 1. 파괴되기 쉬운 암반: (A)　　　　2. 팽창성의 암반: (B)

🔲 지반 및 암반의 상태에 따라 뿜어붙이기 콘크리트의 최소 두께는 다음 각목의 기준 이상이어야 한다.
　가. 약간 취약한 암반: 2㎝
　나. 약간 파괴되기 쉬운 암반: 3㎝
　다. 파괴되기 쉬운 암반: 5㎝
　라. 매우 파괴되기 쉬운 암반: 7㎝(철망병용)
　마. 팽창성의 암반: 15㎝(강재 지보공과 철망병용)

🔳 1. 5cm　2. 15cm

125 ☆☆☆☆

콘크리트 라이닝의 목적을 3가지 쓰시오.

🔳 내구성 향상/굴착면 풍화 방지/수로터널 경우 굴착면 조도계수 향상

126 ☆

콘크리트 라이닝 공법 선정 시 검토사항 2가지 쓰시오.

🔲 콘크리트 라이닝 공법 선정시 다음 각 목의 사항을 검토하여 시공방식을 선정하여야 한다.
　가. 지질, 암질상태
　나. 단면형상
　다. 라이닝의 작업능률
　라. 굴착공법

🔳 지질상태/굴착공법

127 ☆

콘크리트 양생기간을 유지하기 위한 거푸집 해체기간 관련 내용이다. 빈칸을 채우시오.

시멘트 종류 평균 기온	-조강포틀랜드시멘트	-보통포틀랜드시멘트 -고로슬래그시멘트 -포틀랜드포졸란시멘트 (A종) -플라이애시시멘트(A종)	-고로슬래그시멘트 (특급) -포틀랜드포졸란 -시멘트(B종) -플라이애시시멘트(B종)
20℃이상	(A)	4일	5일
20℃미만~10℃이상	3일	(B)	8일

해 일반적으로 콘크리트를 지탱하지 않는 부위, 즉 보옆, 기둥벽 등의 측벽의 경우 10℃ 이상의 온도에서 24시간 이상 양생한 후에 콘크리트 압축강도가 50kgf/㎠ 이상 도달한 경우 거푸집널을 해체할 수 있다.
다만, 거푸집널 존치기간 중의 평균 기온이 10℃ 이상인 경우는 콘크리트 재령이 표에 주어진 재령 이상 경과하면 압축강도시험을 하지 않고도 해체할 수 있다.

거푸집 동바리 해체시기
– 콘크리트 압축강도 시험 시

부재	콘크리트 압축강도(f_{cu})
확대기초/보 옆/ 기둥/벽 등의 측벽	50kgf/cm^2 이상
슬래브 및 보 밑면/아치 내면	설계기준강도 • 2/3 ($f_{cu} \geq 2/3 f_{ck}$) 다만, 140kgf/cm^2 이상

– 콘크리트 압축강도 미시험 시

시멘트 종류 평균 기온	-조강포틀랜드시멘트	-보통포틀랜드시멘트 -고로슬래그시멘트 -포틀랜드포졸란시멘트 (A종) -플라이애시시멘트(A종)	-고로슬래그시멘트 (특급) -포틀랜드포졸란 -시멘트(B종) -플라이애시시멘트(B종)
20℃ 이상	2일	4일	5일
20℃ 미만~10℃ 이상	3일	6일	8일

(기초/보옆/기둥/벽의 측벽)

답 A: 2일 B: 6일

128

☆

재해방지설비 관련 표이다. 빈칸을 채우시오.

	기능	용도, 사용장소, 조건	설비
추락방지	안전한 작업이 가능한 작업대	높이 2m 이상의 장소로서 추락 우려가 있는 작업	비계, 달비계, 수평통로, 안전난간대
	추락자를 보호할 수 있는 것	작업대 설치가 어렵거나 개구부 주위로 난간 설치가 어려운 곳	(A)
	추락의 우려가 있는 위험장소에서 작업자 행동을 제한하는 것	개구부 및 작업대 끝	(B)
	작업자 신체를 유지시키는 것	안전한 작업대나 난간 설치가 어려운 곳	안전대부착설비, 안전대, 구명줄
비래 낙하 및 비산 방지	위에서 낙하된 것을 막는 것	철골 건립, 볼트 체결 및 기타 상하작업	방호철망, 방호울타리, 가설앵커설비
	제3자의 위해방지	볼트, 콘크리트 덩어리, 형틀재, 일반자재, 먼지 등이 낙하 비산할 우려가 있는 작업	방호철망, 방호시트, 방호울타리, 방호선반, 안전망
	불꽃의 비산방지	용접, 용단을 수반하는 작업	(C)

🔲 해

	기능	용도, 사용장소, 조건	설비
추락방지	안전한 작업이 가능한 작업대	높이 2m 이상의 장소로서 추락 우려가 있는 작업	비계, 달비계, 수평통로, 안전난간대
	추락자를 보호할 수 있는 것	작업대 설치가 어렵거나 개구부 주위로 난간 설치가 어려운 곳	추락방지용 방망
	추락의 우려가 있는 위험장소에서 작업자 행동을 제한하는 것	개구부 및 작업대 끝	난간, 울타리
	작업자 신체를 유지시키는 것	안전한 작업대나 난간 설치가 어려운 곳	안전대부착설비, 안전대, 구명줄
비래 낙하 및 비산 방지	위에서 낙하된 것을 막는 것	철골 건립, 볼트 체결 및 기타 상하작업	방호철망, 방호울타리, 가설앵커설비
	제3자의 위해방지	볼트, 콘크리트 덩어리, 형틀재, 일반자재, 먼지 등이 낙하 비산할 우려가 있는 작업	방호철망, 방호시트, 방호울타리, 방호선반, 안전망
	불꽃의 비산방지	용접, 용단을 수반하는 작업	석면포

🔲 A: 추락방지용 방망   B: 난간, 울타리   C: 석면포

129   ☆☆☆☆☆☆☆☆

크레인, 타워크레인, 리프트에 설치하는 방호장치 종류 4가지 쓰시오.

🔲 사업주는 다음 각 호의 양중기에 과부하방지장치, 권과방지장치(捲過防止裝置), 비상정지장치 및 제동장치, 그 밖의 방호장치[(승강기의 파이널 리미트 스위치(final limit switch), 속도조절기, 출입문 인터 록(inter lock) 등을 말한다]가 정상적으로 작동될 수 있도록 미리 조정해 두어야 한다.

🔳 제동장치/비상정지장치/권과방지장치/과부하방지장치

130   ☆

건설용 리프트의 장치들이다. 각 장치 이름을 쓰시오.

1.

3.

4.

2.

5.

6.

🔲 **과부하방지장치**: 양중기에 정격하중 이상 하중이 부과되었을 경우 자동적으로 감아올리는 동작을 정지하는 장치
   완충 스프링: 운반부가 멈추지 않고 계속 하강 시 충격 완화시켜주는 장치
   비상정지장치: 비상상태 발생 시 운전자가 작동 중지시키는 장치
   출입문 연동장치: 출입문 열리면 작동 안 되게 하는 장치
   방호울 출입문 연동장치: 방호울 열리면 작동 안 되게 하는 장치
   3상 전원차단장치: 리프트 수리 등 비상 시에 사용하기 위해 전원 차단하는 장치

🔳 1. 과부하방지장치   2. 완충 스프링   3. 비상정지장치
   4. 출입문 연동장치   5. 방호울 출입문 연동장치   6. 3상 전원차단장치

131 ☆

하역 운반기계인 지게차에 설치하는 방호장치 3가지 쓰시오.

🔲 지게차 방호장치: 헤드 가드, 백레스트(backrest), 전조등, 후미등, 안전벨트
🔳 전조등/후미등/백레스트

132 ☆☆☆☆☆

목재 가공용 둥근톱기계 방호장치 종류 2가지 쓰시오.

🔲 – 사업주는 목재가공용 둥근톱기계[(가로 절단용 둥근톱기계 및 반발(反撥)에 의하여 근로자에게 위험을
　　미칠 우려가 없는 것은 제외한다)]에 분할날 등 반발예방장치를 설치해야 한다.
　　– 사업주는 목재가공용 둥근톱기계(휴대용 둥근톱을 포함하되, 원목제재용 둥근톱기계 및 자동이송장치를
　　부착한 둥근톱기계를 제외한다)에는 톱날접촉예방장치를 설치하여야 한다.
🔳 반발 예방장치/톱날 접촉 예방장치

133 ☆

거푸집을 조립하는 경우에는 거푸집이 콘크리트 하중이나 그 밖의 외력에 견딜 수 있거나, 넘어

지지 않도록 설치해야 하는 장치 2가지 쓰시오.

🔲 거푸집을 조립하는 경우에는 거푸집이 콘크리트 하중이나 그 밖의 외력에 견딜 수 있거나, 넘어지지 않도록
　　견고한 구조의 긴결재(콘크리트를 타설할 때 거푸집이 변형되지 않게 연결하여 고정하는 재료를 말한다),
　　버팀대 또는 지지대를 설치하는 등 필요한 조치를 할 것
🔳 지지대/긴결재

134 ☆☆☆☆☆

감전을 일으키는 위험요소 4가지 쓰시오.

🔲 전격현상 위험도
　　통전전류 크기 > 통전경로 > 통전시간 > 전원 종류(교류 > 직류) > 주파수, 파형
　　※교류 전원의 종류는 제품의 종류(냉장고, 드릴 등등)에 대한 말이다.
🔳 통전시간/통전경로/통전전류/전원 종류

135 ☆☆☆

토석붕괴의 외적 원인 4가지 쓰시오.

해 – 토석이 붕괴되는 외적 원인은 다음 각 호와 같으므로 굴착작업 시에 적절한 조치를 취하여야 한다.
    1. 사면, 법면의 경사 및 기울기의 증가
    2. 절토 및 성토 높이의 증가
    3. 공사에 의한 진동 및 반복 하중의 증가
    4. 지표수 및 지하수의 침투에 의한 토사 중량의 증가
    5. 지진, 차량, 구조물의 하중작용
    6. 토사 및 암석의 혼합층 두께
 – 토석이 붕괴되는 내적 원인은 다음 각 호와 같으므로 굴착작업 시에 적절한 조치를 취하여야 한다.
    1. 절토 사면의 토질·암질
    2. 성토 사면의 토질구성 및 분포
    3. 토석의 강도 저하

답 사면 경사 증가/성토 높이 증가/구조물 하중작용/공사에 의한 진동 증가

136 ☆☆☆☆☆☆

석축 붕괴의 원인 3가지 쓰시오.

답 배수 불량/구배 불량/뒷채움 불량

137 ☆☆☆☆☆☆☆☆

다음에 해당하는 답변을 하시오.

> 1. 습윤한 장소에서 감전 방지 위해 교류아크 용접기에 부착하는 방호장치 1가지 쓰시오.
> 2. 용접 작업 시 착용 보호구 3가지 쓰시오.

답 1. 자동전격방지기 2. 용접용 장갑/용접용 보안면/용접용 안전화

138　　　　　　　　　　　　　　　　　　　　　　　　★★

강관, 클램프, 앵커 및 벽 연결용 철물 등을 사용해 비계와 영구 구조체(건물) 사이를 연결하는
비계 벽이음의 역할 2가지 쓰시오.

🅷 벽 이음재: 비계가 풍하중 및 수평하중에 의해 영구 구조체의 내·외측으로 움직임을 방지하기 위해 설치하는
　　부재

🅟 풍하중에 의한 움직임 방지/수평하중에 의한 움직임 방지

139　　　　　　　　　　　　　　　　　　　　　　　☆☆☆☆

NATM 터널공사에서 록볼트 효과 4가지 쓰고, 설명하시오.

🅟 1. 봉합효과(낙반 낙하방지)
　 2. 보강효과(지반 파괴방지)
　 3. 전단저항효과(전단 파괴방지)
　 4. 내압효과(인장력이 내압으로 작용)

140　　　　　　　　　　　　　　　　　　　　　　☆☆☆☆☆

철골작업 중지해야 하는 기상조건 3가지 쓰시오.

🅷 사업주는 다음 각 호의 어느 하나에 해당하는 경우에 철골작업을 중지하여야 한다.
　 1. 풍속이 초당 10미터 이상인 경우
　 2. 강우량이 시간당 1밀리미터 이상인 경우
　 3. 강설량이 시간당 1센티미터 이상인 경우

🅟 1. 풍속 10m/s 이상　　2. 강우량 1mm/h 이상　　3. 강설량 1cm/h 이상

141 ☆☆☆☆

타워크레인의 작업 중지에 관한 내용이다. 빈칸을 채우시오.

> 1. 순간풍속이 초당 (A)m 초과하는 경우 타워크레인의 설치, 수리, 점검 또는 해체작업을 중지해야 한다.
> 2. 순간풍속이 초당 (B)m 초과하는 경우 타워크레인의 운전 작업을 중지해야 한다.

🄷 사업주는 순간풍속이 초당 10미터를 초과하는 경우 타워크레인의 설치·수리·점검 또는 해체 작업을 중지하여야 하며, 순간풍속이 초당 15미터를 초과하는 경우에는 타워크레인의 운전작업을 중지하여야 한다.

🄰 A: 10 B: 15

142 ☆

공사현장 가설도로에서 도로와 작업장 간에 높이 차가 있을 시 설치하는 방호책 2가지 쓰시오.

🄷 도로와 작업장높이에 차가 있을 때는 바리케이트 또는 연석 등을 설치하여 차량의 위험 및 사고를 방지하도록 하여야 한다.

🄰 연석/바리케이트

143 ☆☆☆

외압에 대한 내력이 설계에 고려되었는지 확인해야 하는 대상 5가지 쓰시오.

🄷 구조안전의 위험이 큰 다음 각 목의 철골구조물은 건립 중 강풍에 의한 풍압등 외압에 대한 내력이 설계에 고려되었는지 확인하여야 한다.
　가. 높이 20미터 이상의 구조물
　나. 구조물의 폭과 높이의 비가 1:4 이상인 구조물
　다. 단면 구조에 현저한 차이가 있는 구조물
　라. 연면적당 철골량이 50킬로그램/평방미터 이하인 구조물
　마. 기둥이 타이플레이트(tie plate)형인 구조물
　바. 이음부가 현장용접인 구조물

🄰 1. 높이 20m 이상 구조물
　2. 폭:높이 = 1:4 이상인 구조물
　3. 이음부가 현장용접인 구조물
　4. 기둥이 타이플레이트형인 구조물
　5. 단면 구조에 현저한 차이 있는 구조물

144 ☆☆☆☆

말뚝의 항타공법 종류 3가지 쓰시오.

🔲 타격공법/진동공법/압입공법

145 ☆☆☆☆☆☆

비탈면 보호공법 종류 3가지 쓰시오.

🔲 비탈면 공법 종류

비탈면 보호공법	• 식생구멍공	• 뿜어붙이기공	• 블록공	• 돌쌓기공	• 배수공	• 표층안정공
비탈면 보강공법	• 말뚝공	• 앵커공	• 옹벽공	• 절토공	• 압성토공	• 소일네일링공

🔲 블록공/돌쌓기공/뿜어붙이기공

146 ☆

비가 올 경우를 대비해 빗물 등의 침투에 의한 붕괴재해를 예방하기 위해 필요한 조치사항 2가지 쓰시오.

🔲 사업주는 비가 올 경우를 대비하여 측구(側溝)를 설치하거나 굴착경사면에 비닐을 덮는 등 빗물 등의 침투에 의한 붕괴재해를 예방하기 위하여 필요한 조치를 해야 한다.

🔲 측구 설치/굴착경사면에 비닐 덮기

147 ☆☆☆

굴착사면에 덮어놓은 파란색 비닐(= 천막)의 용도 2가지 쓰시오.

🔲 윗 해설 참조

🔲 빗물 침투방지/붕괴재해 예방

148　　　　　　　　　　　　　　　　　　　　　　☆☆☆

클램쉘의 용도를 2가지 쓰시오.

🔲 클램쉘
- 지면보다 낮은 곳 굴착 가능하다.
- 잠함 안의 굴착에 사용된다.
- 수면 아래의 자갈, 모래를 굴착(수중굴착)하고 준설선에 많이 사용된다.
- 건축구조물의 기초 등 정해진 범위의 깊은 굴착에 적합하다.
- 단단한 토질 굴착 불가능하다.

🔳 수중굴착/지면보다 낮은 곳 굴착

149　　　　　　　　　　　　　　　　　　　　　　☆

추락방지대의 용도를 쓰시오.

🔲 "추락방지대"란 신체의 추락을 방지하기 위해 자동잠김 장치를 갖추고 죔줄과 수직구명줄에 연결된 금속장치를 말한다.

🔳 수직이동 시 개인용 추락방지 장치로 사용

150 ☆☆☆☆☆☆

추락방지시설과 낙하방지시설 종류를 각 3가지씩 쓰시오.

🖩 **추락방지**
1. 사업주는 근로자가 추락하거나 넘어질 위험이 있는 장소[작업발판의 끝·개구부(開口部) 등을 제외한다]또는 기계·설비·선박블록 등에서 작업을 할 때에 근로자가 위험해질 우려가 있는 경우 비계(飛階)를 조립하는 등의 방법으로 작업발판을 설치하여야 한다.
2. 작업발판을 설치하기 곤란한 경우 기준에 맞는 추락방호망을 설치해야 한다.
3. 사업주는 작업발판 및 통로의 끝이나 개구부로서 근로자가 추락할 위험이 있는 장소에는 안전난간, 울타리, 수직형 추락방망 또는 덮개 등(이하 이 조에서 "난간등"이라 한다)의 방호 조치를 충분한 강도를 가진 구조로 튼튼하게 설치하여야 하며, 덮개를 설치하는 경우에는 뒤집히거나 떨어지지 않도록 설치하여야 한다.
4. 사업주는 추락할 위험이 있는 높이 2미터 이상의 장소에서 근로자에게 안전대를 착용시킨 경우 안전대를 안전하게 걸어 사용할 수 있는 설비(= 안전대 부착설비) 등을 설치하여야 한다.

낙하방지
1. 사업주는 작업으로 인하여 물체가 떨어지거나 날아올 위험이 있는 경우 낙하물 방지망, 수직보호망 또는 방호선반의 설치, 출입금지구역의 설정, 보호구의 착용 등 위험을 방지하기 위하여 필요한 조치를 하여야 한다.

📋 추락방지시설 : 작업발판/추락방호망/수직형추락방망
  낙하방지시설 : 방호선반/수직보호망/낙하물방지망

151 ☆☆

보기를 참고해 오토클라이밍 폼의 작업순서를 쓰시오.

보기		
1. 측경 간 시공	2. 오토클라이밍 폼으로 교각 시공	3. 상부타설 진행
4. 상부타설 시작	5. 중앙 키 세그먼트	6. 중앙 박스 타설

📋 2→4→3→1→6→5

152 ☆☆☆

노출된 철근 보호방법을 2가지 쓰시오.

🔳 방청도료 도포/비닐을 덮어 빗물 차단

153 ☆☆

다음 물음에 답하시오.

> 1. 기초에서 주철근에 가로로 들어가는 철근 역할
> 2. 기둥에서 전단력에 저항하는 철근 명칭

🔳 1. 좌굴방지/위치유지   2. 띠철근

154 ☆

히빙 현상의 방지책 3가지 쓰시오.

🔳 히빙
　　정의: 연약한 점토지반을 굴착할 때 굴착배면의 토사중량이 굴착저면 이하의 지반지지력보다 클때 발생하는
　　　　　현상
　　발생원인: 흙막이 내외부 중량차/흙막이벽 근입깊이 부족/흙막이벽 배면지반 상재하중 증가
　　방지책
　　1. 흙막이벽 근입 깊이 증가
　　2. 흙막이벽 배면지반 상재하중 감소
　　3. 저면 굴착부분 미리 굴착해 기초콘크리트 타설
　　4. 웰포인트 공법 병행
　　5. 시트파일 근입심도 검토
　　6. 굴착저면에 토사 등 인공중력 증가
🔳 웰포인트 공법 병행/시트파일 근입심도 검토/흙막이벽 근입 깊이 증가

155

금속의 용접·용단 또는 가열에 사용되는 가스등의 용기를 취급하는 경우 준수사항 4가지 쓰시오.

해 사업주는 금속의 용접·용단 또는 가열에 사용되는 가스등의 용기를 취급하는 경우에 다음 각 호의 사항을 준수하여야 한다.

1. 다음 각 목의 어느 하나에 해당하는 장소에서 사용하거나 해당 장소에 설치·저장 또는 방치하지 않도록 할 것
   가. 통풍이나 환기가 불충분한 장소
   나. 화기를 사용하는 장소 및 그 부근
   다. 위험물 또는 제236조에 따른 인화성 액체를 취급하는 장소 및 그 부근
2. 용기의 온도를 섭씨 40도 이하로 유지할 것
3. 전도의 위험이 없도록 할 것
4. 충격을 가하지 않도록 할 것
5. 운반하는 경우에는 캡을 씌울 것
6. 사용하는 경우에는 용기의 마개에 부착되어 있는 유류 및 먼지를 제거할 것
7. 밸브의 개폐는 서서히 할 것
8. 사용 전 또는 사용 중인 용기와 그 밖의 용기를 명확히 구별하여 보관할 것
9. 용해아세틸렌의 용기는 세워 둘 것
10. 용기의 부식·마모 또는 변형상태를 점검한 후 사용할 것

답 1. 전도 위험 없도록 할 것
   2. 충격 가하지 않도록 할 것
   3. 운반하는 경우 캡 씌울 것
   4. 밸브 개폐는 서서히 할 것

156 ☆☆

인화성 가스, 불활성 가스 및 산소(이하 "가스등"이라 한다)를 사용하여 금속의 용접·용단 또는 가열작업을 하는 경우 가스등의 누출 또는 방출로 인한 폭발·화재 또는 화상을 예방하기 위한 준수사항 4가지 쓰시오.

🔲 사업주는 인화성 가스, 불활성 가스 및 산소(이하 "가스등"이라 한다)를 사용하여 금속의 용접·용단 또는 가열작업을 하는 경우에는 가스등의 누출 또는 방출로 인한 폭발·화재 또는 화상을 예방하기 위해 다음 각 호의 사항을 준수해야 한다.
  1. 가스등의 호스와 취관(吹管)은 손상·마모 등에 의하여 가스등이 누출할 우려가 없는 것을 사용할 것
  2. 가스등의 취관 및 호스의 상호 접촉부분은 호스밴드, 호스클립 등 조임기구를 사용하여 가스등이 누출되지 않도록 할 것
  3. 가스등의 호스에 가스등을 공급하는 경우에는 미리 그 호스에서 가스등이 방출되지 않도록 필요한 조치를 할 것
  4. 사용 중인 가스등을 공급하는 공급구의 밸브나 콕에는 그 밸브나 콕에 접속된 가스등의 호스를 사용하는 사람의 이름표를 붙이는 등 가스등의 공급에 대한 오조작을 방지하기 위한 표시를 할 것
  5. 용단작업을 하는 경우에는 취관으로부터 산소의 과잉방출로 인한 화상을 예방하기 위하여 근로자가 조절밸브를 서서히 조작하도록 주지시킬 것
  6. 작업을 중단하거나 마치고 작업장소를 떠날 경우에는 가스등의 공급구의 밸브나 콕을 잠글 것
  7. 가스등의 분기관은 전용 접속기구를 사용하여 불량체결을 방지하여야 하며, 서로 이어지지 않는 구조의 접속기구 사용, 서로 다른 색상의 배관·호스의 사용 및 꼬리표 부착 등을 통하여 서로 다른 가스배관과의 불량체결을 방지할 것

🔳 1. 작업 중단 시 가스 공급구 콕을 잠글 것
  2. 취관은 손상에 의해 가스가 누출할 우려가 없는 것을 사용할 것
  3. 호스에 가스 공급 시 미리 그 호스에 가스 방출되지 않도록 필요한 조치할 것
  4. 취관과 호스의 상호 접촉부분은 조임기구를 사용해 가스가 누출되지 않도록 할 것

157 ☆☆☆☆

깊이 10.5m 이상의 굴착작업 시 필요한 계측기기 종류 4가지 쓰시오.

🔲 깊이 10.5m 이상의 굴착의 경우 아래 각 목의 계측기기의 설치에 의하여 흙막이 구조의 안전을 예측하여야 하며, 설치가 불가능할 경우 트랜싯 및 레벨 측량기에 의해 수직·수평 변위 측정을 실시하여야 한다.
  가. 수위계
  나. 경사계
  다. 하중 및 침하계
  라. 응력계

🔳 수위계/경사계/하중계/응력계

158 ☆

발파작업 시 화공작업소에 설치해야 할 경계표시판 종류 2가지와 화약류 저장소 내에 비치해야
하는 기기 1가지 쓰시오.

해 – 화공작업소의 주위에는 적당한 경계선을 설치하고 또한 "화약", "출입금지", "화기엄금"등 경계표시판을
설치하여야 한다.
– 저장소의 내부는 환기에 유의하고 동·하절기의 계절적 영향과 온도의 변화를 최소화하거나 또는 다이나
마이트를 저장할 때에는 최고, 최저 온도계를 비치하여야 한다.

답 경계표시판 종류: 화약/출입금지   비치해야 하는 기기: 최고, 최저 온도계

159 ☆☆☆☆☆☆☆

다음 중 와이어로프 클립 체결이 올바른 것을 고르고, 직경에 따른 클립 수를 쓰시오.

A	B	C

와이어로프 지름(mm)	클립수(개)
16 이하	(D)
16 초과 28 이하	(E)
28 초과	(F)

해

와이어로프 지름(mm)	클립수(개)
16 이하	4
16 초과 28 이하	5
28 초과	6

적합	부적합	부적합

답 올바른 것: A   D: 4   E: 5   F: 6

160 ☆

매듭방망이고 신품인 경우 그물코의 종류에 따른 방망 인장강도 기준을 쓰시오.

해 방망사 신품에 대한 인장강도

그물코 크기 (cm)	방망 종류(kg)	
	매듭없는 방망	매듭있는 방망
10	240	200
5	-	110

방망사 폐기 시 인장강도

그물코 크기 (cm)	방망 종류(kg)	
	매듭없는 방망	매듭있는 방망
10	150	135
5	-	60

답 그물코 크기 10cm: 200kg   그물코 크기 5cm: 110kg

161 ☆☆

타워크레인 설치 또는 해체하려는 자의 자격조건 2가지와 등록인원 수를 쓰시오.

해 타워크레인 설치·해체업의 인력기준
  1. 인력기준: 다음 각 목의 어느 하나에 해당하는 사람 4명 이상을 보유할 것
    가. 판금제관기능사 또는 비계기능사의 자격을 가진 사람
    나. 지정된 타워크레인 설치·해체작업 교육기관에서 지정된 교육을 이수하고 수료시험에 합격한 사람으로서 합격 후 5년이 지나지 않은 사람
    다. 지정된 타워크레인 설치·해체작업 교육기관에서 보수교육을 이수한 후 5년이 지나지 않은 사람
답 – 자격조건
  1. 비계기능사 자격 가진 사람
  2. 지정된 타워크레인 설치해체작업 교육기관에서 보수교육을 이수한 후 5년이 지나지 않은 사람

 – 등록인원 수: 4명 이상

162　　　　　　　　　　　　　　　　　　　　　　　　　　☆☆☆

해당 교각 거푸집의 명칭을 쓰고, 장점 2가지 쓰시오.

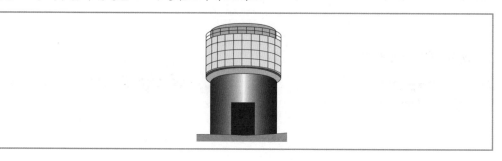

🔳 명칭: 슬라이딩 폼　　장점: 원가 절감/공사기간 단축/구조물 성능 향상

163　　　　　　　　　　　　　　　　　　　　　　　　　　☆☆☆

해당 거푸집의 명칭을 쓰고, 장점 2가지 쓰시오.

🔳 명칭: 갱폼　　장점: 안전성 확보/공사기간 단축/구조물 품질 향상

164

☆☆☆☆☆

다음 물음에 답하시오

1. 그림과 같은 교량의 형식을 쓰시오.

서해대교

인천대교

2. 보기의 교량 공정을 참고해 교량 시공순서를 쓰시오.

보기			
1. 상판 아스팔트 타설	2. 주탑 시공	3. 케이블 설치	4. 우물통 기초공사

해

사장교	탑에서 비스듬히 친 케이블로 거더를 매단 다리로 경간 150 ~ 400m 정도 범위의 도로교에 흔히 쓰이며, 경제적이고 미관에도 뛰어난 설계가 가능하다. 한국에는 올림픽대교, 서해대교, 인천대교, 진도대교·돌산대교 등이 있다.
현수교	교각과 교각사이에 철선이나 쇠사슬을 건너지르고 이 줄에 상판을 매단 교량으로 샌프란시스코에 있는 골든게이트교가 대표적이고, 한국에는 남해대교, 광안대교, 이순신대교 등이 있다.

답 1. 사장교   2. 4→2→3→1

165

☆

해당 교량의 형식을 쓰시오.

광안대교

🖪 현수교

166

★☆☆☆☆

해당 공정의 명칭과 이 공법의 종류 2가지를 쓰고, 이 공법의 작업계획서 포함사항 3가지 쓰시오.

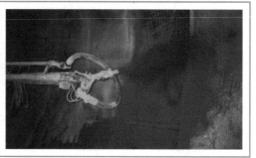

🔲 사업주는 뿜어붙이기 콘크리트(= 숏크리트) 작업시에는 사전에 작업계획을 수립 후 실시하여야 한다. 작업
계획에는 최소한 다음 각 호의 사항이 포함되어야 한다.
1. 사용목적 및 투입장비   2. 건식공법, 습식공법 등 공법의 선택
3. 노즐의 분사출력기준   4. 압송거리
5. 분진방지대책   6. 재료의 혼입기준
7. 리바운드 방지대책   8. 작업의 안전수칙
🖪 명칭 : 뿜어붙이기 콘크리트(숏크리트)
종류 : 건식공법/습식공법
작업계획서 포함사항 : 사용목적/압송거리/분진방지대책

167   ☆☆

해당 공법의 명칭과 특징 3가지 쓰시오.

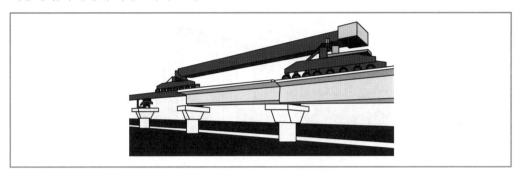

🖼 PSM 공법: 교량 상부구조를 미리 만든 짧은 세그먼트로 하나씩 조립하는 공법

📋 명칭 : PSM 공법

  특징 : 저 인력투입/공사기간 단축/품질관리 용이/넓은 보관장소 필요

168   ☆☆☆

해당 공법의 명칭과 특징을 쓰시오.

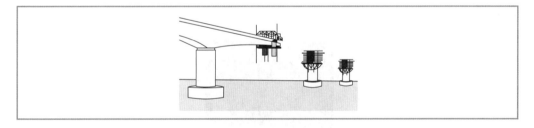

🖼 FCM 공법(Free Cantilever Method)은 교량의 시공 방식 중 하나로 교량 하부에 동바리를 사용하지 않고 특수한 가설장비를 이용하여 각 교각으로부터 좌우의 평형을 맞추면서 세그먼트를 순차적으로 접합하는 방식으로 경간을 구성하면서 인접한 교각에서 만들어져 온 세그먼트와 접합하는 방식의 시공법이다. 대한민국에서는 주로 고속도로의 교량들이 이 방식에 의해서 건설되는 경우가 많다.

📋 명칭 : FCM 공법

  특징 : 교량 하부에 동바리 사용하지 않고 가설장비를 이용해 각 교각으로부터 좌우 평형을 맞추면서
       세그먼트를 순차적으로 접합하는 방식이다.

169 ☆☆

해당 공법의 명칭을 쓰시오.

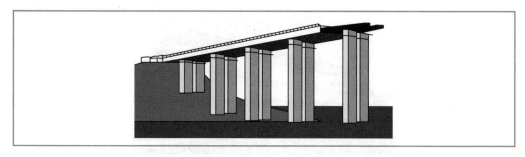

🗹 교량의 가설 방식 중 하나로 교량의 상부 구조물을 교량의 시작점이나 첫 번째 교각 인근의 제작장에서 거더 (세그먼트)를 제작장을 만들고 10 ~ 30미터 단위의 길이로 콘크리트를 타설하면서 교량 상판을 제작하여 압출장치를 통하여서 이 박스 형태의 상판을 다음 위치의 교각으로 밀어내는 공법

🖊 ILM 공법

170 ★☆

해당 공법의 명칭과 적용이 어려운 지반 3가지, 터널 굴착작업 시 작업계획서 포함사항 3가지 쓰시오.

🗹 TBM공법: 원형의 회전식 터널 굴진기를 사용하여 굴진하고 버력을 반출, 지보작업(Segment조립 등)을 연속적으로 수행하여 터널을 시공하는 것으로 과거의 발파 – 굴착에 의존해 온 기존 공법에 비해 시공의 고속화 및 안전성향상, 환경성 및 경제성이 향상된 장점을 고루 갖춘 공법

7. 터널 굴착작업	1. 굴착의 방법
	2. 터널지보공 및 복공(覆工)의 시공방법과 용수(湧水)의 처리방법
	3. 환기 또는 조명시설을 설치할 때에는 그 방법

🖊 명칭 : TBM 공법
적용이 어려운 지반 : 연약지반/다량 용수 있는 지반/단면형상 변형 심한 지반
작업계획서 포함사항 : 굴착방법/용수 처리방법/환기시설 설치방법

171

☆☆

다음 물음에 답하시오.

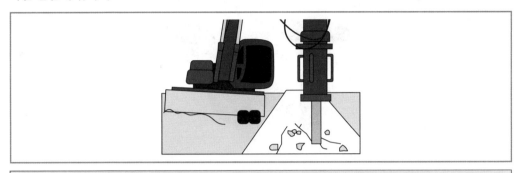

| 1. 사진 속 해체공법 명칭 2. 해체작업 시 작업계획서 포함사항 4가지 |

᥆ 작업계획서 내용

10. 건물 등의 해체작업	1. 해체의 방법 및 해체 순서도면
	2. 가설설비·방호설비·환기설비 및 살수·방화설비 등의 방법
	3. 사업장 내 연락방법
	4. 해체물의 처분계획
	5. 해체작업용 기계·기구 등의 작업계획서
	6. 해체작업용 화약류 등의 사용계획서
	7. 그 밖에 안전·보건에 관련된 사항

답 1. 대형 브레이커 공법 2. 해체방법/방호설비 방법/해체물 처분계획/사업장 내 연락방법

172 ☆☆☆☆☆☆☆☆

다음 물음에 답하시오.

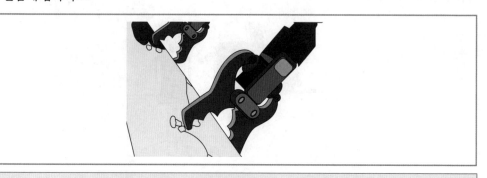

1. 영상 속 해체공법 명칭   2. 해체작업 시 작업계획서 포함사항 4가지

해 작업계획서 내용

10. 건물 등의 해체작업	1. 해체의 방법 및 해체 순서도면 2. 가설설비·방호설비·환기설비 및 살수·방화설비 등의 방법 3. 사업장 내 연락방법 4. 해체물의 처분계획 5. 해체작업용 기계·기구 등의 작업계획서 6. 해체작업용 화약류 등의 사용계획서 7. 그 밖에 안전·보건에 관련된 사항

답 1. 압쇄기 사용공법   2. 해체방법/방호설비 방법/해체물 처분계획/사업장 내 연락방법

173

★☆☆☆

다음 물음에 답하시오.

1. 해당 공법의 명칭
2. 공법의 역학적 특징
3. 흙막이 지보공 설치 시 점검사항 3가지
4. 깊이 10.5m 이상 굴착 작업 시 필요한 계측기 종류 3가지와 용도

해 – 사업주는 흙막이 지보공을 설치하였을 때에는 정기적으로 다음 각 호의 사항을 점검하고 이상을 발견하면 즉시 보수하여야 한다.

1. 부재의 손상·변형·부식·변위 및 탈락의 유무와 상태
2. 버팀대의 긴압(緊壓)의 정도
3. 부재의 접속부·부착부 및 교차부의 상태
4. 침하의 정도

– 깊이 10.5m 이상의 굴착의 경우 아래 각 목의 계측기기의 설치에 의하여 흙막이 구조의 안전을 예측하여야 하며, 설치가 불가능할 경우 트랜싯 및 레벨 측량기에 의해 수직·수평 변위 측정을 실시하여야 한다.

가. 수위계
나. 경사계
다. 하중 및 침하계
라. 응력계

답 1. 어스앵커 공법
2. 흙막이 벽에 인장재를 삽입해 인장력에 의해 토압을 지지하는 흙막이 공법
3. 침하 정도/부재 손상 유무/버팀대 긴압 정도
4. 하중계(축하중변화측정)/경사계(경사각측정)/수위계(수위측정)

174   ☆☆

해당 옹벽의 명칭과 옹벽 시공 중 설치해야 하는 안전시설물 명칭을 쓰시오.

🔲 **보강토 옹벽**: 전면에 블록을 설치하고 흙과 흙 사이에 보강재를 넣어 토사를 안정시켜 옹벽이 유지되도록
  하는 구조물

  사업주는 추락할 위험이 있는 높이 2미터 이상의 장소에서 근로자에게 안전대를 착용시킨 경우 안전대를 안
  전하게 걸어 사용할 수 있는 설비 등을 설치하여야 한다. 이러한 안전대 부착설비로 지지로프 등을 설치하는
  경우에는 처지거나 풀리는 것을 방지하기 위하여 필요한 조치를 하여야 한다.

🔲 옹벽의 명칭 : **보강토 옹벽**　안전시설물 명칭 : **안전대 부착설비**

175   ☆☆☆

해당 공법의 명칭을 쓰시오.

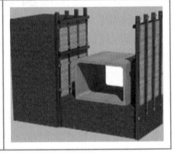

🔲 **자립식 흙막이 공법**: 흙막이 벽체 역할을 하는 전열 말뚝과 흙막이 벽체의 전단파괴를 방지하는 후열 말뚝으
  로 조합된 흙막이 공법

🔲 **자립식 흙막이 공법**

176   ☆☆☆☆☆

해당하는 흙막이 공법의 명칭과 알파벳별 명칭을 쓰시오.

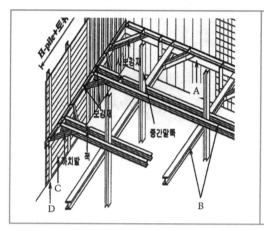 

🗒 명칭: 버팀대 공법

   A: 띠장   B: 버팀대   C: 토류판   D: 엄지말뚝

177   ☆☆☆☆☆☆

해당 건설기계의 명칭과 용도 2가지를 쓰고, 차량계 건설기계 작업 시 작업계획서 포함사항
2가지 쓰시오.

해

3. 차량계 건설기계를 사용하는 작업	가. 사용하는 차량계 건설기계의 종류 및 성능 나. 차량계 건설기계의 운행경로 다. 차량계 건설기계에 의한 작업방법

🗒 명칭: 모터 그레이더

   용도: 제설작업/지반 고르기

   작업계획서 포함사항: 운행경로/작업방법/사용하는 차량계 건설기계 종류

178 ☆☆☆

해당 건설기계의 명칭과 용도 3가지를 쓰시오.

🔲 명칭 : 타이어 롤러   용도 : 점성토다짐/노반 표면다짐/아스팔트 포장다짐

179 ☆☆☆☆☆☆

해당 건설기계의 명칭과 용도 2가지를 쓰고, 차량계 건설기계 작업 시 작업계획서 포함사항 2가지 쓰시오.

🔲 작업계획서 내용

3. 차량계 건설기계를 사용하는 작업	가. 사용하는 차량계 건설기계의 종류 및 성능 나. 차량계 건설기계의 운행경로 다. 차량계 건설기계에 의한 작업방법

🔲 명칭 : 로더
  용도 : 운반/지반고르기
  작업계획서 포함사항 : 운행경로/작업방법

180   ☆☆☆☆☆☆☆

해당 건설기계의 명칭과 용도 4가지를 쓰시오.

🔳 명칭: 불도저   용도: 운반/적재/굴착/지반 고르기

181   ☆☆☆☆☆

해당 건설기계의 명칭과 용도 3가지를 쓰시오.

🔳 명칭: 스크레이퍼   용도: 운반/굴착/지반 고르기

182 ☆

해당 건설기계의 명칭과 주요작업, 동그라미 친 부분과 네모 친 부분의 장비명을 쓰시오.

A   B

🔲 A – 명칭: 천공기   주요작업: 암석, 지면 천공작업
　　 동그라미 친 부분의 장비명: 스크류   네모 친 부분의 장비명: 오거
　 B – 명칭: 백호   주요작업: 토사 굴착작업

183 ☆☆☆☆

해당 건설기계의 명칭과 용도를 쓰시오.

🔲 명칭: 아스팔트 피니셔   용도: 아스팔트 콘크리트 포장

184 ☆☆☆

동그라미 친 건설기계의 명칭과 화물의 하중을 직접 지지하는 경우 사용되는 와이어로프 안전율을 쓰시오.

🅗 사업주는 양중기의 와이어로프 등 달기구의 안전계수(달기구 절단하중의 값을 그 달기구에 걸리는 하중의 최대값으로 나눈 값을 말한다)가 다음 각 호의 구분에 따른 기준에 맞지 아니한 경우에는 이를 사용해서는 아니 된다.

　1. 근로자가 탑승하는 운반구를 지지하는 달기와이어로프 또는 달기체인인 경우: 10 이상

　2. 화물의 하중을 직접 지지하는 달기와이어로프 또는 달기체인의 경우: 5 이상

　3. 훅, 샤클, 클램프, 리프팅 빔의 경우: 3 이상

　4. 그 밖의 경우: 4 이상

🅣 명칭: 이동식 크레인

　화물의 하중을 직접 지지하는 경우 사용되는 와이어로프 안전율: 5 이상

185 ☆☆☆☆☆☆☆☆

다음 물음에 답하시오.

1. 해당하는 차량용 건설기계 명칭을 쓰시오.
2. 콘크리트 비비기로부터 치기가 끝날 때까지의 시간은 (A)℃를 넘었을 때는 (B)시간, (A)℃ 이하일 때는 (C)시간을 넘어선 안 된다.
3. 차량 내 내용물 구성 5가지
4. 기계가 회전하는 이유 2가지

📖 1. 콘크리트 믹서 트럭
3. 물/시멘트/잔골재/굵은 골재/혼화재료

2. A: 25   B: 1.5   C: 2
4. 재료분리 방지/콘크리트 굳는 것 방지

186 ☆☆

해당 장비의 명칭을 쓰시오.

📖 **펌프카**: 공사장에서 쉽게 볼 수 있는 건설기계로, 시멘트나 콘크리트를 부어 넣으면 압력을 이용하여 고층에 시멘트나 콘크리트 타설을 할 수 있게 해주는 차량

📖 펌프카

187 ☆☆

해당 장비의 명칭과 효과(= 용도)를 쓰시오.

🔖 명칭: 세륜기　효과: 비산먼지 발생 억제

188 ★☆

해당 비계의 명칭과 작업발판 폭, 지주부재와 수평면과의 기울기를 쓰시오.

🔲 사업주는 말비계를 조립하여 사용하는 경우에 다음 각 호의 사항을 준수하여야 한다.
1. 지주부재(支柱部材)의 하단에는 미끄럼 방지장치를 하고, 근로자가 양측 끝부분에 올라서서 작업하지 않도록 할 것
2. 지주부재와 수평면의 기울기를 75도 이하로 하고, 지주부재와 지주부재 사이를 고정시키는 보조부재를 설치할 것
3. 말비계 높이가 2미터를 초과하는 경우에는 작업발판의 폭을 40센티미터 이상으로 할 것

🔖 명칭: 말비계　폭: 40cm 이상　기울기: 75도 이하

189   ☆☆

호이스트이다. 각 부위의 명칭을 쓰시오.

🖪 원형 : 과부하방지장치   타원형 : 권과방지장치   사각형 : 제동장치

190   ☆☆

다음 부재의 명칭을 쓰시오.

🖼 **달대비계**: 철골리벳 또는 볼트작업 시와 같이 주체인 철골에서 달아매어 작업 발판을 만드는 비계
🖪 달대비계

191   ☆☆

강관틀 비계의 구성요소 명칭을 쓰시오.

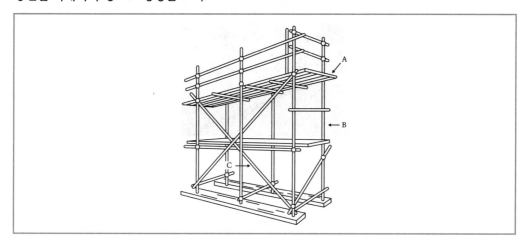

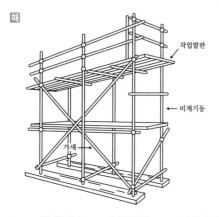

답 A : 작업발판   B : 비계기둥   C : 교차가새

192   ☆☆☆

다음 부재의 명칭과 설치 기준을 쓰시오.

🔲 발끝막이판은 바닥면등으로부터 10센티미터 이상의 높이를 유지할 것. 다만, 물체가 떨어지거나 날아올 위험이 없거나 그 위험을 방지할 수 있는 망을 설치하는 등 필요한 예방 조치를 한 장소는 제외한다.

🔳 명칭 : 발끝막이판   설치기준 : 바닥면등으로부터 10cm 이상 높이 유지할 것

193   ☆☆☆

다음 부재의 명칭을 쓰시오.

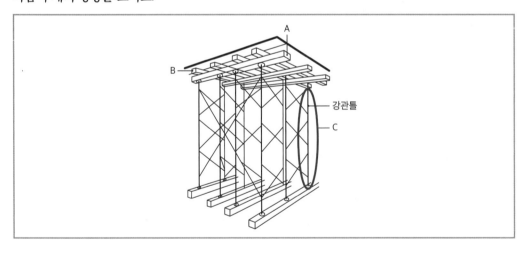

🔲 **멍에** : 장선을 지지하고, 상부하중을 동바리에 전달하기 위하여 장선과 직각방향으로 설치하는 부재
　장선 : 거푸집널을 지지하고, 상부하중을 멍에에 전달하는 부재
　동바리 : 타설 된 콘크리트가 소정의 강도를 얻을 때까지 거푸집 및 장선·멍에를 적정 위치에 유지시키고, 상부하중을 지지하는 부재

🔳 A : 멍에   B : 장선   C : 동바리

194 ☆☆☆

다음 물음에 답하시오.

> **보기**
>
> 1. 철근 배근   2. 거푸집 제작   3. 선 부착품 설치   4. 수중양생
> 5. 탈형   6. 콘크리트 타설   7. 철근 거치
>
> 1. <u>보기</u>를 이용해 프리캐스트 콘크리트 제작 순서를 쓰시오.(논란많은 문제)
> 2. 프리캐스트 콘크리트 장점 4가지

📋 1. 2→3→7→1→6→5→4

    2. 품질 향상/공사비 절감/내구성 증대/공사기간 단축

195 ☆☆

불안전한 행동과 상태 4가지 쓰시오.

> **영상 설명**
>
> 진돌이가 터널에서 작업을 하고 있다. 방진마스크 미착용 중이며 어둡고, 분진이 많이 날리고 있다. 또한, 주변에 전선과 기기들이 널려 있으며 지하용수가 고여 있다.

📋 분진 발생/조도 미확보/방진마스크 미착용/지하용수 고임

196 ★

영상 속 불안전한 행동과 상태 4가지 쓰시오.

> **영상 설명**
>
> 건물 외벽의 돌마감 공사를 하고 있다. 진돌이는 안전대 미착용 상태이고, 작업발판은 흔들흔들거린다. 결국 진돌이는 추락해 중상을 입었다. 작업장에는 추락방호망과 안전난간 미설치되어 있다.

📋 작업발판 불안전/안전대 미착용/안전난간 미설치/추락방호망 미설치

197 ☆☆☆☆☆☆

다음 물음에 답하시오.

영상 설명
진돌이가 건설용 리프트를 탑승하려고 안전난간 밖으로 머리를 내밀며 대기 중이다. 진돌이는 안전모 미착용상태이다. 리프트가 오자 탑승하였고, 운반구 문을 닫지 않고 하강을 하였다. 결국 진돌이는 추락했고, 리프트에는 방호울이 미설치되어 있다. 1. 불안전한 행동과 상태 4가지　　　　2. 리프트 방호장치 3가지　　　　3. 재해발생 형태

🔠 사업주는 리프트(자동차정비용 리프트는 제외한다. 이하 이 관에서 같다)의 운반구 이탈 등의 위험을 방지하기 위하여 권과방지장치, 과부하방지장치, 비상정지장치 등을 설치하는 등 필요한 조치를 하여야 한다.

🔠 1. 안전모 미착용/방호울 미설치/운반구 문 닫지 않고 하강/안전난간 밖으로 머리를 내밈
　2. 비상정지장치/권과방지장치/과부하방지장치
　3. 떨어짐

198 ☆☆☆☆☆☆

영상 속 안전대책 3가지와 재해발생형태를 쓰시오.

영상 설명
진돌이가 쉬는 시간이라 잠시 솔의 눈을 마시면서 진순이가 리프트 타고 가는 모습을 지켜본다. 음료를 다 마시고 진돌이는 비계에 직접 낑낑대며 올라가다가 떨어진다. 비계에는 추락방호망이 없고, 진돌이는 안전대 미착용 상태이다.

🔠 안전대책 : 안전대 착용/추락방호망 설치/지정된 통로 이용
　재해발생형태 : 떨어짐

199 ★☆

영상 속 작업 시 위험요인 3가지와 방지책 3가지 쓰시오.

영상 설명
백호를 이용해 흙을 파고 트럭에 흙을 싣고 있다. 그리고 한 2m 옆에 진돌이가 다른 작업을 하고 있다. 유도원은 없으며 트럭에 덮개가 없다. 진돌이는 안전모 미착용 상태이다.

🔑 위험요인 : 덮개 미설치/유도원 미배치/작업구역 미설정
　방호장치 : 덮개 설치/유도원 배치/작업구역 설정

200 ★☆☆

영상 속 작업 시 위험요인 3가지 쓰시오.

영상 설명
타워크레인을 해체한 후 부품을 다른 크레인을 이용하여 2줄 걸이로 트럭에 싣고 있다. 트럭 적재함에 신호수가 아닌 진돌이가 올라서서 부품이 잘 내려가고 있는지 지켜보고 있다. 그 순간! 진돌이는 하강 중인 부품과 부딪힌다. 진돌이는 안전모 미착용상태이며 작업구역 안에 어린이들이 돌아다닌다.

🔑 신호수 미배치/안전모 미착용/작업구역 미설정

201 ☆☆☆☆

영상 속 사고 예방대책 3가지 쓰시오.

영상 설명
화물을 실은 지게차가 이동 중이다. 화물이 한쪽으로 치우쳐져 있고, 로프로 걸지 않고 적재된 상태이다. 또한, 화물이 높이가 높아 운전자 시야를 가리고 있다.

해 사업주는 차량계 하역운반기계등에 화물을 적재하는 경우에 다음 각 호의 사항을 준수하여야 한다.
  1. 하중이 한쪽으로 치우치지 않도록 적재할 것
  2. 구내운반차 또는 화물자동차의 경우 화물의 붕괴 또는 낙하에 의한 위험을 방지하기 위하여 화물에 로프를 거는 등 필요한 조치를 할 것
  3. 운전자의 시야를 가리지 않도록 화물을 적재할 것
  4. 화물을 적재하는 경우에는 최대적재량을 초과해서는 아니 된다.

답 1. 운전자 시야 가리지 말 것
  2. 하중이 한쪽으로 치우치지 말 것
  3. 화물자동차 경우 화물에 로프를 거는 조치할 것

202 ☆☆☆

안전작업 대책 2가지 쓰시오.

영상 설명
비계 위에서 진돌이가 작업 중에 들고 있던 배관을 놓쳐 밑에서 작업 중이던 진순이의 머리를 쳐 추락해 사망했다. 둘 다 안전모 미착용 상태이다.

답 안전모 착용/상하동시 작업금지

203 ☆☆☆☆☆☆☆☆☆☆

다음 물음에 답하시오.

영상 설명
백호로 하수관을 1줄 걸이로 인양하는 중 하수관이 떨어져 지나가던 진돌이가 사망했다. 작업반경에 일반인들이 지나간다.

답 1. 1줄 걸이 작업/작업반경 미설정   2. 2줄 걸이 작업/작업반경 설정   3. 맞음   4. 하수관   5. 백호

204 ☆☆☆☆☆☆☆☆☆☆

영상 속 재해원인 3가지 쓰시오.

영상 설명
진돌이와 진순이가 맨홀 안에 들어가서 작업을 하려 한다. 작업 전 맨홀 바로 앞에서 둘이서 맞담배를 맛있게 피고 있다, 담배를 다 피고, 라바콘으로 작업구역 설정을 하고, 산소농도 측정기를 쳐다본다. 허나 측정을 하지 않고, 송기마스크도 착용하지 않고, 진돌이 혼자 들어간다. 위에 있는 진순이는 진돌이가 오래 지나도 오지 않아 밑을 보았고, 진돌이가 쓰러진 것을 본 진순이는 아무 보호구도 착용하지 않고 밑으로 바로 내려간다. 결국 둘 다 질식사한다.

답 작업 전 환기 미실시/작업 전 산소 농도 미측정/송기마스크 미착용

205   ★☆

영상 속 재해발생형태와 위험요인 4가지, 기인물, 가해물, 해당 작업 시 준수사항 3가지 쓰시오.

> 백호가 배관을 1줄 걸이로 인양하고 있다. 훅해지장치는 없으며 인양하는 그 밑을 진돌이와 진순이가
> 지나간다. 그 순간! 배관이 떨어져 둘의 다리가 낀다.

🔲 걸이 작업은 다음 각 호의 사항을 준수하여야 한다.
  1. 와이어로프 등은 크레인의 후크 중심에 걸어야 한다.
  2. 인양 물체의 안정을 위하여 2줄 걸이 이상을 사용하여야 한다.
  3. 밑에 있는 물체를 걸고자 할 때에는 위의 물체를 제거한 후에 행하여야 한다.
  4. 매다는 각도는 60도 이내로 하여야 한다.
  5. 근로자를 매달린 물체위에 탑승시키지 않아야 한다.

🔲 재해발생형태 : 끼임
  위험요인 : 1줄걸이 작업/작업구역 미설정/유도로프 미사용/훅해지장치 미설치
  기인물 : 백호
  가해물 : 배관
  준수사항 : 2줄 걸이 이상을 사용할 것
        매다는 각도는 60도 이내로 할 것
        와이어로프는 크레인 후크 중심에 걸 것

206   ☆☆☆☆☆☆☆

영상 속 위험요인과 재해방지책 각각 3가지씩 쓰시오.

영상 설명
작업을 하려고 이동식 크레인 붐대를 상승시킨 채로 이동하고 있다. 행선지에 도착 후 작업하는 중 바람이 많이 불어 크레인 붐대가 주변 전선에 닿는다. 그 순간! 스파크가 일어나고, 붐대 밑에는 일반인들이 돌아다닌다.

🔲 위험요인 : 작업구역 미설정/붐대 상승시킨 채로 이동/주변 전선과 이격거리 미준수
  재해방지책 : 작업구역 설정/붐대 상승시킨 채로 이동 안하기/주변 전선과 이격거리 준수

207   ☆☆☆☆☆☆☆☆☆☆

영상 속 재해원인 3가지 쓰시오.

영상 설명
이동식 비계에서 진돌이가 작업을 하고 있다. 이동식 비계에는 안전난간이 미설치되어 있고, 비계 바퀴가 미고정되어 있다. 진돌이가 무리한 이동을 하여 비계가 움직였고, 진돌이는 추락한다. 진돌이는 안전대 미착용 상태이다.

🔡 안전대 미착용/안전난간 미설치/쐐기 등으로 바퀴 미고정

208   ☆☆☆

영상 속 위험요인 3가지 쓰시오.

영상 설명
작업자가 폭이 현저히 좁아보이는 말비계 위에서 페인트 작업을 하고 있다. 말비계에서 옆의 벽에 페인트칠을 하기 위해 끝부분으로 이동한 후 작업하다 추락을 하게 된다. 작업자는 방독면 미착용 상태이다.

🔡 말비계 폭 불량/방독마스크 미착용/끝부분에 올라서서 작업

209   ☆☆☆☆☆

영상 속 재해방지책을 3가지 쓰시오.

영상 설명
진돌이가 어두운 지하실에서 청소를 하고 있다. 먼지가 날려 뿌옇고, 작업에 집중을 하다 개구부에 발이 빠진다. 다행히 떨어지진 않는다. 진돌이는 보안경, 방진마스크 미착용 상태이며 개구부에는 안전난간, 덮개, 울타리 미설치 상태이다.

🔠 사업주는 작업발판 및 통로의 끝이나 개구부로서 근로자가 추락할 위험이 있는 장소에는 안전난간, 울타리, 수직형 추락방망 또는 덮개 등(이하 이 조에서 "난간등"이라 한다)의 방호 조치를 충분한 강도를 가진 구조로 튼튼하게 설치하여야 하며, 덮개를 설치하는 경우에는 뒤집히거나 떨어지지 않도록 설치하여야 한다.

🔡 덮개 설치/울타리 설치/안전난간 설치

210 ☆☆☆☆☆☆

다음 물음에 답하시오.

영상 설명
진돌이가 둥근톱 작업을 하고 있다. 진돌이는 진순이와 이야기를 하며 분진이 많은 자재를 절단하다 사고가 발생한다. 진돌이는 면장갑을 제외한 아무 보호구도 착용하지 않았으며 기기의 톱날접촉예방 장치는 미설치되어 있다. 1. 재해발생 원인 4가지 2. 전동기계기구 사용 시 감전 방지하기 위해 반드시 누전차단기를 설치해야 하는 기계 3가지

해 사업주는 다음 각 호의 전기 기계·기구에 대하여 누전에 의한 감전위험을 방지하기 위하여 해당 전로의 정격에 적합하고 감도(전류 등에 반응하는 정도)가 양호하며 확실하게 작동하는 감전방지용 누전차단기를 설치해야 한다.
   1. 대지전압이 150볼트를 초과하는 이동형 또는 휴대형 전기기계·기구
   2. 물 등 도전성이 높은 액체가 있는 습윤장소에서 사용하는 저압(1.5천볼트 이하 직류전압이나 1천볼트 이하의 교류전압을 말한다)용 전기기계·기구
   3. 철판·철골 위 등 도전성이 높은 장소에서 사용하는 이동형 또는 휴대형 전기기계·기구
   4. 임시배선의 전로가 설치되는 장소에서 사용하는 이동형 또는 휴대형 전기기계·기구

답 1. 보안경 미착용/진순이와 대화/방진마스크 미착용/날접촉예방장치 미설치
   2. – 대지전압 150V 초과하는 휴대형 전기기계
      – 철골 위 등 도전성 높은 장소에서 사용하는 휴대형 전기기계
      – 임시배선 전로가 설치되는 장소에서 사용하는 휴대형 전기기계

211 ☆☆

영상 속 작업 시 감전을 방지하기 위한 보호구와 분진으로 인한 피해를 방지하기 위한 보호구 1가 지씩 쓰시오.

영상 설명
진돌이가 드릴로 벽에 구멍을 뚫고 있다. 진돌이는 작업을 하면서 전선을 밟고 있다. 전선의 피복이 좀 벗겨져 있다.

답 감전을 방지하기 위한 보호구 : 절연장갑
   분진으로 인한 피해를 방지하기 위한 보호구 : 방진마스크

212 ☆☆☆

영상 속 진돌이가 얼굴에 착용해야 하는 보호구 2가지 쓰시오.

영상 설명
진돌이가 계단 벽을 그라인더로 다듬고 있다. 분진이 매우 많아서 주변이 안보인다.

🔒 보안경/방진마스크

213 ☆☆☆☆☆

다음 물음에 답하시오.

영상 설명
작업자가 외바퀴 손수레에 모래를 싣고 리프트로 가고 있다. 모래들이 한쪽으로 치우쳐 있고, 운전 미숙으로 손수레가 매우 불안하다. 결국, 다른 작업자와 충돌하게 된다. 1. 리프트 설치, 조립, 수리, 점검, 해체 시 조치사항 2가지 쓰시오. 2. 재해발생 원인 2가지 쓰시오. 3. 재해방지 대책 2가지 쓰시오.

🔓 사업주는 리프트의 설치·조립·수리·점검 또는 해체 작업을 하는 경우 다음 각 호의 조치를 하여야 한다.
1. 작업을 지휘하는 사람을 선임하여 그 사람의 지휘하에 작업을 실시할 것
2. 작업 구역에 관계 근로자가 아닌 사람의 출입을 금지하고 그 취지를 보기 쉬운 장소에 표시할 것
3. 비, 눈, 그 밖에 기상상태의 불안정으로 날씨가 몹시 나쁜 경우에는 작업을 중지시킬 것

🔒 1. 날씨 몹시 나쁜 경우 작업 중지시킬 것/작업지휘자 선임해 지휘 하에 작업 실시할 것
2. 모래가 한쪽으로 치우쳐있음/외바퀴 수레 사용
3. 모래를 고르게 적재/두바퀴 수레 사용

214 ★☆☆

다음 물음에 답하시오.

영상 설명
진돌이가 낙하물 방지망 수리를 하다가 발을 헛디뎌 추락을 했다. 진돌이는 안전대를 미착용했다. 1. 재해발생 형태　　　　2. 동종 재해 방지책 1가지　　　　3. 낙하물 방지망 설치기준 2가지

해 낙하물 방지망 또는 방호선반을 설치하는 경우에는 다음 각 호의 사항을 준수해야 한다.
　1. 높이 10미터 이내마다 설치하고, 내민 길이는 벽면으로부터 2미터 이상으로 할 것
　2. 수평면과의 각도는 20도 이상 30도 이하를 유지할 것

답 1. 떨어짐
　2. 안전대 착용
　3. – 수평면과의 각도 20도 이상 30도 이하 유지
　　 – 높이 10m 이내마다 설치하고, 내민 길이 벽면으로부터 2m 이상

215 ☆☆☆☆☆

영상 속 필요한 안전시설물 1가지와 위험요인 2가지 쓰시오.

영상 설명
10m 높이에 구명줄이 걸린 H빔 위에서 진돌이가 걸어다니고 있다. 진돌이는 안전대를 착용하고 있으나 구명줄에 미체결했다.

답 필요한 안전시설물 : 가설통로
　위험요인 : 안전대 미체결/가설통로 미설치

216 ☆☆☆

영상 속 설치된 절연용 방호구 명칭을 쓰시오.

> **영상 설명**
>
> 크레인을 이용해서 정전작업을 하고 있다. 주변에 초록색 울타리같은 것이 쳐져있다.

🔳 사업주는 절연이 되지 않은 충전부나 그 인근에 근로자가 접근하는 것을 막거나 제한할 필요가 있는 경우에는 울타리를 설치하고 근로자가 쉽게 알아볼 수 있도록 하여야 한다.

🔲 울타리

217 ☆☆☆☆

영상 속 위험요인 2가지 쓰시오.

> **영상 설명**
>
> 진돌이가 철근을 밟으면서 작업을 하고 있다. 철근에는 앤드캡이 미설치 되어있고, 진돌이는 안전화를 안 신고 있다. 결국 밑에 무수한 철근에 발이 찔리고, 그로 인해 벽에 있는 철근에도 눈이 찔린다.

🔲 안전화 미착용/철근에 앤드캡 미설치

218 ☆☆☆

가스용기 운반 시 문제점 2가지와 용접 작업 시 문제점 2가지 쓰시오.

> **영상 설명**
>
> 작업자가 용접하기 위해 가스용기를 운반하고 있다. 가스용기에는 캡이 안 씌워져 있고, 용기를 대차에 미고정하고 운반 중이다. 용접화면으로 전환이 되고, 작업자는 보안면과 용접용 장갑을 미착용하며 용접하고 있다.

🔲 운반 시 문제점 : 운반 시 용기 미고정/운반 시 용기에 캡을 안 씌웠다.
용접 작업 시 문제점 : 용접용 장갑 미착용/용접용 보안면 미착용

MEMO

건설안전기사 2022년

07

작업형 기출문제

잠깐! 더 효율적인 공부를 위한 링크들을 적극 이용하세요~!

직8딴 홈페이지

- 출시한 책 확인 및 구매

직8딴 카카오오픈톡방

- 실시간 저자의 질문 답변
(주7일 아침 11시~새벽 2시까지, 전화로도 함)
- 직8딴 구매자전용 복지와 혜택 획득
(최소 달에 40만원씩 기프티콘 지급)
- 구매자들과의 소통 및 EHS 관련 정보 습득

직8딴 네이버카페

- 실시간으로 최신화되는 정오표 확인
(정오표: 책 출시 이후 발견된 오타/오류를 모아놓은 표, 매우 중요)
- 공부에 도움되는 컬러버전 그림 및 사진 습득
- 직8딴 구매자전용 복지와 혜택 획득

직8딴 유튜브

- 저자 직접 강의 시청 가능
- 공부 팁 및 암기법 획득
- 국가기술자격증 관련 정보 획득

1회 1부 기출문제

001

시스템 비계 관련 내용이다. 빈칸을 채우시오.

> 1. 수직재, 수평재, (A)를 견고하게 연결하는 구조가 되도록 할 것
> 2. 비계 밑단의 수직재와 (B)은 밀착되도록 설치하고, 수직재와 받침철물 연결부의 겹침길이는 받침철물 전체길이의 (C) 이상 되도록 할 것
> 3. 가공전로에 근접해 비계를 설치 시 가공전로를 이설하거나 가공전로에 (D)를 설치하는 등 가공 전로와의 접촉을 방지하기 위해 필요한 조치를 할 것
> 4. 밑받침 철물을 사용해야 하며 고저차 있는 경우 (E)을 사용하여 수평, 수직을 유지하도록 할 것
> 5. 경사진 바닥에 설치하는 경우 (F) 또는 (G) 등을 사용해 바닥면이 수평을 유지하도록 할 것

🔑 A: 가새재   B: 받침철물   C: $\frac{1}{3}$ D: 절연용 방호구   E: 조절형 밑받침 철물   F: 피벗형 받침 철물

G: 쐐기

002

차량계 하역운반기계의 운전자가 운전위치를 이탈 시 조치사항 3가지 쓰시오.

🔑 1. 포크 등을 지면에 내려둘 것
  2. 갑작스러운 이동 방지하기 위한 조치할 것
  3. 운전석 이탈 시 시동키를 운전대에서 분리시킬 것

003

근로자의 추락 등의 위험을 방지하기 위해 설치하는 안전난간의 주요 구성요소 4개 쓰시오.

🔑 난간기둥/상부난간대/중간난간대/발끝막이판

004

석축 붕괴의 원인 3가지 쓰시오.

🔒 배수 불량/구배 불량/뒷채움 불량

005

다음에 해당하는 답변을 하시오.

1. 습윤한 장소에서 감전 방지 위해 교류아크 용접기에 부착하는 방호장치 1가지 쓰시오.
2. 용접 작업 시 착용 보호구 3가지 쓰시오.

🔒 1. 자동전격방지기   2. 용접용 장갑/용접용 보안면/용접용 안전화

006

다음 물음에 답하시오.

1. 해당 공법의 명칭
2. 공법의 역학적 특징
3. 흙막이 지보공 설치 시 점검사항 3가지
4. 깊이 10.5m 이상 굴착 작업 시 필요한 계측기 종류 3가지와 용도

🔒 1. 어스앵커 공법
   2. 흙막이 벽에 인장재를 삽입해 인장력에 의해 토압을 지지하는 흙막이 공법
   3. 침하 정도/부재 손상 유무/버팀대 긴압 정도
   4. 하중계(축하중변화측정)/경사계(경사각측정)/수위계(수위측정)

007

해당 건설기계의 명칭과 용도 4가지를 쓰시오.

🔁 명칭 : 불도저   용도 : 운반/적재/굴착/지반 고르기

008

영상 속 재해원인 3가지 쓰시오.

영상 설명
진돌이와 진순이가 맨홀 안에 들어가서 작업을 하려 한다. 작업 전 맨홀 바로 앞에서 둘이서 맞담배를 맛있게 피고 있다, 담배를 다 피고, 라바콘으로 작업구역 설정을 하고, 산소농도 측정기를 쳐다본다. 허나 측정을 하지 않고, 송기마스크도 착용하지 않고, 진돌이 혼자 들어간다. 위에 있는 진순이는 진돌이가 오래 지나도 오지 않아 밑을 보았고, 진돌이가 쓰러진 것을 본 진순이는 아무 보호구도 착용하지 않고 밑으로 바로 내려간다. 결국 둘 다 질식사한다.

🔁 작업 전 환기 미실시/작업 전 산소 농도 미측정/송기마스크 미착용

1회 2부 기출문제

001

콘크리트 타설작업을 위한 콘크리트 펌프카를 사용 시 사업주의 준수사항 3가지 쓰시오.

📋 1. 난간에서 작업할 시 안전난간 설치할 것
2. 작업 시작 전 콘크리트 타설장비 점검할 것
3. 붐 조정 시 주변 전선에 의한 위험 예방할 것

002

굴착면의 높이가 2미터 이상이 되는 지반의 굴착작업 시 사전조사 내용 3가지 쓰시오.

📋 지층 상태/동결 상태/매설물 상태

003

다음은 낙하물방지망 또는 방호선반을 설치하는 경우이다. 빈칸을 채우시오.

1. 높이 (A)m 이내마다 설치하고 내민 길이는 벽면으로부터 (B)m 이상으로 할 것
2. 수평면과의 각도는 (C)도 이상 (D)도 이하를 유지할 것

📋 A: 10   B: 2   C: 20   D: 30

004

달비계에 이용되는 작업용 섬유로프나 안전대 섬유벨트의 사용금지기준 3가지 쓰시오.

📋 꼬임 끊어진 것/심하게 부식된 것/작업높이보다 길이 짧은 것

005

수직방향으로 이동하는 철골부재에 설치하는 트랩(승강로)의 폭과 답단 간격, 철근직경을 쓰시오.

답 폭: 30cm 이상   답단 간격: 30cm 이내   철근직경: 16mm

006

해당 공법의 명칭을 쓰시오.

  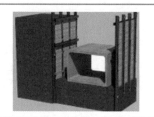

답 자립식 흙막이 공법

007

다음 부재의 명칭을 쓰시오.

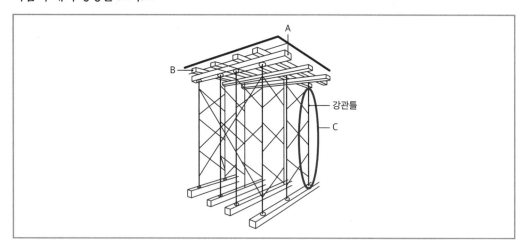

답 A: 멍에   B: 장선   C: 동바리

008

영상 속 재해발생형태와 위험요인 4가지, 해당 작업 시 준수사항 3가지 쓰시오.

> 백호가 배관을 1줄 걸이로 인양하고 있다. 훅해지장치는 없으며 인양하는 그 밑을 진돌이와 진순이가
> 지나간다. 그 순간! 배관이 떨어져 둘의 다리가 낀다.

📋 재해발생형태 : 끼임
　　위험요인 : 1줄걸이 작업/작업구역 미설정/유도로프 미사용/훅해지장치 미설치
　　준수사항 : 2줄 걸이 이상을 사용할 것
　　　　　　　매다는 각도는 60도 이내로 할 것
　　　　　　　와이어로프는 크레인 후크 중심에 걸 것

1회 3부 기출문제

001

동바리로 사용하는 파이프 서포트 조립 시 준수사항 3가지 쓰시오.

📋 1. 파이프 서포트 3개 이상 이어서 사용말 것
   2. 파이프 서포트를 이어서 사용할 시 4개 이상의 볼트 사용해 이을 것
   3. 높이 3.5m 초과 시 높이 2m 이내마다 수평연결재를 2개 방향으로 만들 것

002

다음 물음에 답하시오.

> 1. 재료, 기구 또는 공구 등을 올리거나 내리는 경우 준수사항 1가지
> 2. 자재나 부재의 낙하·전도 또는 붕괴 등에 의하여 근로자에게 위험을 미칠 우려가 있을 경우 준수사항 1가지
> 3. 중량물 부재를 크레인 등으로 인양하는 경우 준수사항 1가지

📋 1. 달줄 사용 2. 출입금지구역 설정 3. 부재에 인양용 고리를 견고하게 설치

003

다음은 낙하물방지망 또는 방호선반을 설치하는 경우이다. 빈칸을 채우시오.

> 1. 높이 (A)m 이내마다 설치하고 내민 길이는 벽면으로부터 (B)m 이상으로 할 것
> 2. 수평면과의 각도는 (C)도 이상 (D)도 이하를 유지할 것

📋 A: 10 B: 2 C: 20 D: 30

004

지반 굴착 시 굴착면 기울기 기준이다. 빈칸을 채우시오.

지반 종류	굴착면 기울기
모래	(A)
연암 및 풍화암	(B)
경암	(C)
그 밖의 흙	(D)

답 A: 1:1.8   B: 1:1   C: 1:0.5   D: 1:1.2

005

해당 장비의 명칭을 쓰시오.

답 펌프카

006

다음 물음에 답하시오.

영상 설명
진돌이가 건설용 리프트를 탑승하려고 안전난간 밖으로 머리를 내밀며 대기 중이다. 진돌이는 안전모 미착용상태이다. 리프트가 오자 탑승하였고, 운반구 문을 닫지 않고 하강을 하였다. 결국 진돌이는 추락했고, 리프트에는 방호울이 미설치되어 있다. 1. 불안전한 행동과 상태 4가지　　　2. 리프트 방호장치 3가지　　　3. 재해발생 형태

🔟 1. 안전모 미착용/방호울 미설치/운반구 문 닫지 않고 하강/안전난간 밖으로 머리를 내밈
　2. 비상정지장치/권과방지장치/과부하방지장치
　3. 떨어짐

007

다음 물음에 답하시오.

영상 설명
진돌이가 낙하물 방지망 수리를 하다가 발을 헛디뎌 추락을 했다. 진돌이는 안전대를 미착용했다. 1. 재해발생 형태　　　2. 동종 재해 방지책 1가지　　　3. 낙하물 방지망 설치기준 2가지

🔟 1. 떨어짐
　2. 안전대 착용
　3. 수평면과의 각도 20도 이상 30도 이하 유지
　　높이 10m 이내마다 설치하고, 내민 길이 벽면으로부터 2m 이상

008

영상 속 필요한 안전시설물 1가지와 위험요인 2가지 쓰시오.

영상 설명
10m 높이에 구명줄이 걸린 H빔 위에서 진돌이가 걸어다니고 있다. 진돌이는 안전대를 착용하고 있으나 구명줄에 미체결했다.

🔟 필요한 안전시설물 : 가설통로
　위험요인 : 안전대 미체결/가설통로 미설치

2회 1부 기출문제

001

교량의 설치·해체 또는 변경작업을 하는 경우 사업주의 준수사항 3가지 쓰시오.

🖹 1. 공구 오르내릴 경우 달포대 사용할 것
   2. 작업구역에 관계자 외 출입 금지할 것
   3. 부재 붕괴에 의해 근로자에게 위험 우려 있을 시 출입금지구역 설정할 것

002

시스템 비계 관련 내용이다. 빈칸을 채우시오.

> 1. 수직재, 수평재, (A)를 견고하게 연결하는 구조가 되도록 할 것
> 2. 비계 밑단의 수직재와 (B)은 밀착되도록 설치하고, 수직재와 받침철물 연결부의 겹침길이는 받침철물 전체길이의 (C) 이상 되도록 할 것
> 3. 가공전로에 근접해 비계를 설치 시 가공전로를 이설하거나 가공전로에 (D)를 설치하는 등 가공 전로와의 접촉을 방지하기 위해 필요한 조치를 할 것
> 4. 밑받침 철물을 사용해야 하며 고저차 있는 경우 (E)을 사용하여 수평, 수직을 유지하도록 할 것
> 5. 경사진 바닥에 설치하는 경우 (F) 또는 (G) 등을 사용해 바닥면이 수평을 유지하도록 할 것

🖹 A: 가새재   B: 받침철물   C: $\frac{1}{3}$ D: 절연용 방호구   E: 조절형 밑받침 철물   F: 피벗형 받침 철물

   G: 쐐기

003

다음은 낙하물방지망 또는 방호선반을 설치하는 경우이다. 빈칸을 채우시오.

> 1. 높이 (A)m 이내마다 설치하고 내민 길이는 벽면으로부터 (B)m 이상으로 할 것
> 2. 수평면과의 각도는 (C)도 이상 (D)도 이하를 유지할 것

🖹 A: 10   B: 2   C: 20   D: 30

004

권상용 와이어로프의 사용금지 기준 3가지 쓰시오.

답 꼬인 것/이음매 있는 것/심하게 변형된 것

005

다음에 해당하는 답변을 하시오.

> 1. 습윤한 장소에서 감전 방지 위해 교류아크 용접기에 부착하는 방호장치 1가지 쓰시오.
> 2. 용접 작업 시 착용 보호구 3가지 쓰시오.

답 1. 자동전격방지기　2. 용접용 장갑/용접용 보안면/용접용 안전화

006

해당 비계의 명칭과 작업발판 폭, 지주부재와 수평면과의 기울기를 쓰시오.

답 명칭 : 말비계　폭 : 40cm 이상　기울기 : 75도 이하

007

영상 속 불안전한 행동과 상태 4가지 쓰시오.

영상 설명
건물 외벽의 돌마감 공사를 하고 있다. 진돌이는 안전대 미착용 상태이고, 작업발판은 흔들흔들거린다. 결국 진돌이는 추락해 중상을 입었다. 작업장에는 추락방호망과 안전난간 미설치되어 있다.

📋 작업발판 불안전/안전대 미착용/안전난간 미설치/추락방호망 미설치

008

다음 물음에 답하시오.

영상 설명
진돌이가 둥근톱 작업을 하고 있다. 진돌이는 진순이와 이야기를 하며 분진이 많은 자재를 절단하다 사고가 발생한다. 진돌이는 면장갑을 제외한 아무 보호구도 착용하지 않았으며 기기의 톱날접촉예방장치는 미설치되어 있다. 1. 재해발생 원인 4가지 2. 전동기계기구 사용 시 감전 방지하기 위해 반드시 누전차단기를 설치해야 하는 기계 3가지

📋 1. 보안경 미착용/진순이와 대화/방진마스크 미착용/날접촉예방장치 미설치
  2. – 대지전압 150V 초과하는 휴대형 전기기계
     – 철골 위 등 도전성 높은 장소에서 사용하는 휴대형 전기기계
     – 임시배선 전로가 설치되는 장소에서 사용하는 휴대형 전기기계

2회 2부 기출문제

001

누전차단기 접속 시 준수사항이다. 빈칸을 채우시오.

> 전기기계·기구에 설치되어 있는 누전차단기는 정격감도전류가 (A) 이하이고 작동시간은
> (B) 이내일 것. 다만, 정격전부하전류가 50암페어 이상인 전기기계·기구에 접속되는 누전차단기
> 는 오작동을 방지하기 위하여 정격감도전류는 200밀리암페어 이하로, 작동시간은 0.1초 이내로
> 할 수 있다.

답 A: 30mA   B: 0.03초

002

차량계 하역운반기계의 운전자가 운전위치를 이탈 시 조치사항 3가지 쓰시오.

답 1. 포크 등을 지면에 내려둘 것
2. 갑작스러운 이동 방지하기 위한 조치할 것
3. 운전석 이탈 시 시동키를 운전대에서 분리시킬 것

003

거푸집 동바리 침하를 방지하기 위한 조치사항 3가지 쓰시오.

답 깔판 사용/말뚝 박기/콘크리트 타설

004

조명은 근로자들의 작업환경의 측면에서 중요한 안전요소이다. 산업안전보건기준에 관한 규칙에서 규정하는 다음의 작업장소의 조도기준을 쓰시오.

1. 초정밀 작업: (A)lux 이상	2. 정밀 작업: (B)lux 이상
3. 보통 작업: (C)lux 이상	4. 그 밖의 작업: (D)lux 이상

🔑 A: 750 B: 300 C: 150 D: 75

005

가설통로와 관련된 내용이다, 빈칸을 채우시오.

1. 경사는 (A) 이하로 할 것. 다만, 계단을 설치하거나 높이 2미터 미만의 가설통로로서 튼튼한 손잡이를 설치한 경우에는 그러하지 아니하다.
2. 경사가 (B)를 초과하는 경우에는 미끄러지지 아니하는 구조로 할 것
3. 수직갱에 가설된 통로의 길이가 15m 이상인 경우에는 (C) 이내마다 계단참을 설치할 것
4. 건설공사에 사용하는 높이 8미터 이상인 비계다리에는 (D) 이내마다 계단참을 설치할 것

🔑 A: 30도 B: 15도 C: 10m D: 7m

006

발파작업 시 화공작업소에 설치해야 할 경계표시판 종류 2가지와 화약류 저장소 내에 비치해야 하는 기기 1가지 쓰시오.

🔑 경계표시판 종류: 화약/출입금지   비치해야 하는 기기: 최고, 최저 온도계

007

당 비계의 명칭과 작업발판 폭, 지주부재와 수평면과의 기울기를 쓰시오.

🔲 명칭 : 말비계   폭 : 40cm 이상   기울기 : 75도 이하

008

영상 속 위험요인 3가지 쓰시오.

영상 설명
작업자가 폭이 현저히 좁아보이는 말비계 위에서 페인트 작업을 하고 있다. 말비계에서 옆의 벽에 페인트칠을 하기 위해 끝부분으로 이동한 후 작업하다 추락을 하게 된다. 작업자는 방독면 미착용 상태이다.

🔲 말비계 폭 불량/방독마스크 미착용/끝부분에 올라서서 작업

2회 3부 기출문제

001

작업발판 및 통로의 끝이나 개구부로서 근로자가 추락할 위험이 있는 장소에서 작업 시 추락을 방지하기 위한 조치사항(= 방지책) 3가지 쓰시오.

🔳 덮개 설치/울타리 설치/안전난간 설치

002

경사면의 안정성 검토를 위한 조사사항 3가지 쓰시오.

🔳 풍화 정도/용수 상황/단층 방향

003

가설통로와 관련된 내용이다, 빈칸을 채우시오.

> 1. 경사는 (A) 이하로 할 것. 다만, 계단을 설치하거나 높이 2미터 미만의 가설통로로서 튼튼한 손잡이를 설치한 경우에는 그러하지 아니하다.
> 2. 경사가 (B)를 초과하는 경우에는 미끄러지지 아니하는 구조로 할 것
> 3. 수직갱에 가설된 통로의 길이가 15m 이상인 경우에는 (C) 이내마다 계단참을 설치할 것
> 4. 건설공사에 사용하는 높이 8미터 이상인 비계다리에는 (D) 이내마다 계단참을 설치할 것

🔳 A: 30도 B: 15도 C: 10m D: 7m

004

다음은 낙하물방지망 또는 방호선반을 설치하는 경우이다. 빈칸을 채우시오.

> 1. 높이 (A)m 이내마다 설치하고 내민 길이는 벽면으로부터 (B)m 이상으로 할 것
> 2. 수평면과의 각도는 (C)도 이상 (D)도 이하를 유지할 것

🖉 A : 10   B : 2   C : 20   D : 30

005

감전을 방지하기 위해 착용하는 보호구 1가지 쓰시오.

🖉 절연장갑

006

해당 건설기계의 명칭과 용도 2가지를 쓰고, 차량계 건설기계 작업 시 작업계획서 포함사항 2가지 쓰시오.

🖉 명칭 : 로더
  용도 : 운반/지반고르기
  작업계획서 포함사항 : 운행경로/작업방법

007

영상 속 재해발생형태와 위험요인 4가지, 기인물, 가해물, 해당 작업 시 준수사항 3가지 쓰시오.

> 백호가 배관을 1줄 걸이로 인양하고 있다. 훅해지장치는 없으며 인양하는 그 밑을 진돌이와 진순이가 지나간다. 그 순간! 배관이 떨어져 둘의 다리가 낀다.

🗐 재해발생형태 : 끼임
　위험요인 : 1줄걸이 작업/작업구역 미설정/유도로프 미사용/훅해지장치 미설치
　기인물 : 백호
　가해물 : 배관
　준수사항 : 2줄 걸이 이상을 사용할 것
　　　　　　매다는 각도는 60도 이내로 할 것
　　　　　　와이어로프는 크레인 후크 중심에 걸 것

008

영상 속 재해원인 3가지 쓰시오.

영상 설명
이동식 비계에서 진돌이가 작업을 하고 있다. 이동식 비계에는 안전난간이 미설치되어 있고, 비계 바퀴가 미고정되어 있다. 진돌이가 무리한 이동을 하여 비계가 움직였고, 진돌이는 추락한다. 진돌이는 안전대 미착용 상태이다.

🗐 안전대 미착용/안전난간 미설치/쐐기 등으로 바퀴 미고정

3회 1부 기출문제

001

동바리 조립 시 준수사항이다. 빈칸을 채우시오.

> 1. 동바리로 사용하는 파이프 서포트의 경우
>   가. 파이프 서포트를 (A) 이상 이어서 사용하지 않도록 할 것
>   나. 파이프 서포트를 이어서 사용하는 경우에는 (B) 이상의 볼트 또는 전용철물을 사용하여 이을 것
>   다. 높이가 (C)를 초과하는 경우에는 높이 (D) 이내마다 수평연결재를 (E) 방향으로 만들고 수평연결재의 변위를 방지할 것
> 2. 동바리로 사용하는 조립강주의 경우
>   조립강주의 높이가 (F)를 초과하는 경우에는 높이 4미터 이내마다 수평연결재를 (G) 방향으로 설치하고 수평연결재의 변위를 방지할 것

📝 A : 3개   B : 4개   C : 3.5m   D : 2m   E : 2개   F : 4m   G : 2개

002

작업발판 및 통로의 끝이나 개구부로서 근로자가 추락할 위험이 있는 장소에서 작업 시 추락을 방지하기 위한 조치사항(= 방지책) 3가지 쓰시오.

📝 덮개 설치/울타리 설치/안전난간 설치

003

차량계 하역운반기계의 운전자가 운전위치를 이탈 시 조치사항 3가지 쓰시오.

📝 1. 포크 등을 지면에 내려둘 것
   2. 갑작스러운 이동 방지하기 위한 조치할 것
   3. 운전석 이탈 시 시동키를 운전대에서 분리시킬 것

004

타워크레인 조립, 해체 작업계획서의 포함사항 4가지 쓰시오.

📝 해체순서/방호설비/작업인원 구성/타워크레인 종류

005

굴착기의 안전점검사항 3가지 쓰시오.

📝 작업계획서/예방정비 유무/운전 자격 적정 여부

006

작업장 조도기준 중 자재를 보관하는 창고에 적합한 조도기준을 쓰시오.

📝 75Lux 이상

007

권상용 와이어로프의 사용금지 기준 4가지 쓰시오.(꼬인 것/이음매 있는 것 제외)

📝 1. 심하게 변형된 것
2. 전기충격에 의해 손상된 것
3. 지름 감소가 공칭지름의 7% 초과하는 것
4. 와이어로프 한 꼬임에서 끊어진 소선 수가 10% 이상인 것

008

추락위험 장소에서 착용해야 하는 개인용 보호구 2가지 쓰시오.

📝 안전모/안전대

3회 2부 기출문제

001

콘크리트 타설작업 시 준수사항 3가지 쓰시오.

1. 편심 발생하지 않도록 골고루 분산해 타설할 것
2. 콘크리트 양생기간 준수해 거푸집 및 동바리 해체할 것
3. 거푸집 붕괴 위험 발생 우려 시 충분한 보강조치할 것

002

차량계 하역운반기계등을 사용하여 작업을 하는 경우 하역 또는 운반 중인 화물이나 그 차량계 하역운반기계등에 접촉되어 근로자가 위험해질 우려가 있는 장소에서의 위험 방지 조치사항 2가지 쓰시오.

근로자 출입금지/유도자가 유도하는 대로 작업

003

교량작업 시 작업계획서 내용 5가지 쓰시오.

1. 작업 방법
2. 사용 기계 종류
3. 부재 낙하 방지 방법
4. 작업지휘자 배치계획
5. 근로자 추락 방지위한 안전조치 방법

004

흙막이 지보공을 설치 시 정기적으로 봐야 할 점검사항 3가지 쓰시오.

🔲 침하 정도/부재 손상 유무/버팀대 긴압 정도

005

조명은 근로자들의 작업환경의 측면에서 중요한 안전요소이다. 산업안전보건기준에 관한 규칙에서 규정하는 다음의 작업장소의 조도기준을 쓰시오.

1. 초정밀 작업: (　A　)lux 이상	2. 정밀 작업: (　B　)lux 이상
3. 보통 작업: (　C　)lux 이상	4. 그 밖의 작업: (　D　)lux 이상

🔲 A: 750　B: 300　C: 150　D: 75

006

석축 붕괴의 원인 3가지 쓰시오.

🔲 배수 불량/구배 불량/뒷채움 불량

007

다음 중 와이어로프 클립 체결이 올바른 것을 고르고, 직경에 따른 클립 수를 쓰시오.

A	B	C

와이어로프 지름(mm)	클립수(개)
16 이하	(D)
16 초과 28 이하	(E)
28 초과	(F)

🖭 올바른 것: A   D: 4   E: 5   F: 6

008

다음 물음에 답하시오.

영상 설명
진돌이가 건설용 리프트를 탑승하려고 안전난간 밖으로 머리를 내밀며 대기 중이다. 진돌이는 안전모 미착용상태이다. 리프트가 오자 탑승하였고, 운반구 문을 닫지 않고 하강을 하였다. 결국 진돌이는 추락했고, 리프트에는 방호울이 미설치되어 있다. 1. 불안전한 행동과 상태 4가지   2. 리프트 방호장치 3가지   3. 재해발생 형태

🖭 1. 안전모 미착용/방호울 미설치/운반구 문 닫지 않고 하강/안전난간 밖으로 머리를 내밈
　2. 비상정지장치/권과방지장치/과부하방지장치
　3. 떨어짐

3회 3부 기출문제

001

콘크리트 타설작업을 위한 콘크리트 펌프카를 사용 시 사업주의 준수사항 3가지 쓰시오.

답 1. 난간에서 작업할 시 안전난간 설치할 것
2. 작업 시작 전 콘크리트 타설장비 점검할 것
3. 붐 조정 시 주변 전선에 의한 위험 예방할 것

002

화물자동차 사용 작업 시 작업시작 전 점검사항 3가지 쓰시오.

답 제동장치 기능/하역장치 기능/바퀴 이상 유무

003

추락방호망 설치 시 사업주의 준수사항 3가지 쓰시오.

답 1. 망 처짐은 짧은 변 길이의 12% 이상이 되도록 할 것
2. 작업면으로부터 망 설치지점까지의 수직거리는 10m 초과하지 말 것
3. 건축물 바깥쪽으로 설치 시 내민 길이는 벽면으로부터 3m 이상 되도록 할 것

004

이동식 비계 바퀴에 갑작스러운 이동 또는 전도를 방지하기 위한 조치사항 2가지와 작업발판의 최대적재하중(kg)을 쓰시오.

답 조치사항: 아웃트리거 설치/쐐기로 바퀴 고정   최대적재하중: 250kg

005

수직방향으로 이동하는 철골부재에 설치하는 트랩(승강로)의 폭과 답단 간격, 철근직경을 쓰시오.

🔑 폭: 30cm 이상   답단 간격: 30cm 이내   철근직경: 16mm

006

목재 가공용 둥근톱기계 방호장치 종류 2가지 쓰시오.

🔑 반발 예방장치/톱날 접촉 예방장치

007

인화성 가스, 불활성 가스 및 산소(이하 "가스등"이라 한다)를 사용하여 금속의 용접·용단 또는 가열작업을 하는 경우 가스등의 누출 또는 방출로 인한 폭발·화재 또는 화상을 예방하기 위한 준수사항 4가지 쓰시오.

🔑 1. 작업 중단 시 가스 공급구 콕을 잠글 것
   2. 취관은 손상에 의해 가스가 누출할 우려가 없는 것을 사용할 것
   3. 호스에 가스 공급 시 미리 그 호스에 가스 방출되지 않도록 필요한 조치할 것
   4. 취관과 호스의 상호 접촉부분은 조임기구를 사용해 가스가 누출되지 않도록 할 것

008

영상 속 불안전한 행동과 상태 4가지 쓰시오.

영상 설명
건물 외벽의 돌마감 공사를 하고 있다. 진돌이는 안전대 미착용 상태이고, 작업발판은 흔들흔들거린다. 결국 진돌이는 추락해 중상을 입었다. 작업장에는 추락방호망과 안전난간 미설치되어 있다.

🔑 작업발판 불안전/안전대 미착용/안전난간 미설치/추락방호망 미설치

건설안전기사 2023년

08

작업형 기출문제

잠깐! 더 효율적인 공부를 위한 링크들을 적극 이용하세요~!

직8딴 홈페이지
- 출시한 책 확인 및 구매

직8딴 카카오오픈톡방
- 실시간 저자의 질문 답변
(주7일 아침 11시~새벽 2시까지, 전화로도 함)
- 직8딴 구매자전용 복지와 혜택 획득
(최소 달에 40만원씩 기프티콘 지급)
- 구매자들과의 소통 및 EHS 관련 정보 습득

직8딴 네이버카페
- 실시간으로 최신화되는 정오표 확인
(정오표: 책 출시 이후 발견된 오타/오류를 모아놓은 표, 매우 중요)
- 공부에 도움되는 컬러버전 그림 및 사진 습득
- 직8딴 구매자전용 복지와 혜택 획득

직8딴 유튜브
- 저자 직접 강의 시청 가능
- 공부 팁 및 암기법 획득
- 국가기술자격증 관련 정보 획득

1회 1부 기출문제

001

철골기둥을 앵커볼트에 고정시킬 때 준수사항 3가지 쓰시오.

📝 1. 기둥 베이스 구멍을 통해 앵커 볼트를 보면서 정확히 유도한다.
2. 인양 와이어로프를 제거하기 위해 기둥 위로 올라갈 때 기둥 트랩을 이용한다.
3. 기둥 인양은 고정시킬 바로 위에서 일단 멈춘 다음 손이 닿을 위치까지 내리도록 한다.

002

작업발판 및 통로의 끝이나 개구부로서 근로자가 추락할 위험이 있는 장소에서 작업 시 추락을
방지하기 위한 조치사항(= 방지책) 3가지 쓰시오.

📝 덮개 설치/울타리 설치/안전난간 설치

003

다음은 낙하물방지망 또는 방호선반을 설치하는 경우이다. 빈칸을 채우시오.

1. 높이 (A)m 이내마다 설치하고 내민 길이는 벽면으로부터 (B)m 이상으로 할 것
2. 수평면과의 각도는 (C)도 이상 (D)도 이하를 유지할 것

📝 A : 10   B : 2   C : 20   D : 30

004

강관비계 구조에 관한 내용이다. 빈칸을 채우시오.

> 1. 비계기둥 간격은 띠장 방향에서는 (A)m, 장선 방향에서는 (B)m 이하로 할 것
> 2. 띠장 간격은 (C)m 이하로 설치할 것
> 3. 비계기둥 간 적재하중은 (D)을 초과하지 말 것
> 4. 비계기둥의 제일 윗부분으로부터 (E)m 되는 지점 밑 부분의 비계기둥은 (F)개의 강관으로 묶어 세울 것

🔑 A: 1.85 B: 1.5 C: 2 D: 400kg E: 31 F: 2

005

크레인, 타워크레인, 리프트에 설치하는 방호장치 종류 4가지 쓰시오.

🔑 제동장치/비상정지장치/권과방지장치/과부하방지장치

006

금속의 용접·용단 또는 가열에 사용되는 가스등의 용기를 취급하는 경우 준수사항 4가지 쓰시오.

🔑 1. 전도 위험 없도록 할 것
   2. 충격 가하지 않도록 할 것
   3. 운반하는 경우 캡 씌울 것
   4. 밸브 개폐는 서서히 할 것

007

해당 공정의 명칭과 이 공법의 종류 2가지를 쓰고, 이 공법의 작업계획서 포함사항 3가지 쓰시오.

 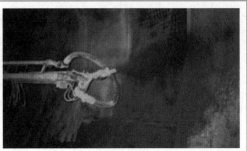

답 명칭 : 뿜어붙이기 콘크리트(숏크리트)
　종류 : 건식공법/습식공법
　작업계획서 포함사항 : 사용목적/압송거리/분진방지대책

008

다음 물음에 답하시오.

보기
1. 철근 배근　　2. 거푸집 제작　　3. 선 부착품 설치　　4. 수중양생 5. 탈형　　6. 콘크리트 타설　　7. 철근 거치
1. <u>보기</u>를 이용해 프리캐스트 콘크리트 제작 순서를 쓰시오. 2. 프리캐스트 콘크리트 장점 4가지

답 1. 2 → 3 → 7 → 1 → 6 → 5 → 4
　2. 품질 향상/공사비 절감/내구성 증대/공사기간 단축

1회 2부 기출문제

001

콘크리트 타설작업 시 당일 작업시작 전 점검하고 이상 발견 시 보수할 사항 3가지 쓰시오.

🗒 거푸집 변형/동바리 변형/지반 침하 유무

002

드럼통 등 구를 위험이 있는 중량물을 보관하거나 작업 중 구를 위험이 있는 중량물을 취급하는 경우 사업주의 준수사항 2가지 쓰시오.

🗒 1. 쐐기 이용해 중량물 이동 조절할 것
　 2. 중량물이 구를 위험이 있는 방향 앞의 일정거리 이내로는 근로자 출입을 제한할 것

003

지게차가 하물을 들어올리는 작업을 할 때 내용이다. 빈칸을 찾으시오.

> 1. 지상에서 5센티미터 이상 (　A　) 이하의 지점까지 들어올린 후 일단 정지해야 한다.
> 2. 하물의 안전상태, 포크에 대한 편심하중 및 그 밖에 이상이 없는가를 확인해야 한다.
> 3. 마스트는 뒷쪽으로 경사를 주어야 한다.
> 4. 지상에서 (　B　)의 높이까지 들어올려야 한다.
> 5. 들어올린 상태로 출발, 주행하여야 한다.

🗒 A : 10cm　B : 10cm 이상 30cm 이하

004

굴착작업 전에 기계의 정비상태를 정비기록표 등에 의해 확인하고 점검해야 할 사항 3가지 쓰시오.

🔠 타이어 상태/부속장치 상태/클러치 작동상태

005

추락방호망 설치 시 사업주의 준수사항 3가지 쓰시오.

🔠 1. 망 처짐은 짧은 변 길이의 12% 이상이 되도록 할 것
   2. 작업면으로부터 망 설치지점까지의 수직거리는 10m 초과하지 말 것
   3. 건축물 바깥쪽으로 설치 시 내민 길이는 벽면으로부터 3m 이상 되도록 할 것

006

다음 암반의 숏크리트 최소 두께를 쓰시오.

1. 파괴되기 쉬운 암반 : (A) 2. 팽창성의 암반 : (B)

🔠 1. 5cm   2. 15cm

007

해당 옹벽의 명칭과 옹벽 시공 중 설치해야 하는 안전시설물 명칭을 쓰시오.

🔛 옹벽의 명칭 : 보강토 옹벽   안전시설물 명칭 : 안전대 부착설비

008

해당 건설기계의 명칭과 용도 3가지를 쓰시오.

🔛 명칭 : 타이어 롤러   용도 : 점성토다짐/노반 표면다짐/아스팔트 포장다짐

1회 3부 기출문제

001

산업안전보건법령상 크레인을 사용해 작업하는 경우 근로자에게 준수하도록 해야 할 조치사항 3가지를 쓰시오.

답 1. 고정된 물체를 직접 분리하는 작업하지 말 것
2. 인양할 하물을 바닥에서 밀어내는 작업하지 말 것
3. 인양할 하물이 보이지 않는 경우 어떠한 동작도 하지 말 것

002

시스템 비계 관련 내용이다. 빈칸을 채우시오.

1. 수직재, 수평재, (A)를 견고하게 연결하는 구조가 되도록 할 것
2. 비계 밑단의 수직재와 (B)은 밀착되도록 설치하고, 수직재와 받침철물 연결부의 겹침길이는 받침철물 전체길이의 (C) 이상 되도록 할 것
3. 가공전로에 근접해 비계를 설치 시 가공전로를 이설하거나 가공전로에 (D)를 설치하는 등 가공 전로와의 접촉을 방지하기 위해 필요한 조치를 할 것
4. 밑받침 철물을 사용해야 하며 고저차 있는 경우 (E)을 사용하여 수평, 수직을 유지하도록 할 것
5. 경사진 바닥에 설치하는 경우 (F) 또는 (G) 등을 사용해 바닥면이 수평을 유지하도록 할 것

답 A: 가새재 B: 받침철물 C: $\frac{1}{3}$ D: 절연용 방호구 E: 조절형 밑받침 철물 F: 피벗형 받침 철물
G: 쐐기

003

항타기 및 항발기의 무너짐를 방지하기 위한 조치사항이다. 빈칸을 채우시오.

> 1. 연약한 지반에 설치하는 경우에는 아웃트리거·받침 등 지지구조물의 침하를 방지하기 위하여
>   (A) 등을 사용할 것
> 2. 아웃트리거·받침 등 지지구조물이 미끄러질 우려가 있는 경우에는 (B) 등을 사용하여 해당 지지구조물을 고정시킬 것
> 3. 궤도 또는 차로 이동하는 항타기 또는 항발기에 대해서는 불시에 이동하는 것을 방지하기 위하여
>   (C) 등으로 고정시킬 것

目 A: 깔판, 받침목 B: 말뚝, 쐐기 C: 레일 클램프, 쐐기

004

이동식 금속재 사다리의 제작 시 필요사항이다. 빈칸을 채우시오.

> 1. 사다리 디딤대의 수직 간격은 (A) 사이, 사다리 폭은 30cm 이상이어야 한다.
> 2. 사다리의 길이는 (B)가 되어야 한다.

目 A: 25 ~ 35cm B: 6m 이하

005

강관틀 비계 조립해 사용할 시 준수사항이다. 빈칸을 채우시오.

> 1. 높이가 20m 초과하거나 중량물 적재 수반할 경우 주틀 간격 (A)m 이하로 할 것
> 2. 주틀 간에 (B)를 설치하고 최상층 및 (C) 이내마다 수평재 설치할 것
> 3. 수직방향으로 (D)m, 수평방향으로 (E)m 이내마다 벽이음을 할 것

目 A: 1.8 B: 교차 가새 C: 5층 D: 6 E: 8

006

와이어로프 최초 공칭지름이 30mm였으나 현재 20mm이다. 와이어로프 폐기여부를 판정하시오.

🖩 지름 감소가 공칭지름의 7%를 초과하는 것은 폐기대상
　30 · 0.07 = 2.1
　현재 지름 감소 = 30 − 20 = 10
　2.1 < 10
🔑 7%를 초과하니 폐기대상

007

다음 물음에 답하시오.

영상 설명
진돌이가 건설용 리프트를 탑승하려고 안전난간 밖으로 머리를 내밀며 대기 중이다. 진돌이는 안전모 미착용상태이다. 리프트가 오자 탑승하였고, 운반구 문을 닫지 않고 하강을 하였다. 결국 진돌이는 추락했고, 리프트에는 방호울이 미설치되어 있다. 1. 불안전한 행동과 상태 4가지　　　2. 리프트 방호장치 3가지　　　3. 재해발생 형태

🔑 1. 안전모 미착용/방호울 미설치/운반구 문 닫지 않고 하강/안전난간 밖으로 머리를 내밈
　2. 비상정지장치/권과방지장치/과부하방지장치
　3. 떨어짐

008

다음 물음에 답하시오.

영상 설명
진돌이가 둥근톱 작업을 하고 있다. 진돌이는 진순이와 이야기를 하며 분진이 많은 자재를 절단하다 사고가 발생한다. 진돌이는 면장갑을 제외한 아무 보호구도 착용하지 않았으며 기기의 톱날접촉예방 장치는 미설치되어 있다. 1. 재해발생 원인 4가지 2. 전동기계기구 사용 시 감전 방지하기 위해 반드시 누전차단기를 설치해야 하는 기계 3가지

🔳 1. 보안경 미착용/진순이와 대화/방진마스크 미착용/날접촉예방장치 미설치
   2. – 대지전압 150V 초과하는 휴대형 전기기계
       – 철골 위 등 도전성 높은 장소에서 사용하는 휴대형 전기기계
       – 임시배선 전로가 설치되는 장소에서 사용하는 휴대형 전기기계

2회 1부 기출문제

001

기둥·보·벽체·슬래브 등의 거푸집동바리등을 조립하거나 해체하는 작업을 하는 경우 준수사항 3가지 쓰시오.

🔑 1. 작업구역에 관계자 외 출입 금지할 것
2. 날씨가 몹시 나쁜 경우 작업 중지할 것
3. 공구 등을 오르내리는 경우 달줄 사용할 것

002

철골기둥을 앵커볼트에 고정시킬 때 준수사항 3가지 쓰시오.

🔑 1. 기둥 베이스 구멍을 통해 앵커 볼트를 보면서 정확히 유도한다.
2. 인양 와이어로프를 제거하기 위해 기둥 위로 올라갈 때 기둥 트랩을 이용한다.
3. 기둥 인양은 고정시킬 바로 위에서 일단 멈춘 다음 손이 닿을 위치까지 내리도록 한다.

003

시스템 비계 관련 내용이다. 빈칸을 채우시오.

1. 수직재, 수평재, (A)를 견고하게 연결하는 구조가 되도록 할 것
2. 비계 밑단의 수직재와 (B)은 밀착되도록 설치하고, 수직재와 받침철물 연결부의 겹침길이는 받침철물 전체길이의 (C) 이상 되도록 할 것
3. 가공전로에 근접해 비계를 설치 시 가공전로를 이설하거나 가공전로에 (D)를 설치하는 등 가공 전로와의 접촉을 방지하기 위해 필요한 조치를 할 것
4. 밑받침 철물을 사용해야 하며 고저차 있는 경우 (E)을 사용하여 수평, 수직을 유지하도록 할 것
5. 경사진 바닥에 설치하는 경우 (F) 또는 (G) 등을 사용해 바닥면이 수평을 유지하도록 할 것

🔑 A : 가새재   B : 받침철물   C : $\frac{1}{3}$ D : 절연용 방호구   E : 조절형 밑받침 철물   F : 피벗형 받침 철물

G : 쐐기

004

산업안전보건법에 따라 굴착면 높이가 2m 이상이 되는 지반의 굴착작업을 하는 경우 작업장의 지형, 지반 및 지층 상태 등에 대한 사전조사 후 작성하여야 하는 작업계획서에 들어갈 포함사항 3개 쓰시오.

답 굴착방법/장비 사용계획/매설물 보호대책

005

투하설비 관련 내용이다. 빈칸을 채우시오.

> 높이가 (A) 이상인 장소로부터 물체를 투하하는 경우 적당한 (B)를 설치하거나 (C)을 배치하는 등 위험을 방지하기 위하여 필요한 조치를 하여야 한다.

답 A : 3m   B : 투하설비   C : 감시인

006

콘크리트 라이닝 공법 선정 시 검토사항 2가지 쓰시오.

답 지질상태/굴착공법

007

해당 건설기계의 명칭과 용도 3가지를 쓰시오.

🔁 명칭 : 타이어 롤러   용도 : 점성토다짐/노반 표면다짐/아스팔트 포장다짐

008

영상 속 재해발생형태와 위험요인 4가지, 기인물, 가해물, 해당 작업 시 준수사항 3가지 쓰시오.

> 백호가 배관을 1줄 걸이로 인양하고 있다. 훅해지장치는 없으며 인양하는 그 밑을 진돌이와 진순이가
> 지나간다. 그 순간! 배관이 떨어져 둘의 다리가 낀다.

🔁 재해발생형태 : 끼임
　　위험요인 : 1줄걸이 작업/작업구역 미설정/유도로프 미사용/훅해지장치 미설치
　　기인물 : 백호
　　가해물 : 배관
　　준수사항 : 2줄 걸이 이상을 사용할 것
　　　　　　　매다는 각도는 60도 이내로 할 것
　　　　　　　와이어로프는 크레인 후크 중심에 걸 것

2회 2부 기출문제

001

철근을 인력으로 운반할 때 준수사항을 3가지만 쓰시오.

🗒 1. 운반 시 양 끝을 묶어 운반한다.
  2. 내려놓을 시 천천히 내려놓는다.
  3. 공동 작업 시 신호에 따라 작업한다.

002

추락방호망 설치 시 사업주의 준수사항 3가지 쓰시오.

🗒 1. 망 처짐은 짧은 변 길이의 12% 이상이 되도록 할 것
  2. 작업면으로부터 망 설치지점까지의 수직거리는 10m 초과하지 말 것
  3. 건축물 바깥쪽으로 설치 시 내민 길이는 벽면으로부터 3m 이상 되도록 할 것

003

통로발판을 설치하여 사용할 때 준수사항 3가지 쓰시오.

🗒 1. 작업발판 최대폭은 1.6m 이내이어야 한다.
  2. 추락 위험있는 곳에 안전난간 설치해야 한다.
  3. 근로자 이동하기에 충분한 넓이 확보돼야 한다.

004

타워크레인 설치 또는 해체하려는 자의 자격조건 2가지와 등록인원 수를 쓰시오.

답 – 자격조건
    1. 비계기능사 자격 가진 사람
    2. 지정된 타워크레인 설치해체작업 교육기관에서 보수교육을 이수한 후 5년이 지나지 않은 사람
   – 등록인원 수: 4명 이상

005

해당 공법의 명칭과 적용이 어려운 지반 3가지, 터널 굴착작업 시 작업계획서 포함사항 3가지 쓰시오.

답 명칭: TBM 공법
   적용이 어려운 지반: 연약지반/다량 용수 있는 지반/단면형상 변형 심한 지반
   작업계획서 포함사항: 굴착방법/용수 처리방법/환기시설 설치방법

006

동바리를 조립하는 경우에는 하중의 지지상태를 유지할 수 있도록 준수해야 할 준수사항 3가지 쓰시오.

답 1. 동바리 상하 고정 조치할 것
   2. 동바리 이음은 같은 품질 재료 사용할 것
   3. 깔판 사용 등 동바리 침하 방지 조치할 것

007

해당 비계의 명칭과 작업발판 폭, 지주부재와 수평면과의 기울기를 쓰시오.

🗒 명칭: 말비계   폭: 40cm 이상   기울기: 75도 이하

008

강관틀 비계의 구성요소 명칭을 쓰시오.

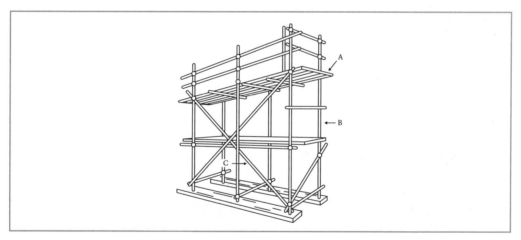

🗒 A: 작업발판   B: 비계기둥   C: 교차가새

2회 3부 기출문제

001

시스템 비계 조립 작업 시 준수사항 3가지 쓰시오.

🔖 1. 비계 기둥의 밑둥에는 밑받침 철물을 사용할 것
    2. 경사진 바닥에 설치 시 쐐기 등을 사용해 수평 유지할 것
    3. 비계 작업 근로자는 같은 수직면상의 위와 아래 동시 작업 금지할 것

002

다음은 낙하물방지망 또는 방호선반을 설치하는 경우이다. 빈칸을 채우시오.

> 1. 높이 (A)m 이내마다 설치하고 내민 길이는 벽면으로부터 (B)m 이상으로 할 것
> 2. 수평면과의 각도는 (C)도 이상 (D)도 이하를 유지할 것

🔖 A: 10 B: 2 C: 20 D: 30

003

달기 와이어로프 등의 안전계수를 쓰시오.

> 1. 근로자가 탑승하는 운반구를 지지하는 달기 와이어로프 또는 달기체인의 경우
> 2. 화물의 하중을 직접 지지하는 달기 와이어로프 또는 달기체인의 경우
> 3. 훅, 샤클, 클램프, 리프팅 빔의 경우
> 4. 그 밖의 경우

🔖 1. 10 이상 2. 5 이상 3. 3 이상 4. 4 이상

004

재해방지설비 관련 표이다. 빈칸을 채우시오.

	기능	용도, 사용장소, 조건	설비
추락방지	안전한 작업이 가능한 작업대	높이 2m 이상의 장소로서 추락 우려가 있는 작업	비계, 달비계, 수평통로, 안전난간대
	추락자를 보호할 수 있는 것	작업대 설치가 어렵거나 개구부 주위로 난간 설치가 어려운 곳	(A)
	추락의 우려가 있는 위험장소에서 작업자 행동을 제한하는 것	개구부 및 작업대 끝	(B)
	작업자 신체를 유지시키는 것	안전한 작업대나 난간 설치가 어려운 곳	안전대부착설비, 안전대, 구명줄
비래 낙하 및 비산 방지	위에서 낙하된 것을 막는 것	철골 건립, 볼트 체결 및 기타 상하작업	방호철망, 방호울타리, 가설앵커설비
	제3자의 위해방지	볼트, 콘크리트 덩어리, 형틀재, 일반자재, 먼지 등이 낙하 비산 할 우려가 있는 작업	방호철망, 방호시트, 방호울타리, 방호선반, 안전망
	불꽃의 비산방지	용접, 용단을 수반하는 작업	(C)

🖉 A : 추락방지용 방망   B : 난간, 울타리   C : 석면포

005

금속의 용접·용단 또는 가열에 사용되는 가스등의 용기를 취급하는 경우 준수사항 4가지 쓰시오.

🖉 1. 전도 위험 없도록 할 것
  2. 충격 가하지 않도록 할 것
  3. 운반하는 경우 캡 씌울 것
  4. 밸브 개폐는 서서히 할 것

006

해당 공법의 명칭과 적용이 어려운 지반 3가지, 터널 굴착작업 시 작업계획서 포함사항 3가지 쓰시오.

答 명칭: TBM 공법
   적용이 어려운 지반: 연약지반/다량 용수 있는 지반/단면형상 변형 심한 지반
   작업계획서 포함사항: 굴착방법/용수 처리방법/환기시설 설치방법

007

영상 속 안전대책 3가지와 재해발생형태를 쓰시오.

영상 설명
진돌이가 쉬는 시간이라 잠시 솔의 눈을 마시면서 진순이가 리프트 타고 가는 모습을 지켜본다. 음료를 다 마시고 진돌이는 비계에 직접 낑낑대며 올라가다가 떨어진다. 비계에는 추락방호망이 없고, 진돌이는 안전대 미착용 상태이다.

答 안전대책: 안전대 착용/추락방호망 설치/지정된 통로 이용
   재해발생형태: 떨어짐

008

영상 속 작업 시 감전을 방지하기 위한 보호구와 분진으로 인한 피해를 방지하기 위한 보호구 1가
지씩 쓰시오.

영상 설명
진돌이가 드릴로 벽에 구멍을 뚫고 있다. 진돌이는 작업을 하면서 전선을 밟고 있다. 전선의 피복이 좀 벗겨져 있다.

답 감전을 방지하기 위한 보호구 : **절연장갑**
　　분진으로 인한 피해를 방지하기 위한 보호구 : **방진마스크**

3회 1부 기출문제

001

다음 물음에 답하시오.

> 1. 재료, 기구 또는 공구 등을 올리거나 내리는 경우 준수사항 1가지
> 2. 자재나 부재의 낙하·전도 또는 붕괴 등에 의하여 근로자에게 위험을 미칠 우려가 있을 경우 준수사항 1가지
> 3. 중량물 부재를 크레인 등으로 인양하는 경우 준수사항 1가지

🔑 1. 달줄 사용   2. 출입금지구역 설정   3. 부재에 인양용 고리를 견고하게 설치

002

터널공사 시 작업 면에 적합한 조도기준을 쓰시오.

> 1. 터널중간 구간   2. 터널 입출구, 수직구 구간   3. 막장 구간

🔑 1. 50Lux 이상   2. 30Lux 이상   3. 70Lux 이상

003

추락방호망 설치 시 사업주의 준수사항 3가지 쓰시오.

🔑 1. 망 처짐은 짧은 변 길이의 12% 이상이 되도록 할 것
   2. 작업면으로부터 망 설치지점까지의 수직거리는 10m 초과하지 말 것
   3. 건축물 바깥쪽으로 설치 시 내민 길이는 벽면으로부터 3m 이상 되도록 할 것

004

이동식 비계를 조립하여 작업을 하는 경우 사업주의 준수사항 3가지 쓰시오.

🖪 1. 작업발판 항상 수평 유지
2. 승강용 사다리 견고하게 설치할 것
3. 비계 최상부 작업 시 안전난간 설치할 것

005

강관비계 구조에 관한 내용이다. 빈칸을 채우시오.

1. 비계기둥 간격은 띠장 방향에서는 (A)m, 장선 방향에서는 (B)m 이하로 할 것
2. 띠장 간격은 (C)m 이하로 설치할 것
3. 비계기둥 간 적재하중은 (D)을 초과하지 말 것
4. 비계기둥의 제일 윗부분으로부터 (E)m 되는 지점 밑 부분의 비계기둥은 (F)개의 강관으로 묶어 세울 것

🖪 A : 1.85   B : 1.5   C : 2   D : 400kg   E : 31   F : 2

006

근로자의 추락 등의 위험을 방지하기 위해 설치하는 안전난간의 주요 구성요소 4개 쓰시오.

🖪 난간기둥/상부난간대/중간난간대/발끝막이판

007

투하설비 관련 내용이다. 빈칸을 채우시오.

> 높이가 (A) 이상인 장소로부터 물체를 투하하는 경우 적당한 (B)를 설치하거나 (C)을 배치하는 등 위험을 방지하기 위하여 필요한 조치를 하여야 한다.

📝 A: 3m   B: 투하설비   C: 감시인

008

철골작업 중지해야 하는 기상조건 3가지 쓰시오.

📝 1. 풍속 10m/s 이상   2. 강우량 1mm/h 이상   3. 강설량 1cm/h 이상

3회 2부 기출문제

001

운반하역 표준안전 작업지침상 걸이작업을 하는 경우 준수사항 3가지 쓰시오.

📝 1. 2줄 걸이 이상을 사용할 것
　2. 매다는 각도는 60도 이내로 할 것
　3. 와이어로프는 크레인 후크 중심에 걸 것

002

작업발판 및 통로의 끝이나 개구부로서 근로자가 추락할 위험이 있는 장소에서 작업 시 추락을
방지하기 위한 조치사항(= 방지책) 3가지 쓰시오.

📝 덮개 설치/울타리 설치/안전난간 설치

003

강아치 지보공 조립 시 사업주의 조치사항 4가지 쓰시오.

📝 1. 조립 간격은 조립도에 따를 것
　2. 터널 출입구 부분에 받침대 설치할 것
　3. 띠장 사용해 주재 상호간 튼튼히 연결할 것
　4. 낙하물이 근로자에게 위험을 미칠 우려 있을 시 널판 설치할 것

004

가설공사 시 경사로 설치나 사용할 때 준수사항 4가지 쓰시오.

📋 1. 철선이 발에 걸리지 말 것
  2. 추락방지용 안전난간 설치할 것
  3. 경사로 폭은 최소 90cm 이상일 것
  4. 외력에 대하여 안전하도록 설계할 것

005

사다리식 통로 설치기준이다. 빈칸을 채우시오.

1. 고정식 사다리식 통로 기울기는 (A)도 이하로 하고, 그 높이가 (B)m 이상이고, 등받이울
   이 있어도 근로자 이동에 지장이 없는 경우에는 바닥으로부터 높이가 (C)m 되는 지점부터 등
   받이울을 설치할 것
2. 사다리식 통로 길이가 (D)m 이상인 경우 (E)m 이내마다 계단참 설치할 것
3. 옥외용 사다리 전면의 사방 (F)cm 이내에는 장애물이 없어야 한다.
4. 발판과 벽과의 사이는 (G)cm 이상의 간격을 유지할 것

📋 A: 90 B: 7 C: 2.5 D: 10 E: 5 F: 75 G: 15

006

이동식 비계 바퀴에 갑작스러운 이동 또는 전도를 방지하기 위한 조치사항 2가지와 작업발판의
최대적재하중(kg)을 쓰시오.

📋 조치사항: 아웃트리거 설치/쐐기로 바퀴 고정   최대적재하중: 250kg

007

와이어로프 최초 공칭지름이 30mm였으나 현재 20mm이다. 와이어로프 폐기여부를 판정하시오.

🗒 지름 감소가 공칭지름의 7%를 초과하는 것은 폐기대상

30 • 0.07 = 2.1

현재 지름 감소 = 30 − 20 = 10

2.1 < 10

🗒 7%를 초과하니 폐기대상

008

콘크리트 양생기간을 유지하기 위한 거푸집 해체기간 관련 내용이다. 빈칸을 채우시오.

시멘트 종류 평균 기온	조강포틀랜드시멘트	-보통포틀랜드시멘트 -고로슬래그시멘트 -포틀랜드포졸란시멘트 (A종) -플라이애시시멘트(A종)	-고로슬래그시멘트 (특급) -포틀랜드포졸란 -시멘트(B종) -플라이애시시멘트(B종)
20℃이상	(A)	4일	5일
20℃미만~10℃이상	3일	(B)	8일

🗒 A : 2일   B : 6일

3회 3부 기출문제

001

거푸집 및 동바리에 사용하는 깔판, 깔목 사용에 대한 조치사항 2가지 쓰시오.

🔲 1. 깔판 등을 이어서 사용 시 단단히 연결할 것
  2. 연직하게 설치되는 동바리는 모든 동바리에 가새 설치할 것

002

사업주가 고소작업대를 사용해 작업하는 경우의 준수사항 3가지 쓰시오.

🔲 안전모 등 보호구 착용할 것/적정수준의 조도 유지할 것/작업대를 정기적으로 점검할 것

003

가설통로 설치 시 준수사항 4개 쓰시오.

🔲 1. 견고한 구조로 할 것
  2. 경사 30도 이하로 할 것
  3. 추락 위험있는 장소에 안전난간 설치할 것
  4. 경사 15도 초과 시 미끄러지지 않는 구조로 할 것

004

말비계 설치기준(구조)이다. 빈칸을 채우시오.

1. 말비계 높이가 (A)m 초과 시 작업발판 폭 (B)cm 이상으로 할 것
2. 지주부재와 수평면과의 기울기를 (C)도 이하로 하고 지주부재와 지주부재 사이를 고정시키는 보조부재 설치할 것
3. 지주부재 하단에는 (D)를 하고, 양측 끝부분에 올라서서 작업하지 말 것

답 A: 2   B: 40   C: 75   D: 미끄럼 방지장치

005

다음에 해당하는 답변을 하시오.

1. 습윤한 장소에서 감전 방지 위해 교류아크 용접기에 부착하는 방호장치 1가지 쓰시오.
2. 용접 작업 시 착용 보호구 3가지 쓰시오.

답 1. 자동전격방지기   2. 용접용 장갑/용접용 보안면/용접용 안전화

006

클램쉘의 용도를 2가지 쓰시오.

답 수중굴착/지면보다 낮은 곳 굴착

007

다음 중 와이어로프 클립 체결이 올바른 것을 고르고, 직경에 따른 클립 수를 쓰시오.

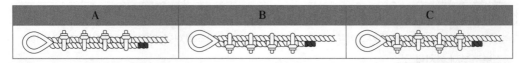

와이어로프 지름(mm)	클립수(개)
16 이하	(D)
16 초과 28 이하	(E)
28 초과	(F)

📋 올바른 것: A D: 4 E: 5 F: 6

008

해당 장비의 명칭과 효과(= 용도)를 쓰시오.

📋 명칭: 세륜기 효과: 비산먼지 발생 억제

건설안전기사 2024년

09

작업형 기출문제

잠깐! 더 효율적인 공부를 위한 링크들을 적극 이용하세요~!

직8딴 홈페이지

- 출시한 책 확인 및 구매

직8딴 카카오오픈톡방

- 실시간 저자의 질문 답변
(주7일 아침 11시~새벽 2시까지, 전화로도 함)
- 직8딴 구매자전용 복지와 혜택 획득
(최소 달에 40만원씩 기프티콘 지급)
- 구매자들과의 소통 및 EHS 관련 정보 습득

직8딴 네이버카페

- 실시간으로 최신화되는 정오표 확인
(정오표: 책 출시 이후 발견된 오타/오류를 모아놓은 표, 매우 중요)
- 공부에 도움되는 컬러버전 그림 및 사진 습득
- 직8딴 구매자전용 복지와 혜택 획득

직8딴 유튜브

- 저자 직접 강의 시청 가능
- 공부 팁 및 암기법 획득
- 국가기술자격증 관련 정보 획득

1회 1부 기출문제

001

다음 중 와이어로프 클립 체결이 올바른 것을 고르고, 직경에 따른 클립 수를 쓰시오.

A	B	C

와이어로프 지름(mm)	클립수(개)
16 이하	(D)
16 초과 28 이하	(E)
28 초과	(F)

📋 올바른 것: A D: 4 E: 5 F: 6

002

해당 비계의 명칭과 작업발판 폭, 지주부재와 수평면과의 기울기를 쓰시오.

📋 명칭: 말비계 폭: 40cm 이상 기울기: 75도 이하

003

잠함, 피트, 우물통의 내부에서 굴착작업을 하는 경우, 사업주의 준수사항 3개 쓰시오.

답 1. 안전하게 오르내리기 위한 설비 설치할 것
2. 산소 결핍 우려 시 산소농도 측정자 지명해 측정할 것
3. 굴착 깊이 20m 초과 시 외부와의 연락을 위한 통신설비 설치할 것

004

동바리를 조립하는 경우에는 하중의 지지상태를 유지할 수 있도록 준수해야 할 준수사항 3가지 쓰시오.

답 1. 동바리 상하 고정 조치할 것
2. 동바리 이음은 같은 품질 재료 사용할 것
3. 깔판 사용 등 동바리 침하 방지 조치할 것

005

건설현장의 폭설, 한파로 인한 결빙 시 조치사항 3가지 쓰시오.

답 가설도로에 염화칼슘 비치
모래 이용해 미끄럼 방지조치
무너짐 위험구간에 쌓인 눈 제거

006

작업발판에 대한 내용이다. 물음에 답하시오.

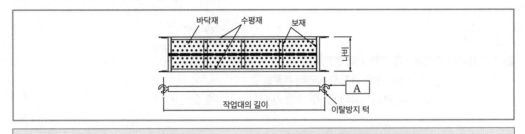

1. A 명칭과 용도	2. 작업발판 폭과 발판재료간 틈

1. 명칭 : 걸침고리 용도 : 수평재 또는 보재를 지지물에 고정시킴
   2. 작업발판 폭 : 40cm 이상 발판재료간 틈 : 3cm 이하

007

차량계 하역운반기계등을 사용하여 작업을 하는 경우 하역 또는 운반 중인 화물이나 그 차량계
하역운반기계등에 접촉되어 근로자가 위험해질 우려가 있는 장소에서의 위험 방지 조치사항 2가
지 쓰시오.

근로자 출입금지/유도자가 유도하는 대로 작업

008

강관비계이다. A와 B의 길이를 쓰고, 비계기둥 간 최대 적재하중 기준을 쓰시오.

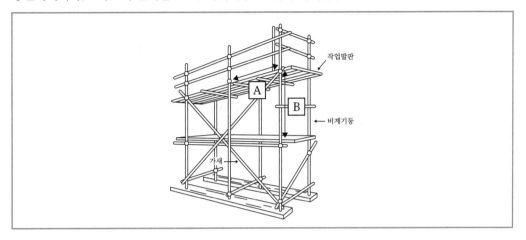

작업발판

A

B

비계기둥

가새

답 A : 1.85m 이하   B : 2m 이하   비계기둥 간 최대 적재하중 기준 : 400kg

1회 2부 기출문제

001

조명은 근로자들의 작업환경의 측면에서 중요한 안전요소이다. 산업안전보건기준에 관한 규칙에서 규정하는 다음의 작업장소의 조도기준을 쓰시오.

> 1. 초정밀 작업: (A   )lux 이상
> 2. 정밀 작업: (B   )lux 이상
> 3. 보통 작업: (C   )lux 이상
> 4. 그 밖의 작업: (D   )lux 이상

🔑 A : 750   B : 300   C : 150   D : 75

002

터널 공사관련 문제이다. 물음에 답하시오.

> 1. 버력처리 장비 선정 시 고려사항 3가지
> 2. 차량계 운반장비는 작업시작 전 점검사항 3가지

🔑 1. 굴착방식/터널 경사도/굴착단면 크기
　 2. 차륜 이상 유무/경광 이상 유무/유압장치 기능 이상 유무

003

강관틀 비계 구성요소이다, 명칭을 쓰시오.

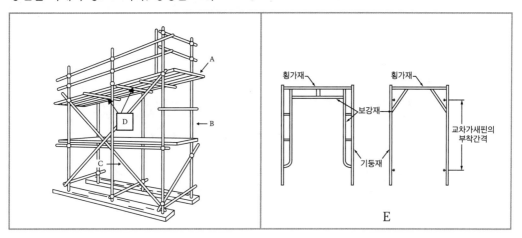

📋 A : 작업발판   B : 비계기둥   C : 교차가새   D : 수평재   E : 주틀

004

하역 운반기계인 지게차에 설치하는 방호장치 3가지 쓰시오.

📋 전조등/후미등/백레스트

005

흙막이 지보공을 설치 시 정기적으로 봐야 할 점검사항 3가지 쓰시오.

📋 침하 정도/부재 손상 유무/버팀대 긴압 정도

006

콘크리트 타설작업을 위한 콘크리트 펌프카를 사용 시 사업주의 준수사항 3가지 쓰시오.

📋 1. 난간에서 작업할 시 안전난간 설치할 것
   2. 작업 시작 전 콘크리트 타설장비 점검할 것
   3. 붐 조정 시 주변 전선에 의한 위험 예방할 것

007

굴착기를 사용하여 인양작업 시 사업주 준수사항 3가지 쓰시오.

📋 1. 사람 지정해 인양작업 신호하게 할 것
   2. 인양 대상 화물 무게는 정격하중 넘지 않을 것
   3. 지반 침하 우려 없고 평평한 장소에서 작업할 것

008

영상 속 불안전한 행동과 상태 4가지 쓰시오.

영상 설명
건물 외벽의 돌마감 공사를 하고 있다. 진돌이는 안전대 미착용 상태이고, 작업발판은 흔들흔들거린다. 결국 진돌이는 추락해 중상을 입었다. 작업장에는 추락방호망과 안전난간 미설치되어 있다.

📋 작업발판 불안전/안전대 미착용/안전난간 미설치/추락방호망 미설치

1회 3부 기출문제

001

안전난간 구조 및 설치기준이다. 빈칸을 채우시오.

> 1. 상부 난간대, 중간 난간대, (A) 및 난간기둥으로 구성할 것. 다만, 중간 난간대, 발끝막이판 및 난간기둥은 이와 비슷한 구조와 성능을 가진 것으로 대체할 수 있다.
> 2. 상부 난간대는 바닥면·발판 또는 경사로의 표면(이하 "바닥면등"이라 한다)으로부터 (B) 이상 지점에 설치하고, 상부 난간대를 (C) 이하에 설치하는 경우에는 중간 난간대는 상부 난간대와 바닥면등의 중간에 설치해야 하며, (C) 이상 지점에 설치하는 경우에는 중간 난간대를 (D) 이상으로 균등하게 설치하고 난간의 상하 간격은 (E) 이하가 되도록 할 것. 다만, 난간기둥 간의 간격이 25센티미터 이하인 경우에는 중간 난간대를 설치하지 않을 수 있다.

📋 A: 발끝막이판 B: 90cm C: 120cm D: 2단 E: 60cm

002

발파작업에 종사하는 근로자의 준수사항 3가지 쓰시오.

📋 1. 화약 장전 시 부근에서 화기 사용하지 말 것
  2. 장전구는 마찰에 의한 폭발 위험 없는 안전한 것 사용할 것
  3. 발파공 충진재료는 모래 등 인화성 위험 없는 재료 사용할 것

003

권상용 와이어로프의 사용금지 기준 4가지 쓰시오.(꼬인 것/이음매 있는 것 제외)

📋 1. 심하게 변형된 것
  2. 전기충격에 의해 손상된 것
  3. 지름 감소가 공칭지름의 7% 초과하는 것
  4. 와이어로프 한 꼬임에서 끊어진 소선 수가 10% 이상인 것

004

강관, 클램프, 앵커 및 벽 연결용 철물 등을 사용해 비계와 영구 구조체(건물) 사이를 연결하는 비계 벽이음의 역할 2가지 쓰시오.

🔑 풍하중에 의한 움직임 방지/수평하중에 의한 움직임 방지

005

거푸집 동바리 침하를 방지하기 위한 조치사항 3가지 쓰시오.

🔑 깔판 사용/말뚝 박기/콘크리트 타설

006

가스농도를 측정해야 하는 경우 3가지 쓰시오.

🔑 매일 작업 시작 전/가스 누출이 의심될 시/장시간 작업 계속할 시

007

타워크레인의 작업 중지에 관한 내용이다. 빈칸을 채우시오.

> 1. 순간풍속이 초당 (A)m 초과하는 경우 타워크레인의 설치, 수리, 점검 또는 해체작업을 중지해야 한다.
> 2. 순간풍속이 초당 (B)m 초과하는 경우 타워크레인의 운전 작업을 중지해야 한다.

🔑 A : 10   B : 15

008

동력을 사용하는 항타기 또는 항발기에 대하여 무너짐을 방지하기 위한 조치사항 3가지 쓰시오.

🔖 1. 불시에 이동하는 것을 방지하기 위해 쐐기로 고정시킬 것
   2. 시설에 설치 시 내력 확인하고 부족하면 그 내력 보강할 것
   3. 연약 지반 설치 시 지지구조물 침하 방지를 위해 깔판 사용할 것

2회 1부 기출문제

001

사업주가 고소작업대를 설치할 때 설치기준 3가지 쓰시오.

답 1. 권과방지장치 갖출 것
2. 작업대에 정격하중(안전율 5 이상)을 표시할 것
3. 붐의 최대 지면경사각을 초과 운전하여 전도되지 않도록 할 것

002

승강기 피트홀에서 작업 시 추락방지 조치사항 3가지 쓰시오.

답 덮개 설치/울타리 설치/안전난간 설치

003

가설통로와 관련된 내용이다, 빈칸을 채우시오.

1. 경사는 (A) 이하로 할 것. 다만, 계단을 설치하거나 높이 (B) 미만의 가설통로로서 튼튼한 손잡이를 설치한 경우에는 그러하지 아니하다.
2. 경사가 (C)를 초과하는 경우에는 미끄러지지 아니하는 구조로 할 것

답 A: 30도 B: 2m C: 15도

004

낙하물 방지망 또는 방호선반 설치기준 2가지 쓰시오.

답 1. 수평면과의 각도 20도 이상 30도 이하 유지
2. 높이 10m 이내마다 설치하고, 내민 길이 벽면으로부터 2m 이상

005

석축 붕괴의 원인 3가지 쓰시오.

🖹 배수 불량/구배 불량/뒷채움 불량

006

이동식 비계를 조립하여 작업을 하는 경우 사업주의 준수사항 3가지 쓰시오.

🖹 1. 작업발판 항상 수평 유지
   2. 승강용 사다리 견고하게 설치할 것
   3. 비계 최상부 작업 시 안전난간 설치할 것

007

굴착지반이 연암일 경우 굴착면 기울기와 굴착작업시 토사등의 붕괴 또는 낙하에 의한 위험 미리 방지하기 위한 점검사항 2가지 쓰시오.

🖹 기울기 : 1 : 1   점검사항 : 작업장소 균열 유무/동결 유무 또는 상태 변화

008

건설용 리프트의 장치들이다. 각 장치 이름을 쓰시오.

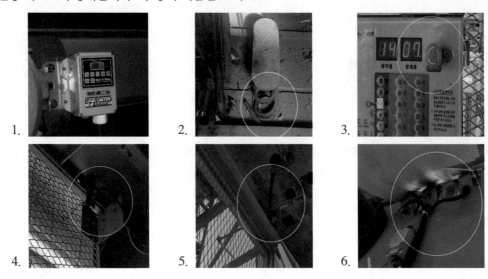

1.

2.

3.

4.

5.

6.

🔢 1. 과부하방지장치   2. 완충 스프링   3. 비상정지장치   4. 출입문 연동장치   5. 방호울 출입문 연동장치
   6. 3상 전원차단장치

2회 2부 기출문제

001

사업주는 근로자가 밀폐공간에서 작업을 시작하기 전 안전한 상태에서 작업할 수 있도록 확인해야 할 사항 4가지 쓰시오.

🖹 1. 비상연락체계
2. 작업 일시 등 작업 정보
3. 관리감독자 등 작업자 정보
4. 작업 시 착용하여야 할 보호구 종류

002

가설통로와 관련된 내용이다. 빈칸을 채우시오.

1. 경사는 (A) 이하로 할 것. 다만, 계단을 설치하거나 높이 (B) 미만의 가설통로로서 튼튼한 손잡이를 설치한 경우에는 그러하지 아니하다.
2. 경사가 (C)를 초과하는 경우에는 미끄러지지 아니하는 구조로 할 것
3. 수직갱에 가설된 통로의 길이가 15m 이상인 경우에는 (D) 이내마다 계단참을 설치할 것

🖹 A: 30도   B: 2m   C: 15도   D: 10m

003

추락방호망 설치 시 사업주의 준수사항 3가지 쓰시오.

🖹 1. 망 처짐은 짧은 변 길이의 12% 이상이 되도록 할 것
2. 작업면으로부터 망 설치지점까지의 수직거리는 10m 초과하지 말 것
3. 건축물 바깥쪽으로 설치 시 내민 길이는 벽면으로부터 3m 이상 되도록 할 것

004

이동식 비계 바퀴에 갑작스러운 이동 또는 전도를 방지하기 위한 조치사항 2가지와 작업발판의 최대적재하중(kg)을 쓰시오.

📋 조치사항: 아웃트리거 설치/쐐기로 바퀴 고정   최대적재하중: 250kg

005

안전난간 구조 및 설치기준이다. 빈칸을 채우시오.

> 1. 상부 난간대는 바닥면·발판 또는 경사로의 표면(이하 "바닥면등"이라 한다)으로부터 (A) 이상 지점에 설치하고, 상부 난간대를 (B) 이하에 설치하는 경우에는 중간 난간대는 상부 난간대와 바닥면등의 중간에 설치해야 하며, (B) 이상 지점에 설치하는 경우에는 중간 난간대를 2단 이상으로 균등하게 설치하고 난간의 상하 간격은 60cm 이하가 되도록 할 것.
> 2. 발끝막이판은 바닥면등으로부터 (C) 이상의 높이를 유지할 것.
> 3. 난간대는 지름 (D) 이상의 금속제 파이프나 그 이상의 강도가 있는 재료일 것

📋 A: 90cm   B: 120cm   C: 10cm   D: 2.7cm

006

권상용 와이어로프의 사용금지 기준 3가지 쓰시오.(꼬인 것/이음매 있는 것 제외)

📋 1. 심하게 변형된 것
   2. 전기충격에 의해 손상된 것
   3. 지름 감소가 공칭지름의 7% 초과하는 것

007

타워크레인에 설치하는 방호장치 종류 4가지 쓰시오.

🖹 제동장치/비상정지장치/권과방지장치/과부하방지장치

008

다음 부재의 명칭과 설치 기준을 쓰시오.

🖹 명칭 : 발끝막이판   설치기준 : 바닥면등으로부터 10cm 이상 높이 유지할 것

3회 1부 기출문제

001

장약을 할 때 준수사항 3가지 쓰시오.

🖩 1. 장약작업 중 관계자 외 출입 금지할 것
2. 장약작업 장소 인근에서 흡연하지 말 것
3. 장약작업 장소 인근에서 전기용접하지 말 것

002

교량작업 시 작업계획서 내용 3가지 쓰시오.

🖩 작업 방법/사용 기계 종류/부재 낙하 방지 방법

003

가설통로와 관련된 내용이다, 빈칸을 채우시오.

1. 경사는 (A) 이하로 할 것. 다만, 계단을 설치하거나 높이 (B) 미만의 가설통로로서 튼튼한 손잡이를 설치한 경우에는 그러하지 아니하다.
2. 경사가 (C)를 초과하는 경우에는 미끄러지지 아니하는 구조로 할 것

🖩 A : 30도   B : 2m   C : 15도

004

안전난간 구조 및 설치기준이다. 빈칸을 채우시오.

1. 상부 난간대, 중간 난간대, (A) 및 난간기둥으로 구성할 것. 다만, 중간 난간대, 발끝막이판 및 난간기둥은 이와 비슷한 구조와 성능을 가진 것으로 대체할 수 있다.
2. 상부 난간대는 바닥면·발판 또는 경사로의 표면(이하 "바닥면등"이라 한다)으로부터 (B) 이상 지점에 설치하고, 상부 난간대를 (C) 이하에 설치하는 경우에는 중간 난간대는 상부 난간대와 바닥면등의 중간에 설치해야 하며, (C) 이상 지점에 설치하는 경우에는 중간 난간대를 (D) 이상으로 균등하게 설치하고 난간의 상하 간격은 (E) 이하가 되도록 할 것. 다만, 난간기둥 간의 간격이 25센티미터 이하인 경우에는 중간 난간대를 설치하지 않을 수 있다.

📋 A: 발끝막이판   B: 90cm   C: 120cm   D: 2단   E: 60cm

005

타워크레인을 와이어로프로 지지하는 경우 준수사항이다, 빈칸을 채우시오.

- 와이어로프 설치각도는 수평면에서 (A) 이내로 하되, 지지점은 (B) 이상으로 하고, 같은 각도로 설치할 것

📋 A: 60도   B: 4개소

006

히빙 현상의 방지책 3가지 쓰시오.

📋 웰포인트 공법 병행/시트파일 근입심도 검토/흙막이벽 근입 깊이 증가

007

다음 중 와이어로프 클립 체결이 올바른 것을 고르고, 직경에 따른 클립 수를 쓰시오.

A	B	C

와이어로프 지름(mm)	클립수(개)
16 이하	(D)
16 초과 28 이하	(E)
28 초과	(F)

🔲 올바른 것: A D: 4 E: 5 F: 6

008

다음 물음에 답하시오.

영상 설명
진돌이가 낙하물 방지망 수리를 하다가 발을 헛디뎌 추락을 했다. 진돌이는 안전대를 미착용했다. 1. 동종 재해 방지책 1가지 2. 낙하물 방지망 설치기준에는 높이 (A)m 이내마다 설치하고, 내민 길이 벽면으로부터   (B)m 이상이다.

🔲 1. 안전대 착용 2. A: 10 B: 2

3회 2부 기출문제

001

물질안전보건자료대상물질을 취급하는 작업공정별로 고용노동부령으로 정하는 바에 따라 물질안전보건자료대상물질의 관리 요령을 게시하여야 한다. 이때 관리 요령에 포함되어야 할 사항 4가지 쓰시오.

🖹 제품명/적절 보호구/응급조치 요령/안전보건상 취급주의 사항

002

동바리를 조립하는 경우에는 하중의 지지상태를 유지할 수 있도록 준수해야 할 준수사항 3가지 쓰시오.

🖹 1. 동바리 상하 고정 조치할 것
   2. 동바리 이음은 같은 품질 재료 사용할 것
   3. 깔판 사용 등 동바리 침하 방지 조치할 것

003

작업발판 및 통로의 끝이나 개구부로서 근로자가 추락할 위험이 있는 장소에서 작업 시 추락을 방지하기 위한 조치사항 3가지 쓰시오.

🖹 덮개 설치/울타리 설치/안전난간 설치

004

근로자가 상시 분진작업에 관련된 업무를 하는 경우에 사업주가 근로자에게 알려야 하는 사항 3 가지 쓰시오.

📋 분진 유해성/개인위생 관리/작업장 환기 방법

005

터널 공사관련 문제이다. 물음에 답하시오.

> 버력처리 장비 선정 시 고려사항 2가지

📋 굴착방식/터널 경사도

006

가설통로와 관련된 내용이다, 빈칸을 채우시오.

> - 수직갱에 가설된 통로의 길이가 (A) 이상인 경우에는 (B) 이내마다 계단참을 설치할 것
> - 수직갱에 가설된 통로의 길이가 38m인 경우에는 계단참은 최소 (C)개 설치할 것

📋 A: 15m   B: 10m   C: 3

007

꽂음 접속기의 설치, 사용 시의 준수사항 2가지 쓰시오.

📋 1. 습윤 장소에 사용되는 꽂음 접속기는 방수형을 사용할 것
   2. 꽂음 접속기 접속시킬 시 땀으로 젖은 손으로 취급하지 말 것

008

사다리식 통로 설치기준이다. 빈칸을 채우시오.

> 1. 고정식 사다리식 통로 기울기는 (　A　)도 이하로 하고, 그 높이가 (　B　)m 이상이고, 등받이울이 있어도 근로자 이동에 지장이 없는 경우에는 바닥으로부터 높이가 (　C　)m 되는 지점부터 등받이울을 설치할 것
> 2. 사다리의 상단은 걸쳐놓은 지점으로부터 (　D　)cm 이상 올라가도록 할 것

🗒 A : 90　B : 7　C : 2.5　D : 60

3회 3부 기출문제

001

크레인 사용해 근로자를 운반하거나 근로자를 달아 올린 상태에서 작업에 종사시켜서는 안 된다.
다만, 추락 위험을 방지하기 위해 조치를 한 경우에는 그러하지 아니하다.
해당되는 조치사항 3가지 쓰시오.

🖹 1. 안전대 설치할 것
   2. 하강 시 동력하강방법으로 할 것
   3. 탑승설비 떨어지지 않도록 필요한 조치할 것

002

콘크리트 타설작업을 위한 콘크리트 펌프카를 사용 시 사업주의 준수사항 3가지 쓰시오.

🖹 1. 난간에서 작업할 시 안전난간 설치할 것
   2. 작업 시작 전 콘크리트 타설장비 점검할 것
   3. 붐 조정 시 주변 전선에 의한 위험 예방할 것

003

차량계 건설기계 작업 시 넘어지거나 굴러떨어짐으로써 근로자가 위험해질 우려가 있는 경우 사업주의 조치사항 3가지 쓰시오.

🖹 유도자 배치/도로 폭 유지/갓길 붕괴방지

004

다음 빈칸을 채우시오.

> 사업주는 근로자가 충전전로를 취급하거나 그 인근에서 작업하는 경우에는 다음 각 호의 조치를 하여
> 야 한다.
> 1. 유자격자가 아닌 근로자가 충전전로 인근의 높은 곳에서 작업할 때에 근로자의 몸 또는 긴 도전성
>   물체가 방호되지 않은 충전전로에서 대지전압이 (A) 이하인 경우에는 (B) 이내로, 대지
>   전압이 (A)를 넘는 경우에는 (C)당 (D)씩 더한 거리 이내로 각각 접근할 수 없도록
>   할 것

📋 A: 50kV   B: 300cm   C: 10kV   D: 10cm

005

사다리식 통로 설치기준이다. 빈칸을 채우시오.

> 1. 사다리식 통로 길이가 (A)m 이상인 경우 (B)m 이내마다 계단참 설치할 것
> 2. 발판과 벽과의 사이는 (C)cm 이상의 간격을 유지할 것
> 3. 폭은 (D)cm 이상으로 할 것

📋 A: 10   B: 5   C: 15   D: 30

006

추락방호망의 설치기준이다. 빈칸을 채우시오.

> 1. 추락방호망의 설치위치는 가능하면 작업면으로부터 가까운 지점에 설치하여야 하며, 작업면으로
>   부터 망의 설치지점까지의 수직거리는 (A)를 초과하지 아니할 것
> 2. 추락방호망은 수평으로 설치하고, 망의 처짐은 짧은 변 길이의 (B) 이상이 되도록 할 것
> 3. 건축물 등의 바깥쪽으로 설치하는 경우 추락방호망의 내민 길이는 벽면으로부터 (C) 이상 되
>   도록 할 것. 다만, 그물코가 20밀리미터 이하인 추락방호망을 사용한 경우에는 법에 따른 낙하물
>   방지망을 설치한 것으로 본다

📋 A: 10m   B: 12%   C: 3m

007

타워크레인의 작업 중지에 관한 내용이다. 빈칸을 채우시오.

> 1. 순간풍속이 초당 (A)m 초과하는 경우 타워크레인의 설치, 수리, 점검 또는 해체작업을 중지해야 한다.
> 2. 순간풍속이 초당 (B)m 초과하는 경우 타워크레인의 운전 작업을 중지해야 한다.

📋 A: 10   B: 15

008

해당 건설기계의 명칭과 용도 4가지를 쓰시오.

📋 명칭: 불도저   용도: 운반/적재/굴착/지반 고르기

건설안전기사

10

미출시 필답형·작업형 문제
(신출 대비)

잠깐! 더 효율적인 공부를 위한 링크들을 적극 이용하세요~!

직8딴 홈페이지

- 출시한 책 확인 및 구매

직8딴 카카오오픈톡방

- 실시간 저자의 질문 답변
(주7일 아침 11시~새벽 2시까지, 전화로도 함)
- 직8딴 구매자전용 복지와 혜택 획득
(최소 달에 40만원씩 기프티콘 지급)
- 구매자들과의 소통 및 EHS 관련 정보 습득

직8딴 네이버카페

- 실시간으로 최신화되는 정오표 확인
(정오표: 책 출시 이후 발견된 오타/오류를 모아놓은 표, 매우 중요)
- 공부에 도움되는 컬러버전 그림 및 사진 습득
- 직8딴 구매자전용 복지와 혜택 획득

직8딴 유튜브

- 저자 직접 강의 시청 가능
- 공부 팁 및 암기법 획득
- 국가기술자격증 관련 정보 획득

001

장전기 사용 시 준수사항 2가지 쓰시오.

🈂 장전기를 사용할 때는 다음 각 호의 사항을 준수하여야 한다.
1. 내부 청소가 용이한 구조의 장전기를 사용할 것
2. 뇌관을 삽입한 기폭약포는 장전기 호스로 장약하지 말 것
3. 초유폭약을 사용하는 경우에는 본체가 스테인리스강 또는 알루미늄으로 만들어진 장전기를 사용하고, 구리(Cu), 철(Fe) 등 부식되기 쉬운 물질이나 주석(Sn), 아연(Zn) 등과 같이 초유폭약의 분해를 조장하는 물질을 이용하지 않을 것

🈁 1. 내부 청소 용이한 구조의 장전기 사용할 것
2. 뇌관 삽입한 기폭약포는 장전기 호스로 장약하지 말 것

002

누수에 의한 붕괴위험이 있는 지역에 조치해야 하는 공법과 사전조치사항 3가지 쓰시오.

🈂 사업주는 누수에 의한 붕괴위험이 있는 개소에는 약액주입 공법 등 지반보강 조치를 하여야 하며 정밀지층조사, 채수대 여부, 투수성 판단 등의 조치를 사전에 실시하여야 한다.

🈁 조치공법 : 약액주입공법   사전조치사항 : 채수대 여부/투수성 판단/정밀지층조사

003

추락 방지에 대한 내용이다. 빈칸을 쓰시오.

> 1. 수상 또는 선박건조 작업에 종사하는 근로자가 물에 빠지는 등 위험의 우려가 있는 경우 그 작업을
>   하는 장소에 구명을 위한 배 또는 (　A　)의 비치 등 구명을 위하여 필요한 조치를 하여야 한다.
> 2. 근로자에게 작업 중 또는 통행 시 굴러 떨어짐으로 인하여 근로자가 화상·질식 등의 위험에 처할 우
>   려가 있는 케틀(kettle, 가열 용기), 호퍼(hopper, 깔때기 모양의 출입구가 있는 큰 통), 피트(pit, 구
>   덩이) 등이 있는 경우에 그 위험을 방지하기 위하여 필요한 장소에 높이 (　B　)의 (　C　)를 설
>   치하여야 한다.
> 3. 근로자가 높이 (　D　)에서 작업을 하는 경우 그 작업을 안전하게 하는 데에 필요한 조명을 유지
>   하여야 한다.

해 사업주는 수상 또는 선박건조 작업에 종사하는 근로자가 물에 빠지는 등 위험의 우려가 있는 경우 그 작업을
하는 장소에 구명을 위한 배 또는 **구명장구(救命裝具)**의 비치 등 구명을 위하여 필요한 조치를 하여야 한다.
사업주는 근로자에게 작업 중 또는 통행 시 굴러 떨어짐으로 인하여 근로자가 화상·질식 등의 위험에 처할 우
려가 있는 케틀(kettle, 가열 용기), 호퍼(hopper, 깔때기 모양의 출입구가 있는 큰 통), 피트(pit, 구덩이) 등
이 있는 경우에 그 위험을 방지하기 위하여 필요한 장소에 높이 **90센티미터 이상의 울타리**를 설치하여야 한
다.
사업주는 근로자가 높이 **2미터 이상**에서 작업을 하는 경우 그 작업을 안전하게 하는 데에 필요한 조명을 유
지하여야 한다.

답 A : 구명장구　B : 90cm 이상　C : 울타리　D : 2m 이상

004

지게차를 이용해 하물을 들어올리는 작업 할 때 준수사항 2가지 쓰시오.

해 하물을 들어올리는 작업을 할 때에는 다음 각 호의 사항을 준수하여야 한다.
1. 지상에서 5센티미터 이상 10센티미터 이하의 지점까지 들어올린 후 일단 정지해야 한다.
2. 하물의 안전상태, 포크에 대한 편심하중 및 그 밖에 이상이 없는가를 확인하여야 한다.
3. 마스트는 뒷쪽으로 경사를 주어야 한다.
4. 지상에서 10센티미터 이상 30센티미터 이하의 높이까지 들어 올려야 한다.
5. 들어올린 상태로 출발, 주행하여야 한다.

답 하물 안전상태를 확인해야 한다./들어올린 상태로 주행해야 한다.

005

부상자 응급처치에 필요한 구급용구 3가지 쓰시오.

해 사업주는 부상자의 응급처치에 필요한 다음 각 호의 구급용구를 갖추어 두고, 그 장소와 사용방법을 근로자에게 알려야 한다.
   1. 붕대재료·탈지면·핀셋 및 반창고
   2. 외상(外傷)용 소독약
   3. 지혈대·부목 및 들것
   4. 화상약(고열물체를 취급하는 작업장이나 그 밖에 화상의 우려가 있는 작업장에만 해당)

답 들것/반창고/외상용 소독약

006

철골공사 시 사전에 공작도에 포함시켜야 하는 사항 3가지 쓰시오.

해 건립 후에 가설부재나 부품을 부착하는 것은 위험한 작업(고소작업 등)이 예상되므로 다음 각 목의 사항을 사전에 계획하여 공작도에 포함시켜야 한다.
   가. 외부비계받이 및 화물승강설비용 브라켓
   나. 기둥 승강용 트랩
   다. 구명줄 설치용 고리
   라. 건립에 필요한 와이어 걸이용 고리
   마. 난간 설치용 부재
   바. 기둥 및 보 중앙의 안전대 설치용 고리
   사. 방망 설치용 부재
   아. 비계 연결용 부재
   자. 방호선반 설치용 부재
   차. 양중기 설치용 보강재

답 난간 설치용 부재/방망 설치용 부재/방호선반 설치용 부재

007

레버풀러 또는 체인블록 사용 시 준수사항 3가지 쓰시오.

🔲 사업주는 레버풀러(lever puller) 또는 체인블록(chain block)을 사용하는 경우 다음 각 호의 사항을 준수하여야 한다.
1. 정격하중을 초과하여 사용하지 말 것
2. 레버풀러 작업 중 훅이 빠져 튕길 우려가 있을 경우에는 훅을 대상물에 직접 걸지 말고 피벗클램프(pivot clamp)나 러그(lug)를 연결하여 사용할 것
3. 레버풀러의 레버에 파이프 등을 끼워서 사용하지 말 것
4. 체인블록의 상부 훅(top hook)은 인양하중에 충분히 견디는 강도를 갖고, 정확히 지탱될 수 있는 곳에 걸어서 사용할 것
5. 훅의 입구(hook mouth) 간격이 제조자가 제공하는 제품사양서 기준으로 10퍼센트 이상 벌어진 것은 폐기할 것
6. 체인블록은 체인의 꼬임과 헝클어지지 않도록 할 것
7. 체인과 훅은 변형, 파손, 부식, 마모(磨耗)되거나 균열된 것을 사용하지 않도록 조치할 것

🔲 체인 꼬이지 말 것/정격하중 초과하지 말 것/레버에 파이프를 끼워 사용하지 말 것

008

해체작업에 따른 공해방지 중 분진에 대한 내용이다. 빈칸을 채우시오.

> 분진 발생을 억제하기 위하여 직접 발생 부분에 (A), (B)으로 물을 뿌리거나 간접적으로 방진시트, (C) 등의 (D)을 설치하여야 한다.

🔲 분진 발생을 억제하기 위하여 직접 발생 부분에 피라밋식, 수평살수식으로 물을 뿌리거나 간접적으로 방진시트, 분진차단막 등의 방진벽을 설치하여야 한다.

🔲 A: 피라밋식   B: 수평살수식   C: 분진차단막   D: 방진벽

009

굴착기 관련 내용이다. 빈칸을 채우시오.

> 1. 굴착기로 작업을 하기 전에 (A)과 (B) 등의 부착상태와 작동 여부를 확인해야 한다.
> 2. 굴착기를 운전하는 사람은 (C)를 착용해야 한다.

해 – 사업주는 굴착기로 작업을 하기 전에 **후사경**과 **후방영상표시장치** 등의 부착상태와 작동 여부를 확인해야 한다.
　　– 굴착기를 운전하는 사람은 **좌석안전띠**를 착용해야 한다.

답 A : 후사경　B : 후방영상표시장치　C : 좌석안전띠

010

지게차에 사용되는 팔레트의 사용기준 2가지 쓰시오.

해 사업주는 지게차에 의한 하역운반작업에 사용하는 팔레트(pallet) 또는 스키드(skid)는 다음 각 호에 해당하는 것을 사용하여야 한다.
　　1. 적재하는 화물의 중량에 따른 충분한 강도를 가질 것
　　2. 심한 손상·변형 또는 부식이 없을 것

답 심한 부식없을 것/적재 화물 중량에 따른 충분한 강도 가질 것

011

일반구조용 압연강판(SS275)으로 구조물을 설계할 때 허용응력을 $10\text{kg}/\text{mm}^2$으로 정하였다. 이때 적용된 안전율을 구하시오.(단, 안전율을 정수로 쓰시오.)

해 $SS275$인장강도 $= 275N/mm^2$

　　안전률 $= \dfrac{\text{인장강도}}{\text{허용응력}} = \dfrac{275N \cdot mm^2 \cdot 1kg}{mm^2 \cdot 10kg \cdot 9.8N} = 2.81 ≒ 3$

　　$1kg = 9.8N$

답 안전율 : 3

012

차량계 건설기계 종류 5가지 쓰시오.

해 1. 도저형 건설기계(불도저, 스트레이트도저, 틸트도저, 앵글도저, 버킷도저 등)
2. 모터그레이더(motor grader, 땅 고르는 기계)
3. 로더(포크 등 부착물 종류에 따른 용도 변경 형식을 포함한다)
4. 스크레이퍼(scraper, 흙을 절삭·운반하거나 펴 고르는 등의 작업을 하는 토공기계)
5. 크레인형 굴착기계(크램쉘, 드래그라인 등)
6. 굴착기(브레이커, 크러셔, 드릴 등 부착물 종류에 따른 용도 변경 형식을 포함한다)
7. 항타기 및 항발기
8. 천공용 건설기계(어스드릴, 어스오거, 크롤러드릴, 점보드릴 등)
9. 지반 압밀침하용 건설기계(샌드드레인머신, 페이퍼드레인머신, 팩드레인머신 등)
10. 지반 다짐용 건설기계(타이어롤러, 매커덤롤러, 탠덤롤러 등)
11. 준설용 건설기계(버킷준설선, 그래브준설선, 펌프준설선 등)
12. 콘크리트 펌프카
13. 덤프트럭
14. 콘크리트 믹서 트럭
15. 도로포장용 건설기계(아스팔트 살포기, 콘크리트 살포기, 아스팔트 피니셔, 콘크리트 피니셔 등)
16. 골재 채취 및 살포용 건설기계(쇄석기, 자갈채취기, 골재살포기 등)
17. 제1호부터 제16호까지와 유사한 구조 또는 기능을 갖는 건설기계로서 건설작업에 사용하는 것
답 로더/굴착기/항타기/덤프트럭/스크레이퍼

013

밀폐공간의 예 2가지 쓰시오.

답 유해가스 들어있던 배관 내부/장기간 사용하지 않은 우물 내부

014

다음 안전보건표지의 명칭을 쓰시오.

| A | B | C | D |

🔲 A: 고온경고   B: 응급구호표지   C: 부식성물질경고   D: 화기금지

015

영상 속 작업에서 위험요인 4가지를 쓰시오.

영상 설명

진돌이가 말비계에 올라서서 드릴을 이용하여 천장에 구멍을 뚫고 있다.
진돌이는 안전모/보안경 미착용상태이며 면장갑과 보건마스크를 착용하고 있다.
또한, 드릴에는 보조손잡이가 미설치된 상태이며 주변에는 아무도 없다.

🔲 안전모 미착용/면장갑 착용/보안경 미착용/방진마스크 미착용/드릴 보조손잡이 미설치/2인1조 작업 미실시

016

슬링 등을 사용작업 전 점검사항 1가지 쓰시오.

18. 슬링 등을 사용하여 작업을 할 때	1. 훅이 붙어 있는 슬링·와이어슬링 등이 매달린 상태 2. 슬링·와이어슬링 등의 상태(작업시작 전 및 작업중 수시로 점검)

🔳 훅이 붙어 있는 슬링이 매달린 상태

017

송기마스크 종류 3가지와 등급을 각각 2가지씩 쓰시오.

해

종류	등급		구분
호스 마스크	폐력흡인형		안면부
	송풍기형	전동	안면부, 페이스실드, 후드
		수동	안면부
에어라인마스크	일정유량형		안면부, 페이스실드, 후드
	디맨드형		안면부
	압력디맨드형		안면부
복합식 에어라인마스크	디맨드형		안면부
	압력디맨드형		안면부

🔳 1. 호스마스크(폐력흡인형/송풍기형)
   2. 에어라인마스크(디맨드형/압력디맨드형)
   3. 복합식에어라인마스크(디맨드형/압력디맨드형)

018

산업안전보건법령상 작업발판 및 추락방호망을 설치하기 곤란한 경우에는 근로자로 하여금 3개 이상의 버팀대를 가지고 지면으로부터 안정적으로 세울 수 있는 구조를 갖춘 이동식 사다리를 사용하여 작업을 하게 할 수 있는데 이 경우 사업주의 조치사항 4가지를 쓰시오.

해 사업주는 제1항 및 제2항에도 불구하고 작업발판 및 추락방호망을 설치하기 곤란한 경우에는 근로자로 하여금 3개 이상의 버팀대를 가지고 지면으로부터 안정적으로 세울 수 있는 구조를 갖춘 이동식 사다리를 사용하여 작업을 하게 할 수 있다. 이 경우 사업주는 근로자가 다음 각 호의 사항을 준수하도록 조치해야 한다.
  1. 평탄하고 견고하며 미끄럽지 않은 바닥에 이동식 사다리를 설치할 것
  2. 이동식 사다리의 넘어짐을 방지하기 위해 다음 각 목의 어느 하나 이상에 해당하는 조치를 할 것
     가. 이동식 사다리를 견고한 시설물에 연결하여 고정할 것
     나. 아웃트리거(outrigger, 전도방지용 지지대)를 설치하거나 아웃트리거가 붙어있는 이동식 사다리를 설치할 것
     다. 이동식 사다리를 다른 근로자가 지지하여 넘어지지 않도록 할 것
  3. 이동식 사다리의 제조사가 정하여 표시한 이동식 사다리의 최대사용하중을 초과하지 않는 범위 내에서만 사용할 것
  4. 이동식 사다리를 설치한 바닥면에서 높이 3.5미터 이하의 장소에서만 작업할 것
  5. 이동식 사다리의 최상부 발판 및 그 하단 디딤대에 올라서서 작업하지 않을 것. 다만, 높이 1미터 이하의 사다리는 제외한다.
  6. 안전모 착용하되, 작업 높이 2미터 이상인 경우에는 안전모와 안전대를 함께 착용할 것
  7. 이동식 사다리 사용 전 변형 및 이상 유무 등을 점검하여 이상이 발견되면 즉시 수리하거나 그 밖에 필요한 조치를 할 것

답 1. 평탄하고 미끄럽지 않은 바닥에 설치할 것
  2. 바닥면에서 높이 3.5m 이하 장소에서만 작업할 것
  3. 최상부 발판 및 그 하단 디딤대에 올라서서 작업하지 않을 것
  4. 사용 전 이상 유무 등을 점검해 이상 발견 시 즉시 수리할 것

019

산업안전보건법령상 이동식 사다리의 넘어짐을 방지하기 위한 조치사항 3가지 쓰시오.

🔷 이동식 사다리의 넘어짐을 방지하기 위해 다음 각 목의 어느 하나 이상에 해당하는 조치를 할 것
　가. 이동식 사다리를 견고한 시설물에 연결하여 고정할 것
　나. 아웃트리거(outrigger, 전도방지용 지지대)를 설치하거나 아웃트리거가 붙어있는 이동식 사다리를 설치할 것
　다. 이동식 사다리를 다른 근로자가 지지하여 넘어지지 않도록 할 것
🔶 1. 견고한 시설물에 연결해 고정할 것
　2. 아웃트리거 붙어있는 이동식 사다리 설치할 것
　3. 이동식 사다리를 다른 근로자가 지지해 넘어지지 않도록 할 것

020

영상 속 위험요인 1가지를 쓰시오.

영상 설명
4층 높이에서 진돌이가 위에 있는 진수에게 비계기둥을 전달해 주고 있다. 진돌이는 진수에게 비계기둥을 받으라 하는데 못 듣는다. 그 순간! 진돌이는 중심을 잃어 추락한다. 둘다 비계 띠장을 밟고 있으며 안전대는 착용했으나 체결하진 않았다.

🔶 안전대 미체결

021

영상 속 작업에서의 실질적 위험요인 3가지를 쓰시오.

영상 설명

진돌이가 천장에 페인트 뿜칠작업을 하고 있다.
진돌이는 안전대/안전모/불침투성 보호복 미착용상태이며 방진마스크 착용상태이다.
주변에 진순이가 밥을 먹기위해 진돌이 작업 주변을 지나다가 실수로 사다리를 건드려 진돌이가 추락
하여 바닥에 머리를 부딪혀 진돌이는 사망한다.
A형 사다리에는 아웃트리거가 없다.

🔘 안전모 미착용/작업구역 미설정/아웃트리거 미설치

022

안전인증 귀마개 또는 귀덮개에 안전인증 표시 외에 추가로 표시해야 되는 사항 2가지 쓰시오.

🔘 안전인증 귀마개 또는 귀덮개에는 안전인증 표시에 따른 표시 외에 다음 각 목의 내용을 추가로 표시해야 한다.
　가. 일회용 또는 재사용 여부
　나. 세척 및 소독방법등 사용상의 주의사항(다만, 재사용 귀마개에 한함.)
🔘 재사용 여부/사용상 주의사항(재사용 귀마개일 경우)

023

영상 속 작업에서 위험요인 3가지를 쓰시오.

영상 설명
진돌이와 진순이가 30층 되는 건물 밖에서 작업을 하고 있다. 둘 다 안전모/안전대/안전화/불침투성 보호복 미착용상태이다. 진돌이는 크레인 운반구에 있는 페인트통을 가지러가다 발을 헛디뎌 추락한다.

🔖 안전모 미착용/안전대 미착용/불침투성 보호복 미착용/안전난간 미설치

MEMO

MEMO

※ 이 책에 도움을 준 업체와 사람들

1. 공신영
위치: 대전광역시 동구
개요: 디자인학과를 다니고 있으며 전문가 못지않은 디자인 실력을 가지고 있다.

2. 갱폼케이알
위치: 인천광역시 남동구 선수촌공원로 25
개요: 거푸집 제작업체이며 획기적 갱폼, 유로폼, 안전도어 등을 최고 기술로 제작한다.

3. 픽사베이
위치: 독일 베를린
개요: 무료 이미지 사용 사이트이며 디자인 업계 사람들에게 유명한 사이트이다.

4. 신일중공업
위치: 경기도 수원시 권선구 세화로 123
개요: 펌프카 관련 업체이며 자체 기술개발을 통해 펌프카를 출시해 최고의 펌프카 전문 업체로 거듭나고 있다.

5. 핸스
위치: 서울특별시 송파구 올림픽로 35가길 11
개요: 흙막이 가시설의 강관버팀보 연결자재를 전문적으로 연구개발, 제작 생산하는 회사이다.

6. 토우산업
위치: 경기도 하남시 하남대로 947
개요: 1999년 창업 이래 PFC-BEAM 자립식 가시설 흙막이 공법과 보강토 구조물 설계 및 시공을 전문으로 하여 품질과 안정성, 경제성을 동시에 추구하는 기업이다.

7. 구미서관
위치: 서울특별시 마포구 신촌로 2길 5-15
개요: 출판업체이며 건설과 소방, 환경, 안전분야와 관련된 책을 전문으로 출판한다.

8. 당진오거
위치: 경기도 안산시 상록구 건건로 119-9,419
개요: 25톤 오거크레인에 다양한 기술을 적용해 가장 신속하고 저렴한 공법으로 시트파일, PHC파일, 강관파일 및 각종 흙막이 가시설공사를 전문으로 시공한다.

9. 남아월드중기
위치: 전국 분포
개요: 도로 포장·토공장비 5톤·10톤 롤러, 타이어롤러, 그레이더 장비를 전국 임대하고 있으며 종류에는 보막, 사카이, 칸토, 볼보, 캐터필러 등을 보유하고 있다.

10. 건설기계안전기술연구원
위치: 경기도 안산시 단원구 해안로 43
개요: 건설기계 안전에 관한 실태조사, 전문통계육성 안전기법 개발, 교육 및 평가를 시행해 인명과 재산을 보호하고 건설기계 기술집약 구심체 및 건설기계 전문기관이다.

11. 서진건설기계
위치: 경상북도 고령군 성산면 운성로 796
개요: 중고 굴착기를 전문적으로 취급하는 매매회사이며, 판매, 매입, 수출, 정비, 부품, 어태치먼트등 인프라 지원사업분야의 선도기업으로 비상하고 있는 회사다.

12. 오산안전교육
위치: 경기도 오산시 오산로232 남촌빌딩
개요: 고용노동부와 안전보건공단에 등록된 "건설업기초안전보건교육" 전문기관이며 전문 강사진이 있고, 근로자의 교육효과를 극대화하기 위하여 노력하고 있다.

13. 삼기레미콘
위치: 인천 남동구 남동대로262번길 40
개요: 믹서 트럭 제조업이며 기술력있는 제조실력을 자랑한다.

14. 장수펌프카
위치: 서울 경기 활동
개요: 펌프카 운전 40년 무사고 경력으로 안전하고 신속한 작업을 보여주는 업체이다.

15. 디에스동서세륜기
위치: 경상북도 성주군 선남면 나선로 863
개요: 세륜기 제작 전문업체이며 인간제일과 기술혁신을 경영이념으로 하고 있다.

16. 영도사다리
위치: 서울시 강서구 화곡동 908-11
개요: 사다리 제작 전문업체이며 끝없는 연구개발로 최고의 기술이 적용된 알루미늄 사다리를 판매하고 있다.

17. 초록가설
위치: 경기도 안산시 상록구 부루지성모길 35-1
개요: 가설재 판매업체이다.

18. 성봉안전
위치: 경기도 하남시 덕풍동 762 아이테코
개요: 토보드 전문 제작업체로 추락 및 낙하 사고 예방에 앞장서고 있다.

19. 현대 호이스트
위치: 충청남도 당진시 송악읍 부곡공단 4길 27-43
개요: 1983년 설립된 호이스트 및 크레인 전문 제작설치회사로 고객만족, 품질경영, 기술혁신, 창의실현이라는 사훈처럼 품질 좋은 제품이 아니면 만들지 않겠다는 신념이 있다.

- 도와주신 분들 진심으로 감사드립니다! 항상 꽃길만 걷길! -

2025 [직8딴]
직접 8일 만에 딴 건설안전기사 실기(필답형+작업형)

발행일   2025년 4월 1일(1쇄)

발행처   인성재단(지식오름)

발행인   조순자

편저자   김진태(EHS MASTER)
　　　　　　이메일 : ehs_master@naver.com
　　　　　　인스타 : @ehs_master(저자 소식 확인)
　　　　　　홈페이지 : www.ehs-master.com(회사/저자/책 정보, 책 구매)
　　　　　　카페 : cafe.naver.com/ehsmaster(정오표 확인)
　　　　　　유튜브 : '도비전문가' 검색

정가   38,000원　　　　　　**ISBN**   979-11-94539-44-5